사례 분석으로 배우는
데이터 시각화

황재진, 윤영진 지음

사례 분석으로 배우는 데이터 시각화

막대 차트부터 대시보드까지 태블로로 실습하며 배우는 인사이트 도출법

초판 1쇄 발행 2022년 06월 03일

지은이 황재진, 윤영진 / **펴낸이** 김태헌
펴낸곳 한빛미디어(주) / **주소** 서울특별시 서대문구 연희로2길 62 한빛미디어(주) IT출판부
전화 02-325-5544 / **팩스** 02-336-7124
등록 1999년 6월 24일 제25100-2017-000058호 / **ISBN** 979-11-6224-566-8 93000

총괄 전정아 / **책임편집** 이미향 / **기획·편집** 윤진호
디자인 윤혜원 / **전산편집** 이소연
영업 김형진, 김진불, 조유미 / **마케팅** 박상용, 송경석, 한종진, 이행은, 고광일, 성화정 / **제작** 박성우, 김정우

이 책에 대한 의견이나 오탈자 및 잘못된 내용에 대한 수정 정보는 한빛미디어(주)의 홈페이지나 아래 이메일로
알려주십시오. 잘못된 책은 구입하신 서점에서 교환해 드립니다. 책값은 뒤표지에 표시되어 있습니다.

한빛미디어 홈페이지 www.hanbit.co.kr / 이메일 ask@hanbit.co.kr
예제 소스 www.hanbit.co.kr/src/10566

지금 하지 않으면 할 수 없는 일이 있습니다.
책으로 펴내고 싶은 아이디어나 원고를 메일(writer@hanbit.co.kr)로 보내주세요.
한빛미디어(주)는 여러분의 소중한 경험과 지식을 기다리고 있습니다.

황재진, 윤영진 지음

사례 분석으로 배우는
데이터 시각화

HB 한빛미디어
Hanbit Media, Inc.

태블로는 엑셀 등 다른 데이터 시각화 도구보다 자유도가 높은 프로그램입니다. 태블로를 사용하면 방대한 데이터를 구체적이면서도 이해하기 쉽게 시각화할 수 있어, 제한된 시간 안에 효율적인 업무 수행이 가능합니다. 태블로의 한 가지 아쉬운 점은 다른 데이터 시각화 도구보다 상대적으로 학습해야 하는 세부 기능이 많아 초기 진입 장벽이 높다는 것입니다. 이 책은 태블로의 아쉬운 점을 보완해 줍니다. 책 속에 담겨 있는 다양한 사례를 차근차근 따라가다 보면 멋진 차트를 완성하고, 데이터 시각화에 관한 폭넓은 아이디어를 얻을 수 있습니다. 방대한 데이터를 효과적이고 풍성하게 시각화하길 원하는 모든 사람에게 이 책을 적극 추천합니다.

김현지 더밀크 UX 콘텐츠 매니저

4차 산업혁명 시대의 기초 자산인 데이터를 어떻게 활용하느냐에 따라 우리의 미래가 달라질 것입니다. 하지만 데이터를 어디서부터 어떻게 활용할지 몰라 막막해하는 사람이 많습니다. 이 책은 데이터를 바라보는 관점부터 다양한 시각화 방법, 사례를 바탕으로 실습하면서 데이터 속에 숨겨져 있는 인사이트를 발견하는 방법까지 알려주고 있어 데이터 시각화를 처음 시작하는 사람에게 큰 도움이 됩니다.

이진원 고려대학교 공과대학 연구교수

데이터의 양이 하루가 다르게 급격하게 증가하고 있는 요즘, '데이터를 정복하는 자가 세상을 앞서간다'라는 말이 있습니다. 프로젝트를 진행하면서 방대한 공공데이터를 가지고 어디서부터 시작해야 할지 몰라 막막해하는 학생들을 많이 봤습니다. 이 책은 태블로를 활용해 공공데이터 속 의미 있는 정보를 도출하는 방법을 차근차근 소개합니다. 또한 화려한 데이터 시각화 기법까지 다루고 있어 여러분들의 프레젠테이션을 더욱 빛나게 하는 방법도 배울 수 있습니다.

표동진 창원대학교 경영학과 교수

이 책의 주제를 제안하고 한빛미디어 담당자분들과 처음 미팅을 가졌던 때가 작년 2월이었습니다. 저희가 사는 미국 중부와 동부는 아직도 추운 겨울이었고, 한국은 슬슬 봄을 맞이할 준비를 하고 있었습니다. 그 후로 계절이 몇 번 바뀌어 이렇게 책을 출간하게 되니 감회가 새롭습니다. 작은 불씨에 불과하던 날것의 아이디어가 한빛미디어 담당자분들의 오랜 도움을 거쳐 이렇게 손에 잡히는 결과물로 나오게 되었습니다. 이러한 고된 여정을 함께 일구어 나간 윤진호 에디터님, 전정아 부장님을 비롯한 한빛미디어 담당자분들께 다시 한번 감사의 말씀을 전합니다.

데이터 시각화 이론과 태블로를 활용한 데이터 시각화 실습 두 가지 내용을 이 책에 모두 담으려고 애썼습니다. 데이터 시각화 이론만을 다루면 책을 덮은 후에 '잘 배우긴 했는데 어떻게 데이터 시각화를 해야 하지?'라는 의문이 생길 것입니다. 반대로 태블로를 활용한 데이터 시각화 실습만을 다루면 '이제 태블로를 사용할 줄은 아는데 이를 언제 어떻게 활용해야 하지?'라는 의문이 생길 것입니다. 그러므로 독자분들이 데이터를 마주했을 때 다양한 시각화 아이디어가 샘솟고, 이를 태블로로 빠르게 구현할 수 있는 날을 그리며 이 책을 집필했습니다.

이 책에서는 다양한 공공데이터를 직접 분석해 봅니다. 우리는 기존 교과서나 전공 서적에서 깔끔하게 정리된 데이터를 보고 주어진 문제를 푸는 일에 익숙해져 있습니다. 실제 공공데이터를 내려받을 때 처음 떠오르는 생각은 '불친절하다'일 것입니다. 왜냐하면 데이터에 관한 어떤 설명도 질문도 없이, 그저 수천 개 혹은 수만 개의 데이터만이 파일 안에 빼곡히 들어있기 때문입니다. 데이터를 시각화해 본 경험이 없는 분들은 이 파일로 무엇을 어떻게 시작해야 하는지 몰라 막막함을 느끼기 쉽습니다. 따라서 국내의 다양한 공공데이터 속 숨겨진 비밀을 파헤쳐 가는 데이터 시각화 여정을 이 책에 담고자 노력했습니다. 이 책을 읽은 독자분들이 자신 있게 날것의 데이터를 마주하고, 그 안에서 멋진 인사이트를 도출할 날을 기대합니다.

벚꽃을 맞이하고 있는 어느 봄날에

황재진 & 윤영진

알아보기

다양한 상황에서 발생하는 데이터 사례를 통해 차트 사용법을 알아봅니다.

알아보기 | 대기오염과 대기오염도

대기오염은 대기상에서 발생하는 환경오염을 뜻하며 심각한 환경 문제 중 하나라 습니다. 공장의 매연이나 자동차의 배기가스 그리고 장작, 석탄 등을 태우면서 발 대기오염을 일으키는 대부분의 물질은 인간이 만듭니다. 그로인한 피해는 호흡기

NOTE | 미세먼지 농도가 81㎍/㎥을 넘어설 때, 초미세먼지 36㎍/㎥을 넘어설 때, '나쁨' 단계기

NOTE
본문 내용의 부연 설명이나 주의 사항을 간략하게 설명합니다.

질문하기

본격적인 데이터 시각화에 앞서 데이터를 준비하고 해결할 질문을 떠올려 봅니다.

질문하기 | 일별 평균 대기오염도로 무엇을 알 수 있을까?

예제 파일 ●11_서울시_일별 평균 대기오염도.csv
원 데이터 data.seoul.go.kr/dataList/OA-2218/S/1/datasetView.do

〈서울 열린데이터광장〉 웹 사이트에서 제공하는 일별 평균 대기오염도 데이터를

예제 파일
한빛출판네트워크 자료실(www.hanbit.co.kr/src/10566)에 접속해서 예제 파일을 내려받을 수 있습니다.

답해 보기

태블로로 다양한 차트를 직접 만들면서 앞서 떠올렸던 질문에 답해 봅니다.

답해 보기 | 서울특별시의 (초)미세먼지 현황은 어떤가?

1단계 첫 번째 질문에 답해 보기

지금부터 선 차트를 만들면서 '미세먼지와 초미세먼지는 일별로 어떤 트렌드를 보에 답해 보겠습니다.

보여 주기

다양한 차트를 모아 대시보드를 만들어 보고 그 대시보드를 바탕으로 다른 사람에게 데이터 분석 결과를 전달하는 방법을 알아봅니다.

> **보여 주기** **종량제 쓰레기 봉투 가격 책정 지원하기**
>
> **1단계** 대시보드의 목적 고민하기
>
> 지금까지 하이라이트 지도, 트리맵, 수직 막대 차트를 만들면서 전국 종량제 쓰레 련한 여러 메시지를 발견했습니다. 이제 이 메시지를 다른 사람에게 효과적으로 ㅈ 보드를 먼저 만든 다음 스토리를 만들어 봅시다.

발표하기

다양한 차트와 대시보드를 바탕으로 발견한 인사이트를 다른 사람에게 효과적으로 발표하는 방법을 알아봅니다.

> **발표하기** **초미세먼지의 위험성 전달하기**
>
> 마지막 단계로 앞서 만든 차트와 분석 결과를 다른 사람에게 전달하는 일만 남았ㅇ 텔링 표현 방법으로 전달하면 좋을까요? 답해 보기에서 해결했던 질문의 순서를 ㅅ 특별시의 (초)미세먼지 농도를 살펴보고 나쁨 단계를 넘어서는 일수를 살펴봤습니
>
> **여기서 잠깐!** **측정값을 평균으로 바꾸는 이유를 알아봅시다.**
>
> 예제 파일을 살펴보면 일별–측정소별 미세먼지 농도와 초미세먼지 농도가 있습니다. 이 값ㅇ 계 처리하면 어떻게 될까요? 일별로 모든 측정소의 (초)미세먼지 농도가 합산되어, 가장 미 날에는 6,000㎍/㎥이라는 어마어마한 수치가 표시됩니다.
>
> 지금 이 차트로 살펴보고자 하는 건 서울특별시의 (초)미세농도이므로 측정소별 (초)미세먼ㅈ

● **여기서 잠깐!**
본문에서 다루지 못한 내용과 알아두면 좋은 내용을 설명합니다.

목차

CHAPTER 1 ▶ 데이터 시각화 알아보기: 데이터 시각화란 무엇일까요?

CHAPTER 2 데이터 시각화 준비하기:
데이터 시각화 사전 작업과 도구 알아보기

CHAPTER 3 > 데이터 시각화 시작하기: 차트 유형별 데이터 시각화 기법 알아보기

3-4 분산형 차트:
관계 분석 중심의 시각화 ⋯⋯⋯⋯ **120**

3-5 하이라이트 테이블:
데이터 포착 중심의 시각화 **134**

CHAPTER 4 데이터 시각화 끌어올리기: 대시보드와 스토리 만들기

CHAPTER 5　데이터 시각화 적용하기: 데이터 시각화로 사례 분석하기

목차

CHAPTER

1

데이터 시각화 알아보기

데이터 시각화란 무엇일까요?

데이터가 왜 중요할까요?

지금은 빅 데이터 시대입니다

많은 사람이 아침에 눈을 뜨면 스마트폰으로 이메일, 뉴스 기사를 확인하고, 카카오톡으로 사진과 문자를 주고받으며 의사소통을 합니다. 업무의 대부분을 컴퓨터와 인터넷으로 처리하며, 퇴근길에 앱으로 장을 보고, 주말에 떠날 여행지 정보를 알아봅니다. 자기 전에 영상을 보거나 음악을 들으며 소셜 네트워크에 하루 일을 업로드합니다. 이처럼 우리는 하루에도 수많은 데이터를 만들고 또 사용하는데, 대체 얼마나 많은 양의 데이터일까요?

하루에 생산되는 데이터 양[1]

- 약 5억 개의 트윗이 전송됩니다(전세계 인구 중 6%가 하루에 1번씩 트윗을 전송합니다).
- 약 2940억 개의 이메일이 발송됩니다(전세계 인구 1명당 하루에 37개의 메일을 발송합니다).
- 약 4페타바이트(Petabyte, PB) 데이터가 페이스북에서 생성됩니다.
- 약 50억 건의 검색이 구글 등과 같은 검색 엔진에서 이루어집니다.
- 약 100억 건의 메시지가 카카오톡에서 송수신됩니다.[2]

NOTE　1테라바이트(Terabyte, TB)는 대략 20만 개의 음악 파일, 31만 장의 사진, 500시간의 영상을 담을 수 있는 용량입니다. 1페타바이트는 1,024테라바이트이고, 1엑사바이트(Exabyte, EB)는 1,024페타바이트입니다.

우리가 만들고 있는 데이터는 전례 없는 속도로 증가하고 있습니다. 2020년 기준으로 세상에 존재하는 데이터 중 90%가 지난 2년 동안 만들어졌습니다.[3] 바야흐로 **빅 데이터** 시대입니다.

데이터는 중요한 자원입니다

18세기 중반 증기기관의 발명으로 시작된 1차 산업혁명과 주요 제조 산업(철강 및 전기)이 시작되었

---

[1] "How much data is generated each day?", WORLD ECONOMIC FORUM, 2019년 04월 17일,
www.weforum.org/agenda/2019/04/how-much-data-is-generated-each-day-cf4bddf29f

[2] "10살된 카톡, 쇼핑·교통·송금까지 품에 안은 '국민 메신저'", 국민일보, 2020년 1월 19일,
news.kmib.co.kr/article/view.asp?arcid=0924118180&code=11151400&cp=nv

[3] "How Much Data Is Created Every Day in 2021?", techjury, 2021년 8월 6일,
techjury.net/blog/how-much-data-is-created-every-day/#gref

던 2차 산업혁명의 핵심 자원은 **석탄**이었습니다. 당시 풍부한 철과 석탄을 이용해 가장 먼저 산업혁명을 시작한 영국은 공장에서 대량으로 생산하는 상품으로 세계 경제를 주도했습니다.

그렇다면 4차 산업혁명을 주도하는 핵심 자원은 무엇일까요? 바로 **데이터**입니다. 데이터는 그 자체만으로도 가치가 있지만 빅 데이터 분석, 인공지능, 클라우드, 사물인터넷, 블록체인, 가상/증강 현실과 같은 신기술의 기반 자료가 되어 혁신을 이끌어 냅니다. 앞으로 데이터를 자유자재로 다룰 수 있는 이가 세상을 주도할 것입니다.

실제로 2022년 5월 기준 전 세계 기업 시가 총액 순위[4] 1위에서 10위 중 5개의 기업(애플, 마이크로소프트, 아마존, 구글, 페이스북)이 **데이터**를 다루는 플랫폼 기업입니다.

| 전 세계 기업 시가 총액 순위(2022년 5월 기준)

순위	회사명	시가 총액(원)
1	사우디 아람코	3069조 2000억 원
2	애플	2972조 5600억 원
3	마이크로소프트	2459조 7400억 원
4	알파벳(구글)	1918조 5700억 원
5	아마존	1400조 5900억 원
6	테슬라	984조 6700억 원
7	버크셔 해서웨이	886조 9300억 원
8	메타(페이스북)	768조 7800억 원
9	존슨 앤 존슨	654조 5000억 원
10	TSMC	637조 2700억 원

이런 거창한 혁신 이외에 실제 업무에서 우리가 데이터를 잘 다루면 얻을 수 있는 이점은 무엇일까요?

하나, 성공적 의사결정을 하는 데 도움을 줍니다

데이터는 과거에 우리 주변에서 일어났던 일을 기록한 자료입니다. 이런 객관적 데이터에 기반해 상권(매출 분석, 유동인구 분석 등), 요식업 트렌드, 가격 및 원가 등을 분석하면 치킨집을 할지, 커피숍을 할지 의사결정할 때 직감에 의존할 때보다 훨씬 더 성공 확률이 높은 결정을 내릴 수 있습니다.

둘, 의사소통 과정에서 강력한 무기가 됩니다

다른 사람에게 자신의 의견을 주장할 때 무엇보다 강력한 무기는 의견을 뒷받침하는 객관적 데이터

---

[4] Largest Companies by Market Cap, companiesmarketcap.com

입니다. 기업에서 기획안을 발표할 때 객관적 데이터 없이 자료를 만들면 듣는 사람은 발표의 근거를 찾을 수 없어 기획안을 신뢰하지 않을 것입니다. 하지만 여러 데이터를 정리해서 근거를 확실히 제시한다면 기획안이 채택될 확률이 높아지고 협상과 토론을 원하는 방향으로 이끌 수 있습니다.

셋, 눈에 보이지 않던 사실을 발견할 수 있습니다

'왜 공장에서 특정 기계만 자주 고장나는지?', '왜 광고비를 많이 지출하고 있는데도 매출이 오르지 않는지?' 등과 같은 질문에 데이터 분석으로 그 원인을 확인하고 답을 찾을 수 있습니다. 데이터를 들여다보기 전까지는 어떤 부분이 문제인지 파악하기 어렵습니다. 하지만 데이터를 살펴보면 '식당을 찾는 주 연령층이 20대인데, 50대를 대상으로 광고비를 지출하고 있었다'와 같은 사실을 발견할 수 있습니다. 이렇듯 데이터는 불필요하게 낭비되는 부분과 시간 및 비용을 줄이는 방법을 찾을 수 있도록 도와줍니다.

1-2 데이터 시각화가 왜 필요할까요?

데이터 시각화의 정의와 목적

'데이터를 시각화하는 이유는 무엇일까?', '좋은 데이터 시각화는 무엇일까?'라는 질문에 답하려면 데이터 시각화가 무엇이며 또 데이터 시각화를 어떤 목적으로 진행하는지 알아야 합니다. 다음 상황을 통해 데이터 시각화의 정의와 목적을 알아봅시다.

상황1 대부분의 사람은 긴 글보다 짧게 요약된 내용을 선호합니다

'끝내주는 데이터 주식회사'의 김 대리와 박 대리는 경영진에게 제출할 보고서를 작성했습니다. 김 대리는 넘치는 열정으로 가능한 모든 데이터를 수집하고 그 데이터를 바탕으로 백 장이 넘는 보고서를 작성했습니다. 박 대리 또한 열심히 수집한 데이터를 분석하고 정리해 한 장짜리 보고서를 작성했습니다.

어떤 직원의 보고서가 더 좋은 평가를 받았을까요? 정답은 박 대리의 보고서입니다. 그렇다면 왜 박 대리의 보고서가 김 대리의 보고서보다 좋은 평가를 받았을까요?

김 대리처럼 수집한 모든 데이터를 보여 주고 싶은 욕구는 누구에게나 존재합니다. 하지만 모든 데이터를 확인하기에는 시간이 너무나 부족합니다. 더욱이 초 단위로 시간을 관리하는 경영진은 말할 것도 없습니다. 이런 이유로 대부분의 사람은 핵심만 요약된 **한 장짜리 보고서**를 선호합니다.

상황2 대부분의 사람은 글자보다 임팩트 있는 시각 요소에 집중합니다

한 장짜리 보고서에 데이터 시각화를 적용하면 금상첨화입니다. 흰색 바탕의 검은색 글자를 사용할 때보다 강렬한 색상으로 구성된 시각 요소를 사용할 때 다른 사람의 시선을 중요한 데이터에 집중시킬 수 있기 때문입니다. 김 대리와 박 대리의 상황을 계속 살펴봅시다.

김 대리는 정확한 데이터가 중요하다고 생각해 10년 간 일별 매출을 표로 빼곡히 정리했습니다. 반면 박 대리는 데이터를 한 번에 알아볼 수 있어야 한다고 생각해 3년 간 연별 매출을 선 차트로 정리했습니다. 이번에도 박 대리의 정리 방식이 다른 사람들로부터 더 좋은 평가를 받았습니다. **표로 데**

이터를 이해하려면 시간이 오래 걸립니다. 반면 **차트**는 직관적으로 다가오기에 데이터를 이해하는 시간을 줄여 빠른 의사소통이 가능하도록 도와줍니다.

앞에서 언급했던 것처럼 우리는 이미 빅 데이터 시대에 살고 있습니다. 이런 시대에서 중요한 일은 단순히 데이터를 많이 모으는 것이 아니라 수많은 데이터 속에서 그것들이 말해 주는 메시지를 알아내고 의사결정자에게 전달해 **성공적 의사소통**을 이끌어 내는 것입니다. 매일 생성되는 수없이 많은 데이터를 이해할 때 유용한 방법이 바로 데이터 시각화입니다.

데이터 시각화는 데이터를 차트, 그래프, 지도와 같이 이해하기 쉬운 시각 요소로 표현해 데이터 트렌드와 항목 간 관계, 특이점 등을 한눈에 보여 주는 데이터 표현 기법입니다. 다양한 데이터 시각화 도구와 기술을 활용하면 수많은 데이터를 쉽고 빠르게 분석할 수 있으며, 데이터 속 핵심을 다른 사람에게 명확히 전달할 수 있습니다.

데이터 시각화를 하는 이유

사실 데이터만 있어도 다른 사람을 설득하는 데 문제는 없습니다. 그런데도 데이터 시각화를 하는 이유는 무엇일까요? 다음 4가지 상황을 통해 그 이유를 알아봅시다.

상황1 항목 간 관계를 발견할 수 있습니다

표에 정리된 수많은 데이터를 시각화함으로써 각 항목 간에 주목할 만한 관계가 있는지 파악할 수 있습니다. 학생 10명의 한 달 간 지각한 횟수와 중간 고사 시험 점수가 기록된 표를 살펴봅시다.

▌학생별 지각 횟수와 시험 점수

이름	지각 횟수	시험 점수
황나길	0	99
노우람	1	93
임한결	3	65
주한길	5	54
전믿음	4	60
배으뜸	2	95
류다운	1	84
노별빛	3	45
박하늘	2	65
이은샘	0	89

일반적으로 지각 횟수가 많으면 시험 점수도 낮을 것이라고 의심하는데, 표에 기록된 데이터는 이런 의심을 뒷받침해 줄까요? 표를 한번 살펴봅시다. 항목 간 관계가 보이나요? 데이터가 지각 횟수나 시험 점수순으로 정렬되어 있다면 연관성을 어떻게든 찾아볼 텐데, 이름순으로 정렬되어 있어 두 항목 간 관계를 파악하기가 쉽지 않습니다. 지금은 데이터가 적지만 데이터가 많을 때는 비교 대상 항목이 시험 점수 등으로 정렬되어 있다 하더라도 알아보기 힘듭니다.

이번에는 표가 아닌 차트로 지각 횟수와 시험 점수의 관계를 시각화해 봅시다. 다음은 학생별 지각 횟수와 시험 점수를 보여 주는 **분산형 차트**(120쪽 참조)입니다.

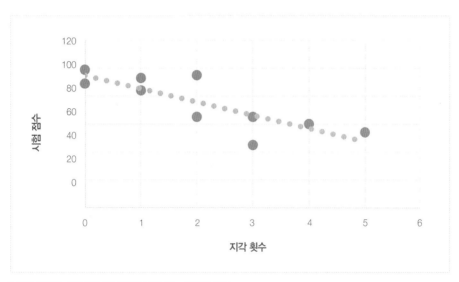

| 지각 횟수와 시험 점수의 관계를 보여 주는 분산형 차트

차트의 가로축은 지각 횟수를, 세로축은 시험 점수를 나타냅니다. 가로축과 세로축으로 구성된 좌표에 점이 찍혀 있어 두 항목 간 관계를 쉽게 비교할 수 있습니다. 실제로 차트를 보면 지각 횟수가 증가할수록 시험 점수가 낮아지는 관계를 포착할 수 있습니다.

이처럼 데이터 시각화는 복잡한 항목 간 관계를 직관적으로 파악할 수 있게 도와주고 통찰을 얻게 해 주는 유용한 기법입니다.

상황2 데이터에 숨어 있는 트렌드를 찾아낼 수 있습니다

데이터 시각화로 복잡하고 방대한 데이터 속에 숨어 있는 트렌드를 찾아낼 수 있습니다. 다음은 지난 일 년 간 자동차 판매 관련 고객 컴플레인 현황을 월별-사원별로 정리한 표입니다.

| 월별-사원별 컴플레인 현황

월	황재진	윤영진	홍길동
1	2	1	3
2	1	2	4
3	2	2	4
4	2	2	4
5	3	3	4
6	3	3	5
7	3	3	6
8	2	2	6
9	2	2	5
10	2	1	4
11	1	2	4
12	1	1	4

이렇게 정리된 표로 트렌드를 바로 발견할 수 있을까요? 숫자만 봐서는 홍 사원이 다른 사원들보다 상대적으로 많은 컴플레인을 받았다고 짐작할 수 있지만 그 트렌드는 쉽게 발견할 수 없습니다.

트렌드를 발견할 수 있도록 이 표를 한번 시각화해 보겠습니다. 다음은 월별-사원별 컴플레인 현황으로 만든 **누적 막대 차트**(75쪽 참고)입니다.

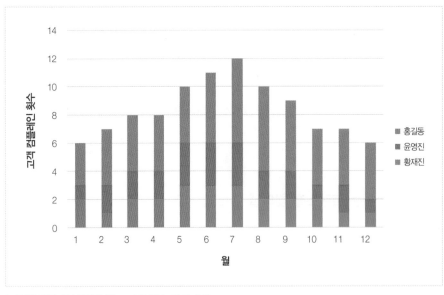

| 사원별 컴플레인 현황을 색으로 구분한 누적 막대 차트

차트에서 가로축은 월을, 세로축은 고객 컴플레인 횟수를 나타냅니다. 각 사원이 받은 고객 컴플레인 횟수를 색상으로 구분해서 어떤 사원이 고객 컴플레인을 많이 받았는지, 어느 계절에 고객 컴플레인이 집중되는지 등과 같은 트렌드를 포착할 수 있습니다. 실제로 차트를 살펴보면 다른 계절보다 여름(6~8월)에 고객 컴플레인이 증가했다는 사실을 알 수 있습니다.

이렇듯 데이터 시각화로 데이터에 숨어 있는 중요한 트렌드를 찾을 수 있습니다.

상황3 핵심을 효과적으로 전달하는 데이터 스토리텔링을 할 수 있습니다

우리는 일상에서 상대방을 설득해야 하는 경험을 많이 합니다. 경영자는 펀딩을 받으려고 취업 준비생은 취업을 하려고 세일즈맨은 상품과 서비스를 판매하려고 투자자, 면접관, 고객 등 다른 사람을 설득합니다. 설득은 자신의 의견을 다른 사람에게 전달해서 원하는 행동을 이끌어 내는 행위입니다. 설득 기법에는 여러 가지가 있지만, 그중 가장 효과적인 기법은 스토리텔링입니다.

스토리텔링은 **이야기**(Story)와 **말하기**(Telling)가 합쳐진 단어로 의견을 이야기에 담아 전달하는 기법입니다. 우리는 이야기를 하고 싶어 하고 또 이야기를 듣고 싶어 합니다. 실제로 우리가 일상적으로 즐기는 드라마, 영화, 소설뿐만 아니라 유튜브, 페이스북, 인스타그램의 모든 콘텐츠에 이야기가 담겨 있습니다. 이런 흥미로운 이야기를 데이터에 적용한 것이 바로 데이터 스토리텔링입니다.

데이터 스토리텔링은 데이터에서 발견한 중요한 메시지에 이야기를 담아 듣는 사람에게 메시지를 깊게 심어 주는 기법입니다. 데이터 스토리텔링을 잘 사용하면 듣는 사람의 마음을 움직여 원하는 방향으로 의사결정을 이룰 수 있습니다. 데이터 스토리텔링에서 데이터 시각화는 빼놓을 수 없는 중요한 요소입니다. 다음 상황을 통해 그 이유를 알아보겠습니다.

먼저 비흡연자 대비 흡연자의 질병 발생 위험도를 정리한 표로 금연의 중요성을 전달해 봅시다.

❙ 비흡연자 대비 흡연자의 각종 질병 발생 위험도

질병	비흡연자 대비 질병 발생 위험도(단위: 배)
후두암	6.5
폐암	4.6
식도암	3.6
허혈성심질환	2.2

표에 있는 데이터만 봐도 흡연자의 질병 발생 위험도가 비흡연자보다 높다는 사실을 알 수 있습니다. 하지만 불행히도 우리의 뇌는 단기간에 많은 정보를 저장할 수 없습니다. 표에 있는 데이터를 이해하려면 한 번에 하나씩 모든 값을 찾아야 하는데 표의 4번째 열을 읽을 때면 1번째 열의 데이터를 잊고 맙

니다. 그러나 차트, 그래프 같은 시각화 요소를 사용하면 기억에 오래 남는 강렬한 메시지를 전달할 수 있습니다.

이 표를 막대 차트로 시각화해 볼까요? 다음은 비흡연자 대비 흡연자의 각종 질병 발생 위험도를 보여 주는 **수직 막대 차트**(69쪽 참고)입니다.

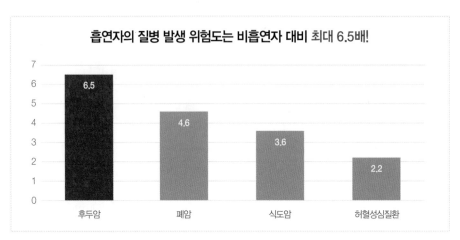

| 흡연자의 질병 발생 위험도를 보여 주는 막대 차트

질병 발생 위험도가 가장 높은 후두암에 빨간색을 사용해 시각적으로 더욱 집중하게 만들었습니다. 차트 제목에 '흡연자의 질병 발생 위험도는 비흡연자 대비 최대 6.5배!'라는 메시지를 넣어 다른 사람이 흡연의 위험성을 감지하도록 구성했습니다. 이는 하나의 예시일 뿐, 다른 사람의 마음을 움직일 수 있는 스토리텔링 방법은 무궁무진합니다. 다양한 스토리텔링 방법은 4−2절에서 자세히 다룹니다.

상황4 감정을 자극해 깊은 인상을 남길 수 있습니다

데이터를 바탕으로 발견한 메시지에는 감정이 따라옵니다. 이 감정은 기쁨, 행복 등 좋은 감정일 수도 있지만 두려움, 슬픔 등 나쁜 감정일 수도 있습니다. 좋든 나쁘든 이러한 감정은 메시지에 집중할 수 있도록 도와줍니다. 사람은 한번 감정을 자극 받으면 그 감정에서 쉽게 빠져나가기 어렵기 때문입니다. 메시지 속 감정을 효과적으로 전달할 때 유용한 기법이 바로 데이터 시각화입니다. 항목을 다양한 색상으로 표현하면 메시지 속 감정을 극대화할 수 있습니다.

2021년 벚꽃이 피는 3월 중순에서 4월 중순까지 여의도 한강공원의 유동인구 증가율[5]을 보여 주는 **선 차트**(88쪽 참고)를 살펴봅시다.

---

[5] "벚꽃 시즌…빅 데이터로 바라본 한강공원 방문객은?", 미라클 어헤드, 2021년 5월 3일,
　　mirakle.mk.co.kr/view.php?year=2021&no=424258

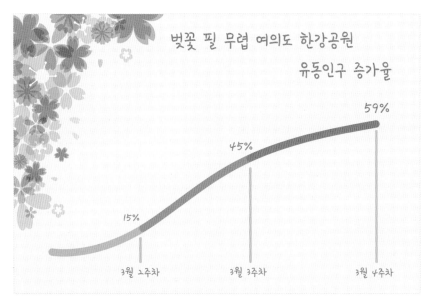

벚꽃 필 무렵 여의도 한강공원
유동인구 증가율

59%

45%

15%

3월 2주차   3월 3주차   3월 4주차

| 여의도 한강공원의 유동인구 증가율을 보여 주는 선 차트

유동인구 증가율에 맞춰 벚꽃이 점점 피어나는 것처럼 표현하려고 분홍색의 채도를 달리했으며, 벚꽃이 만개한 3월 4주차에는 진한 분홍색을 사용했습니다. 또한 마치 벚꽃이 만개한 곳에 와 있는 듯한 감성을 느낄 수 있도록 차트 배경에 벚꽃 일러스트도 추가했습니다.

선 차트를 들여다보기 전에 차트의 색감으로 발표 내용을 어느 정도 유추할 수 있으며, 딱딱한 수치에서 벗어나 다른 사람의 감정을 자극해 마음속 깊이 각인되는 메시지를 전달할 수 있습니다.

데이터 시각화의 이점

데이터 시각화로 우리가 실질적으로 얻을 수 있는 이점은 무엇일까요? 여러 이점이 있지만 여기서는 4가지로 정리했습니다.

이점1 시간을 아낄 수 있습니다

뇌는 글자와 숫자보다 시각 요소를 훨씬 빠르고 쉽게 받아들입니다. 실제로 펜실베이니아대학교 의과대학(Pennsylvania School of Medicine)의 연구자들은 인간의 망막이 초당 약 천만 비트로 데이터를 전송할 수 있다는 연구 결과를 발표했습니다.[6]

---

[6] "Penn Researchers Calculate How Much The Eye Tells The Brain", Science News, 2006년 7월 28일,
www.sciencedaily.com/releases/2006/07/060726180933.htm

그러므로 데이터 시각화는 많은 정보를 효과적으로 표현하고 사람들이 빠르고 쉽게 받아들일 수 있도록 도와주는 수단입니다. 데이터 시각화로 필요한 정보를 신속하게 처리해 데이터를 일일이 분석하는 시간을 아낄 수 있으며 의사결정 속도를 높여 불필요하게 낭비되는 시간도 줄일 수 있습니다.

이점2 효과적인 학습을 할 수 있습니다

몇몇 사람은 직접 몸을 움직이거나 소리를 들으면서 배우기를 선호합니다. 하지만 무언가 새로운 배움을 원하는 사람 중 약 65%는 보면서 배우는 학습 방법을 선호합니다.[7] 실제로 뇌가 기억하는 정보 중 90%가 시각 정보이기도 합니다. 그러므로 다양한 시각 요소를 활용하는 데이터 시각화는 제시된 정보를 빠르게 이해하도록 도와주는 효과적인 학습 수단입니다.

이점3 다양한 통찰을 얻을 수 있습니다

데이터 시각화로 만들어진 보고서로 현재 상황을 쉽고 빠르게 파악할 수 있습니다. 특히 기간별 판매량, 매출, 비용, 회계 및 재무정보, 컴플레인 등과 같이 조직 내에서 생산되는 다양한 데이터를 시각화 보고서로 만든다면 새로운 통찰을 끊임없이 얻을 수 있습니다. 이런 수많은 통찰이 좋은 아이디어로 발전해 개인의 성장과 더불어 조직의 미래를 바꾸는 계기가 됩니다.

이점4 경력 관리에 도움이 됩니다

업무 기술은 크게 하드 스킬과 소프트 스킬로 나눌 수 있습니다. 맡은 업무를 성공적으로 수행하려면 2가지 스킬을 모두 잘 구사해야 합니다. **하드 스킬**은 자동차 정비사의 정비 기술, 개발자의 코딩 기술처럼 실제 업무를 수행하는 데 필요한 기술입니다. 반면 **소프트 스킬**은 커뮤니케이션, 팀워크, 진취력, 창의력 및 적응성 등 직무와 상관없이 발휘할 수 있는 개인적 기술입니다.

어떤 조직이든 상위 직급으로 올라갈수록 하드 스킬보다 소프트 스킬이 요구됩니다. 그중에서도 데이터를 더 이해하기 쉽게 만들어서 의사결정자를 설득하는 **데이터 의사소통 능력**이 중요합니다.

대화나 회의 중 자신의 의견을 시각화해서 전달하거나 상급자에게 하는 제안에 시각 요소를 활용한다면 '핵심을 깔끔하게 잘 전달하는 사람'이라는 이미지를 다른 사람에게 심어 줄 수 있으며 성과 평가에 긍정적인 영향을 줍니다.

---

[7] "Visual Learners", Studying Style, www.studyingstyle.com/visual-learners

좋은 데이터 시각화란 무엇일까요?

좋은 데이터 시각화의 정의

좋은 데이터 시각화란 **데이터**를 선택하고 **콘셉트**를 담아 중요한 데이터를 **시각적 구성 요소**로 강조해서 읽기 쉽게 **기능**적으로 시각화한 것을 의미합니다. 이를 이루려면 4가지 원칙을 모두 따라야 합니다. 만약 여기서 몇 가지 원칙이 빠지면 어떻게 될까요? 다음 그림으로 알아봅시다.

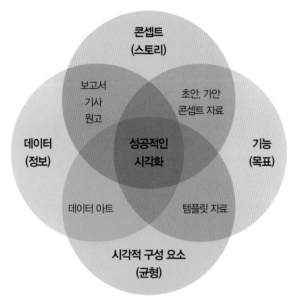

| 성공적인 데이터 시각화에 필요한 4가지 원칙

데이터와 콘셉트만 있다면 보고서, 데이터 없이 콘셉트를 기능적으로만 구성하면 초안 자료가 됩니다. 시각적 구성 요소로 데이터를 예쁘게 꾸미기만 하면 데이터 아트, 기능적으로 예쁘게 꾸미기만 하면 템플릿이 됩니다. 그러므로 데이터를 시각화할 때는 4가지 원칙을 모두 고려해야 합니다.

좋은 데이터 시각화를 위한 4가지 원칙

좋은 데이터 시각화를 만드는 능력은 3장에서 다양한 데이터를 직접 시각화해 보면서 기르기로 하고 여기서는 성공적인 데이터 시각화에 필요한 4가지 원칙을 자세히 알아보겠습니다.

데이터(정보): 가장 중요한 데이터를 강조합니다!

읽기 쉽게 데이터를 시각화하려면 중요한 데이터를 눈에 잘 띄는 위치에 두고 나머지 데이터를 적절한 위치에 배치해야 합니다. 자칫 잘못하면 중요한 데이터를 눈에 띄지 않는 위치에 두거나 중요하지 않은 데이터를 강조하게 됩니다. 그렇다면 중요한 데이터를 어떻게 판별할 수 있을까요? 다음의 버블 차트를 살펴보면서 중요한 데이터를 판별하는 방법을 알아봅시다.

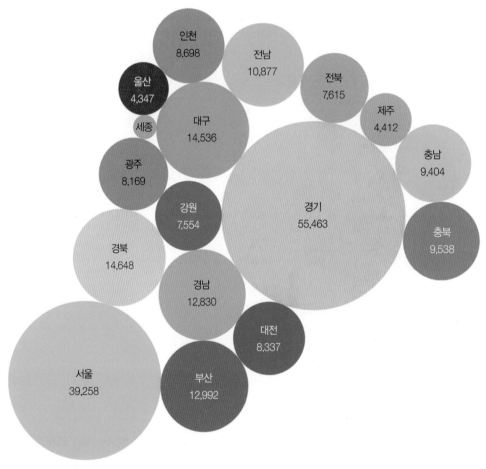

| 지역별 교통사고 건수를 보여 주는 버블 차트

버블 차트는 각 항목을 원형으로 표현하는 시각화 방법입니다. 항목 값의 크기에 따라 원형의 크기 또한 변합니다. 원형의 크기로 데이터를 직관적으로 확인할 수 있는 장점이 있습니다. 실제로 차트를 살펴보면 교통사고 건수 1위가 경기도, 2위가 서울특별시라는 사실을 금방 확인할 수 있습니다. 사실 생각해 보면 당연한 결과입니다. 수도권의 인구가 대한민국 인구의 절반 이상을 차지하고 있으므로 교통사고 건수도 많을 수밖에 없기 때문입니다.

누구나 직관적으로 예측할 수 있는 데이터를 공들여서 시각화할 필요가 있을까요? 정말 중요한 데이터는 교통사고 건수가 아니라 위험한 교통사고가 자주 일어나는 지역입니다. 교통사고 건수 대비 사망자수를 보여 주는 버블 차트를 살펴보면서 위험한 교통사고가 자주 일어나는 지역을 알아봅시다.

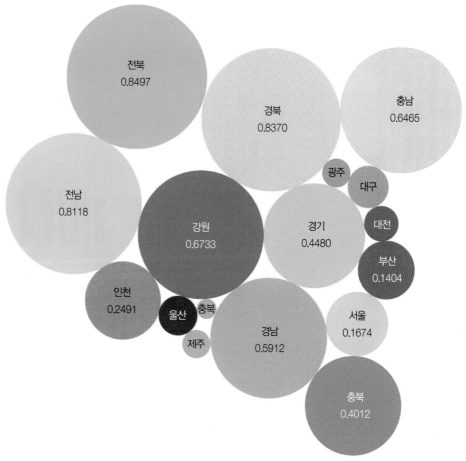

| 지역별 교통사고 건수 대비 사망자 수를 보여 주는 버블 차트

이 차트는 앞에 나왔던 차트와 똑같은 형태지만 전혀 다른 메시지를 보여 주고 있습니다. 실제로 차트를 살펴보면 수도권 지역은 교통사고 건수는 많지만, 그로 인한 사망자수는 적으며 오히려 전라북도는 교통사고 건수보다 사망자수가 많은 것으로 보아 대형사고가 자주 일어난다는 사실을 확인할 수 있습니다.

원칙2 기능(목표): 읽기 쉽습니다!

모든 자료는 읽기 쉬워야 합니다. 아무리 가치 있는 자료라도 읽기 어렵다면 전달력이 떨어집니다. 이는 데이터 시각화에서도 마찬가지입니다. 다음의 요일별 교통사고 통계 데이터로 만든 수직 막대 차트를 살펴보면서 데이터를 읽기 쉽게 시각화하는 방법을 알아보겠습니다.

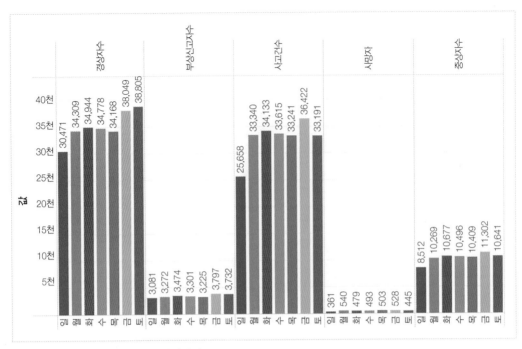

| 요일별 교통사고 건수를 보여 주는 수직 막대 차트

우리는 이 차트로 요일별로 어떤 유형의 교통사고가 얼마나 일어나는지를 보여 주고 싶습니다. 그런데 모든 수치가 세로로 표기되어 있다 보니 이해하기 어렵습니다. 아마 여러분도 이 차트를 이해하려고 고개를 좌우로 돌리면서 수치를 읽었을 것입니다. 차트를 가로로 한번 바꿔 보겠습니다.

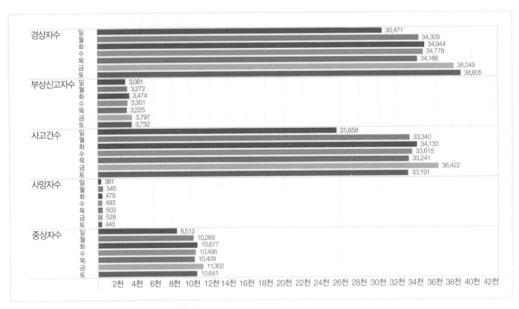

| 요일별 교통사고 건수를 보여 주는 수평 막대 차트

차트를 가로로 표현하니 데이터가 쉽게 읽히면서도 데이터의 크기를 한눈에 비교할 수 있습니다. 이와 같이 때로는 수직 막대 차트를 수평 막대 차트로 바꾸기만 해도 데이터를 읽기 쉽게 시각화할 수 있습니다.

여기서 잠깐! **데이터 시각화는 '내'가 아닌 '남'을 위해 합니다**

작성자를 위한 것이 아니라 데이터를 읽고 이해하려는 다른 사람을 위해 데이터를 시각화합니다. 데이터를 처음 접하는 사람의 입장에서 읽기 쉬운지, 이해가 잘되는지, 근거가 부족하지 않은지 등과 같은 다양한 요소를 고려해야 합니다. 혼자 고민하기 어려울 때는 친구나 가족에게 먼저 보여 주는 것도 도움이 됩니다. 데이터 시각화를 최종 배포하기 전에 내가 아닌 남의 입장에서 다시 살펴보는 습관을 기릅시다.

원칙3 **콘셉트(스토리): 효과적으로 메시지를 전달합니다!**

데이터 시각화의 목적인 성공적 의사소통을 하려면 무엇보다 메시지를 효과적으로 전달하는 일이 중요합니다. 같은 메시지도 어떻게 전달하느냐에 따라 전혀 다른 의미가 되기 때문입니다. 다음은 영업부 판매량과 할당량 비교 데이터로 만든 수평 막대 차트입니다. 이를 살펴보면서 간결하고 효과적인 메시지 전달 방법을 알아봅시다.

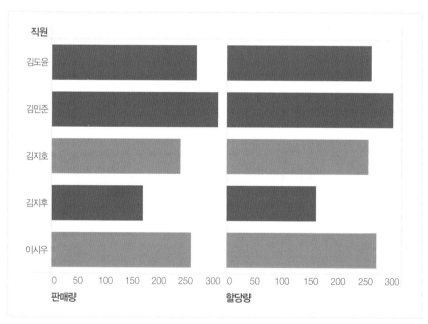

| 영업부 판매량과 할당량을 별도의 차트로 분리해서 보여 주는 수평 막대 차트

영업부장은 할당량과 판매량을 비교해 개인 또는 팀의 성과를 평가합니다. 이 수평 막대 차트는 판매량을 보여 주는 차트와 할당량을 보여 주는 막대 차트를 나란히 놓고 비교하는 방식으로 구성되어 있

습니다. 미달성은 주황색으로 따로 표시했습니다. 그러나 나란히 놓인 두 막대로 개인의 목표 달성 현황을 파악하기는 쉽지 않습니다. 목표 달성 현황을 정확히 파악할 수 있도록 판매량과 할당량 데이터를 같은 행에 배치해 보겠습니다.

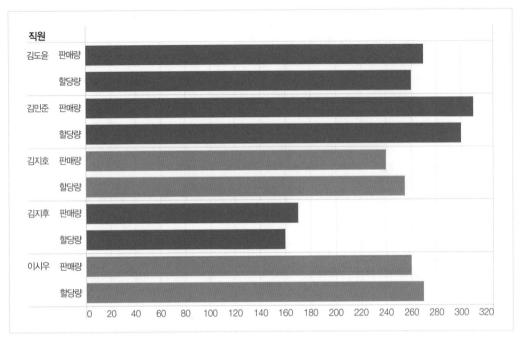

| 할당량을 판매량 하단에 배치한 수평 막대 차트

사원별 판매량과 할당량을 위아래로 배치해 할당량(목표) 대비 실제 판매량을 비교하기가 훨씬 쉽습니다. 하지만 막대 차트를 위아래로 번갈아 봐야 해서 다소 불편합니다. 메시지를 조금 더 효과적으로 전달하면서도 간결하게 표현할 수 있는 방법은 없을까요? 이럴 때는 **참조선**을 사용하면 좋습니다.

다음은 메시지를 조금 더 간결하게 전달할 수 있도록 막대 차트와 참조선을 결합해 판매량과 할당량을 비교할 수 있도록 바꾼 수평 막대 차트입니다.

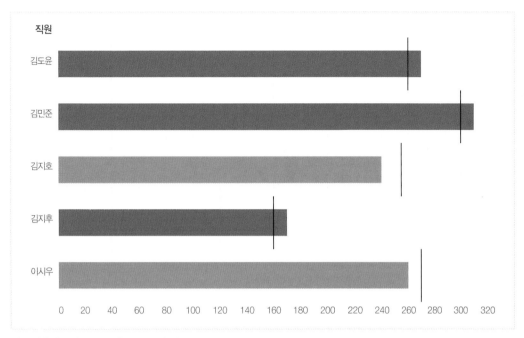

| 할당량을 참조선으로 표시한 수평 막대 차트

여기서 막대 차트는 판매량을 나타내며 수직으로 표현된 참조선은 할당량을 나타냅니다. 사원별 목표 달성 유무를 보여 주는 동시에 어느 정도의 성과를 내고 있는지도 쉽게 파악할 수 있습니다. 실제로 여러 막대를 살펴보지 않아도 누가 할당량을 달성했는지 한눈에 확인할 수 있습니다. 그리고 무엇보다 막대 개수가 줄어서 차트가 간결해졌습니다.

원칙4   시각적 구성 요소(균형): 색상과 기호를 적절하게 사용합니다!

중요한 데이터를 강조하려면 색상과 기호를 적절하게 사용해야 합니다. 다음은 우리나라 국가별 석유 제품 수출 데이터로 만든 선 차트입니다. 이를 살펴보면서 색상과 기호를 적절하게 사용하는 방법을 알아봅시다.

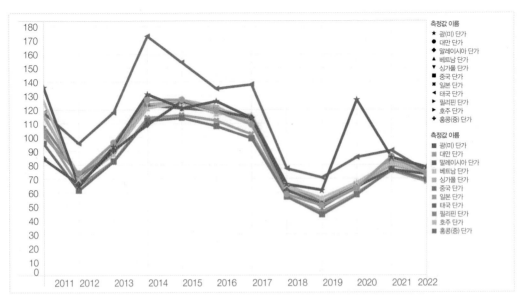

| 석유 제품 수출양을 많은 색상과 기호로 표현한 선 차트

나라를 구분하려고 나라마다 서로 다른 색상을 사용했고, 값마다 다양한 기호를 사용했습니다. 언뜻 보면 화려해 보이지만 차트에 너무 많은 색상을 사용하다 보니 무엇이 중요한 데이터인지 오히려 파악되지 않고 항목별 트렌드도 확인하기 어렵습니다. 게다가 기호도 많아 어느 포인트에 주목해야 하는지도 알 수가 없습니다.

색상과 기호를 적절히 사용해 중요한 포인트를 강조하겠습니다. 다음은 우리나라와 밀접한 관계를 가지는 동아시아 국가만 색상으로 강조한 선 차트입니다.

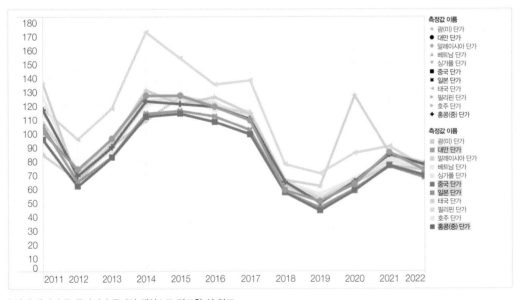

| 전체 데이터 중 동아시아 국가만 색상으로 강조한 선 차트

동아시아 이외의 국가는 비교적 눈에 띄지 않는 회색으로 통일했습니다. 앞선 차트를 살펴볼 때보다 중요한 데이터에 더욱 집중할 수 있으며 가독성도 훨씬 높아졌습니다. 하지만 여전히 데이터 트렌드는 확인하기 어렵습니다. 이번에는 대만 업체와 새로운 계약을 진행한다고 가정하고 대만 데이터에만 집중하겠습니다.

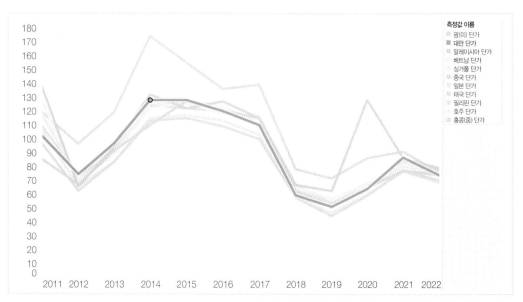

❙ 전체 데이터 중 대만만 색상으로 강조하고 피크점에만 기호를 사용한 선 차트

대만을 제외한 다른 국가는 모두 회색으로 변경했고 가장 높은 수출량을 기록한 부분에만 기호를 사용했습니다. 이제 중요한 데이터가 무엇인지 한 번에 알 수 있습니다.

> **여기서 잠깐!** **데이터의 양과 데이터 시각화 사이의 균형을 유지합시다**
>
> 데이터를 시각화할 때, 무조건 데이터를 적게 써야 하는 것은 아닙니다. 아무리 데이터를 멋지게 시각화하더라도 근거가 부족하면 다른 사람이 받아들이기 어렵기 때문입니다. 성공적 의사결정을 하려면 중요한 데이터와 그것을 받쳐 주는 데이터의 양 그리고 데이터 시각화(차트, 그래프 등) 사이의 적절한 균형을 유지해야 합니다.

CHAPTER
2

데이터 시각화 준비하기
데이터 시각화 사전 작업과 도구 알아보기

데이터 시각화 사전 작업 알아보기

1단계: 알고 싶은 질문 생각하기

데이터 시각화는 데이터 분석으로 알고 싶은 질문을 설정하는 것에서부터 시작합니다. 데이터 시각화의 목표가 정해지면 수집해야 하는 데이터와 그 데이터를 효과적으로 시각화하는 방법이 명확해집니다.

'끝내주는 데이터 주식회사' 박 대리는 ○○시에서 범죄가 많이 일어날 것이라는 예측하에 범죄 예방 캠페인을 제안하려고 합니다. '범죄가 가장 많이 발생하는 지역은?', '범죄가 가장 많이 발생하는 시간대는?'과 같은 다양한 질문이 떠오릅니다. 그 밖에 다음과 같은 질문도 떠올려 볼 수 있습니다.

범죄 발생과 관련해서 떠올릴 수 있는 질문

- 범죄가 가장 많이 발생하는 지역은?
- 범죄가 가장 많이 발생하는 시간대는?
- 범죄가 주로 발생하는 장소는?
- 가장 많이 발생하는 범죄 유형은?
- 범죄자와 피해자의 연령별 분포는?
- 범죄 발생 대비 검거 비율은?

2단계: 데이터 획득하기

데이터를 시각화하려면 우선 데이터가 필요합니다. 분석 목적에 따라 공공데이터를 활용하거나, 회사나 조직 내부에 있는 데이터를 활용할 수도 있습니다. 아니면 직접 데이터를 수집할 수도 있습니다.

공공데이터 이용하기

제도개선을 제안하거나 공공서비스 기반으로 새로운 사업을 시작한다면 공공데이터를 활용할 수 있습니다. 공공데이터는 〈공공데이터포털〉 웹 사이트에서 손쉽게 찾아볼 수 있습니다. 이 사이트는 테마, 카테고리 등 다양한 분류로 데이터를 제공하고 있습니다. 이 밖에 각 지방자치단체에서도 공공데이터를 제공하고 있습니다.

| 〈공공데이터포털〉 웹 사이트 시작 화면(data.go.kr)

설문조사로 직접 데이터 수집하기

만족할 만한 공공데이터를 찾지 못했다면 설문조사로 직접 데이터를 수집할 수 있습니다. 설문조사는 분석 목적에 맞는 데이터를 수집할 수 있다는 장점이 있습니다. 하지만 데이터를 처음부터 새로 수집해야 하므로 추가 비용이 발생하고 시간이 오래 걸린다는 단점이 있습니다.

| 온라인 설문지를 활용한 설문조사 예시

3단계: 데이터 정제하기

정리되지 않은 데이터 속에서 오류 찾기는 어려운 일이지만 데이터를 시각화하기 전에 반드시 오류를 찾아야 합니다. 어느 정도 데이터 분석을 끝낸 상황에서 오류를 발견한다면 분석 결과의 신뢰성이 떨어지므로 분석을 처음부터 다시 해야 하기 때문입니다. 그러므로 데이터를 획득했다면 그 데이터의 품질과 무결성을 우선 확인해야 합니다.

데이터 무결성이란 데이터에 오류가 없고 분석과 관련 없는 불필요하거나 반복된 데이터가 없는 상태를 의미합니다. 데이터 무결성을 확인하려면 우선 데이터를 정리해야 합니다. 이를 **데이터 정제(데이터 클랜징)**라고 하며 보통 다음과 같은 6단계로 진행됩니다.

데이터 정제 6단계

- 1단계 | 불필요한 항목 제거하기
- 2단계 | 중복된 열이나 데이터 제거하기
- 3단계 | 이상치나 데이터 오류 처리하기
- 4단계 | 불필요한 데이터 처리하기
- 5단계 | 카테고리화하기
- 6단계 | 오탈자 수정하기

6단계 정제 작업 중 **카테고리화**가 무엇인지 다음 상황으로 알아봅시다. 나머지 단계는 3장에서 데이터 시각화 실습을 하며 알아보겠습니다.

박 대리는 최근 성폭력 범죄 관련 뉴스를 보다가 성폭력 예방 캠페인을 제안하면 좋겠다는 생각이 들었습니다. 우선 〈공공데이터포털〉 웹 사이트에서 제공하는 시간대별 성폭력 범죄 발생 현황 데이터로 어느 시간대에 범죄가 많이 발생하는지 알아보기로 했습니다.

| 시간대별 성폭력 범죄 발생 건수

구분	심야 (00:00~04:00)	새벽 (04:00~07:00)	오전 (07:00~12:00)	오후 (12:00~18:00)	초저녁 (18:00~20:00)	밤 (20:00~24:00)
2014	642	43	154	185	61	172
2015	572	23	141	180	67	152
2016	445	43	134	233	74	180
2017	467	50	159	273	89	211
2018	510	40	196	291	98	230

이 표로 범죄 발생 건수는 정확하게 확인할 수 있지만 어느 시간대에 범죄가 많이 발생하는지 한눈에 확인하기는 어렵습니다. 그래서 박 대리는 발생 건수를 다음과 같이 등급으로 묶기로 했습니다.

| 5등급으로 나눈 시간대별 성폭력 범죄 발생 건수

구분	심야 (00:00~04:00)	새벽 (04:00~07:00)	오전 (07:00~12:00)	오후 (12:00~18:00)	초저녁 (18:00~20:00)	밤 (20:00~24:00)
2014	5	1	2	2	1	2
2015	5	1	2	2	1	2
2016	5	1	2	3	1	3
2017	5	1	2	3	1	3
2018	5	1	2	3	1	3

발생 건수를 100건 단위로 나눠 등급 1(0~100건), 등급 2(100~200건), 등급 3(200~300건), 등급 4(300~400건), 등급5(400건 초과) 총 5등급으로 묶었습니다. 이제 심야에 범죄 발생 등급이 가장 높고 새벽과 초저녁에 범죄 발생 등급이 가장 낮다는 사실을 한눈에 알 수 있습니다.

이처럼 특정 기준에 따라 데이터를 분류하는 일을 **카테고리화(데이터 범주화)**라고 하며, 분류된 데이터의 묶음(지역, 성별, 이름, 가입유무 등)을 **카테고리(범주형 데이터)**라고 합니다.

4단계: 적절한 차트 선택하기

데이터 속 메시지를 다른 사람에게 효과적으로 전달하려면 데이터에 맞는 적절한 차트를 사용해야 합니다. 예를 들어 항목 간 상대 수치를 비교할 때 선 차트를 사용하면 메시지를 제대로 전달할 수 없습니다. 이때는 막대 차트로 두 수치를 한눈에 비교하는 방법이 적절합니다. 데이터 속 메시지를 보여 주는 방법에는 여러 가지가 있지만 크게 다음과 같이 4가지 방법으로 정리할 수 있습니다.

데이터 속 메시지를 보여 주는 4가지 방법

- 항목 간 상대 수치 비교하기
- 항목 간 관계 파악하기
- 데이터 패턴 포착하기
- 데이터 구성 요소 비율 파악하기

메시지를 보여 주는 방법을 선택했다면 그에 맞는 적절한 시각화 방법을 선택해야 합니다. **항목 간 상대 수치 비교**에는 **막대 차트**를, **데이터 패턴 포착**에는 **선 차트**를 사용할 수 있습니다. 지금부터는 앞서 언급한 시간대별 성폭력 범죄 발생 현황 데이터로 메시지를 보여 주는 방법별 적절한 시각화 방법을 알아보겠습니다.

항목 간 상대 수치 비교하기

항목 간 상대 수치는 누적 막대 차트로 비교할 수 있습니다. **누적 막대 차트**(75쪽 참고)는 각 항목값을 하나의 막대 속에 별도의 색상으로 표현한 차트입니다. 항목값이 높을수록 막대에서 차지하는 부분이 길어지고, 항목값이 낮을수록 짧아집니다.

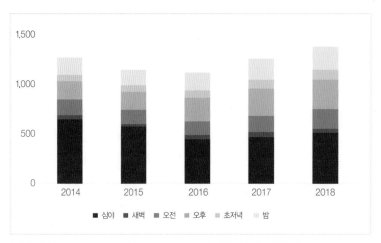

| 시간대별 성폭력 범죄 발생 건수를 별도의 색상으로 표현한 누적 막대 차트

차트를 살펴보면 2018년에 가장 많은 범죄가 발생했으며, 그 다음으로 2014년과 2017년순으로 많은 범죄가 발생했다는 사실을 알 수 있습니다. 또한 막대 내의 세부 항목들이 각기 다른 채도로 표현되어 있어 각 세부 항목의 비율을 한눈에 알아볼 수 있습니다. 실제로 연도를 불문하고 **밤색**으로 표현된 심야 시간대 범죄 발생 건수가 가장 높은 비율을 차지합니다.

항목 간 관계 파악하기

항목 간 관계는 분산형 차트를 사용하면 쉽게 파악할 수 있습니다. **분산형 차트**(120쪽 참고)는 항목값을 여러 개의 점으로 표현한 차트입니다. 심야 범죄 발생 건수와 새벽 범죄 발생 건수를 점으로 표현한 분산형 차트를 살펴봅시다.

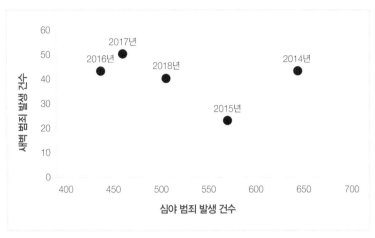

| 심야 범죄 발생 건수와 새벽 범죄 발생 건수를 점으로 표현한 분산형 차트

2016년이라고 적혀 있는 점의 가로축을 보면 심야 범죄 발생 건수가 약 450건, 세로축을 보면 새벽 범죄 발생 건수가 약 40건이라는 사실을 알 수 있습니다. 같은 방식으로 연도별 데이터가 차트에 점으로 표현되어 있습니다. 이 점들을 바탕으로 2015년을 제외하면 대체로 심야 범죄 발생 건수가 증가할수록 새벽 범죄 발생 건수는 감소한다는 사실을 발견할 수 있습니다.

데이터 패턴 포착하기

선 차트(88쪽 참고)를 사용하면 효과적으로 데이터 패턴을 시각화할 수 있습니다. 새벽부터 심야까지 시간의 흐름에 따른 성폭력 범죄 발생 건수를 보여 주는 선 차트를 통해 어떻게 데이터 패턴을 시각화할 수 있는지 알아봅시다.

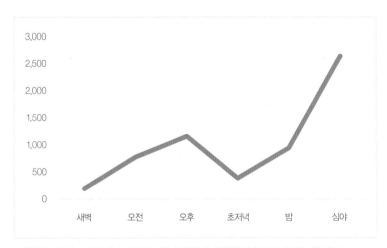

| 새벽부터 심야까지 시간의 흐름에 따른 성폭력 범죄 발생 건수를 보여 주는 선 차트

새벽부터 오후까지는 범죄 발생 건수가 증가하고 초저녁부터는 감소합니다. 그러다 밤부터 심야까지 다시 가파르게 증가하다 새벽에 다시 감소하는 패턴을 발견할 수 있습니다.

데이터 구성 요소 비율 파악하기

파이 차트를 사용하면 시간대별 성폭력 범죄 발생 비율을 시각화할 수 있습니다. **파이 차트**(104쪽 참고)는 전체 데이터 중 특정 항목이 차지하는 비율을 조각의 크기로 표현한 차트입니다. 항목이 차지하는 비율이 커지면 조각 크기 또한 커집니다.

다음의 시간대별 성폭력 범죄 발생 비율을 보여 주는 파이 차트를 살펴보면 심야 범죄가 하루에 발생하는 성범죄의 43%를 차지하고 있다는 사실을 쉽게 확인할 수 있습니다. 이 정보를 바탕으로 박 대리는 가로등 확충과 가로등 비상벨 서비스 확대를 위한 캠페인을 기획할 수 있었습니다.

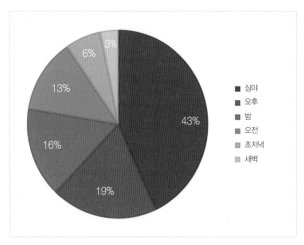

| 시간대별 성폭력 범죄 발생 비율을 조각의 크기로 보여 주는 파이 차트

5단계: 데이터 준비하기

시각화 방법을 결정했다면 이제 데이터를 시각화 방법에 맞는 구조로 바꿔야 합니다. 하나의 차트에 모든 데이터를 담을 수 없으므로 중요한 데이터를 선택해서 시각화해야 합니다. 데이터 구조는 다음과 같이 크게 5가지로 나눌 수 있습니다.

5가지 데이터 구조

- 데이터 속성 설정하기(예: 숫자, 날짜)
- 데이터 단위 설정하기(예: 금액, 생산량)
- 데이터 필터링으로 관심있는 데이터 추려내기

- 데이터 그룹화로 요약값 산출하기(예: 최솟값, 최댓값, 평균, 중간값, 개수)
- 기존 데이터를 바탕으로 새로운 항목 추가하기

5가지 데이터 구조 중 **기존 데이터를 바탕으로 새로운 항목 추가하기**가 무엇인지 다음 상황으로 알아봅시다. 나머지 4가지 데이터 구조는 3장부터 공공데이터를 시각화하면서 배우겠습니다.

'끝내주는 데이터 주식회사'의 이 사원은 최근 친구가 인터넷 사기 범죄를 당했다는 소식을 들었습니다. 주변에서 인터넷 사기를 당하는 사람들이 늘고 있는 것 같아서 〈공공데이터포털〉 웹 사이트에서 획득한 연도별 인터넷 사기 범죄 현황 데이터를 바탕으로 인터넷 사기 범죄 예방 캠페인을 기획하기로 했습니다.

| 연도별 인터넷 사기 범죄 발생 현황

연도	구분	직거래	쇼핑몰	게임
2019	발생 건수	89,797	960	7,687
	검거 건수	72,935	793	6,183
2018	발생 건수	74,044	647	9,380
	검거 건수	60,224	526	7,545
2017	발생 건수	67,589	560	7,227
	검거 건수	60,502	476	6,150

이 표로 발생 건수와 검거 건수를 바로 확인할 수는 있지만, 해마다 인터넷 사기 건수가 증가하는데 범죄자는 얼마나 잡히는지를 직관적으로 확인하기 어렵습니다. 획득한 데이터에 **발생 대비 검거율**을 추가하면 어떨까요? 여기에 직거래, 쇼핑몰, 게임 3가지 분야별 발생 및 검거 건수의 합계도 한번 추가해 봅시다.

| 발생 대비 검거율과 분야별 발생 및 검수 건수 합계를 추가한 인터넷 사기 발생 현황

연도	구분	합계	직거래	쇼핑몰	게임
2019	발생 건수	98,444	89,797	960	7,687
2019	검거 건수	79,911	72,935	793	6,183
2019	발생 대비 검거율	81.2%	81.2%	82.6%	80.4%
2018	발생 건수	84,071	74,044	647	9,380
2018	검거 건수	68,295	60,224	526	7,545
2018	발생 대비 검거율	81.2%	81.3%	81.3%	80.4%
2017	발생 건수	75,376	67,589	560	7,227
2017	검거 건수	67,128	60,502	476	6,150
2017	발생 대비 검거율	89.1%	89.5%	85.0%	85.1%

발생 대비 검거율과 분야별 발생 및 검거 건수의 합계를 추가한 데이터로 인터넷 사기 발생 건수와 검거 건수의 상관관계를 더욱 명확하게 파악할 수 있습니다. 실제로 발생 대비 검거율을 살펴보면 검거율이 80%대이며 매년 범죄가 늘고 있지만 그만큼 범죄자도 많이 잡힌다는 사실을 확인할 수 있습니다. 이 정보를 바탕으로 이 사원은 '인터넷 사기 범죄 언젠가는 잡힙니다'라는 헤드 카피로 인터넷 사기 범죄 예방 캠페인을 기획할 수 있었습니다.

6단계: 데이터 시각화하기

준비는 끝났습니다. 이제 본격적으로 데이터를 시각화할 차례입니다. 데이터 시각화는 일반적으로 다음과 같은 4단계로 진행됩니다.

데이터 시각화 4단계

- 1단계 | 시각화 도구를 사용해서 데이터 불러오기
- 2단계 | 사전에 계획한 차트 구현하기
- 3단계 | 차트를 이용해 데이터 분석하기
- 4단계 | 디자인 요소를 적용해 시각화 효과 극대화하기

지금 모든 단계를 외울 필요는 없습니다. 단계에 따른 다양한 시각화 구현 방법은 3장에서 사례를 중심으로 자세히 설명하니, 우선 이런 단계로 데이터 시각화를 진행한다는 사실만 기억합시다.

NOTE 데이터 시각화의 각 단계를 모두 따를 필요는 없습니다. 데이터 시각화 목표에 맞게 적절하게 적용합시다.

데이터 시각화 도구 알아보기

유형별 데이터 시각화 도구 살펴보기

과거에 데이터 분석 작업은 어려운 일이었습니다. 엑셀을 이용해서 여러 차트를 만들고 시각화할 수 있었지만, 다양한 데이터베이스에서 데이터를 수집하고 연결하는 작업에는 SQL과 같은 쿼리 언어를 사용해야 했습니다. 그리고 데이터를 수집하려면 IT 부서나 데이터 전문가에게 도움을 요청하거나 유관 부서와 협업이 필수였고, 요청한다고 하더라도 데이터 수집까지의 절차가 복잡해서 데이터 분석을 시작하기 전까지 시간이 많이 소요되었습니다. 이렇듯 원하는 데이터를 정확하게 수집하기 어려웠으므로 데이터를 정확하게 해석하는 데 한계가 있었습니다.

그러나 태블로와 파워 BI와 같은 데이터 시각화 도구가 등장하면서 데이터를 분석할 때 IT 부서나 데이터 전문가 의존도를 최소화하고 직접 데이터베이스에 접근해서 데이터를 시각화하고 분석할 수 있게 되었습니다.

시중에는 소프트웨어, 웹 사이트, 프로그래밍 언어 등 데이터를 시각화할 때 사용할 수 있는 다양한 도구가 존재합니다. 대표적인 데이터 시각화 도구들을 살펴보겠습니다.

소프트웨어 및 웹 사이트 기반 데이터 시각화 도구

- **태블로**Tableau | 데이터 시각화에 특화된 소프트웨어입니다. 직관적이고 쉬운 사용자 인터페이스를 제공합니다. 상호작용이 가능한 대시보드 등으로 감각적인 데이터 시각화를 할 수 있습니다. 이 책에서는 태블로를 사용해 데이터 시각화 방법을 알아봅니다.
- **파워 BI**Power BI | 마이크로소프트에서 개발한 데이터 시각화 소프트웨어입니다. 대시보드 및 다양한 차트를 활용한 보고서를 작성할 수 있습니다. Microsoft Office와 쉽게 연동됩니다.
- **구글 데이터 스튜디오**Google Data Studio | 구글에서 제공하는 무료 데이터 시각화 도구로 다양한 차트를 활용한 대시보드와 리포트 작성이 가능합니다. 구글 스프레드시트, 구글 드라이브 등과 쉽게 연동됩니다.
- **엑셀**Microsoft Excel | 엑셀은 테이블 형태로 데이터를 정리하고 시각화할 때 많이 사용하는 도구입니다. 엑셀의 여러 기능을 활용해 다양한 차트를 구현할 수 있습니다.

프로그래밍 언어 기반 데이터 시각화 도구

- **파이썬**Python | 범용성이 높아 다양한 분야에서 사용되는 프로그래밍 언어입니다. 머신러닝이나 딥러닝에도 많이 사용되고 있으며 데이터를 유연하게 처리하고 분석해서 시각화할 수 있습니다.

- R | 통계 분석에 자주 활용되는 프로그래밍 언어입니다. 통계 관련 패키지가 많이 배포되어 있어 통계 기법을 시각화에 적용할 때 유용합니다.
- **구글 차트**^{Google Charts} | 자바스크립트를 사용해 웹 사이트상에서 다양한 차트를 구현할 수 있도록 도와주는 시각화 도구입니다. 엑셀 및 구글 스프레드시트의 데이터를 불러올 수 있습니다.

상황에 맞는 데이터 시각화 도구 선택하기

이처럼 다양한 데이터 시각화 도구 중에서 적절한 도구를 선택하려면 예산, 숙련도, 통계 지식 등을 고려해야 합니다. 상황에 맞는 적절한 데이터 시각화 도구 선택 요령을 정리한 다음의 다이어그램을 살펴보면서 데이터 시각화 도구를 선택해 봅시다.

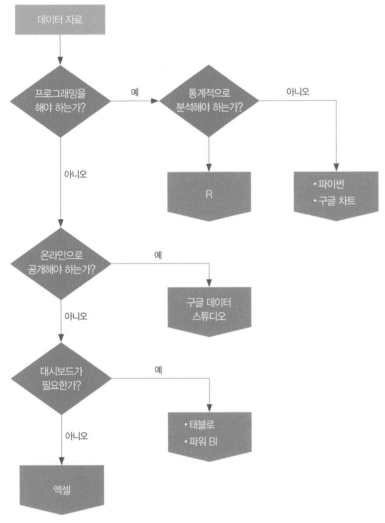

┃상황에 맞는 적절한 데이터 시각화 도구 선택 요령

프로그래밍 언어에 익숙하다면 파이썬, R을 데이터 시각화 도구로 선택할 수 있습니다. **파이썬**은 프로그래밍 언어 중 배우기 쉽고 범용성이 뛰어납니다. 그러나 팀 단위에서 사용할 경우 모두가 파이썬을 어느 정도 알아야 합니다. R은 통계 전문 프로그래밍 언어로 강력한 통계 기능이 있습니다. 하지만 배우기가 어렵습니다. 자바 스크립트를 할 줄 안다면 **구글 차트**도 생각해 볼 수 있습니다.

클라우드 플랫폼 기반으로 데이터를 시각화해야 한다면 구글 데이터 스튜디오를 선택할 수 있습니다. **구글 데이터 스튜디오**는 무료로 사용할 수 있지만 대시보드를 실시간으로 업데이트하면서 관리하기는 어렵습니다.

로컬 서버 기반으로 대시보드를 적극 사용한다면 태블로나 파워 BI를 사용할 수 있습니다. **태블로**는 데이터 시각화를 쉽게 구현할 수 있지만 로컬에서 사용하거나 비공개로 작업을 하려면 라이선스를 구입해야 합니다. **파워 BI**는 엑셀과의 연동 기능이 막강하지만 사용자 인터페이스가 다소 불편합니다.

간단한 데이터 정리가 우선이고 시각화는 가끔 한다면 접근성이 가장 높은 **엑셀**을 사용할 수 있습니다. 엑셀은 테이블 형식으로 데이터를 정리하는 데 효과적이지만 협업이 어렵고 데이터 시각화 기능이 부족한 편입니다.

┃ 데이터 시각화 도구별 장단점

시각화 도구	태블로	파워 BI	구글 데이터 스튜디오
장점	• 뛰어난 시각화가 가능 • 대용량 데이터 처리에 용이	• 엑셀과 연동이 가능 • 빠른 업데이트	• 무료 사용 가능 • 구글 애플리케이션들과 쉽게 연동이 가능함
단점	• 라이선스 구입 필요 (태블로 퍼블릭은 무료) • 예약 기능 부재	• 투박한 사용자 인터페이스 • 무료 버전은 데이터 용량 제한	• 대시보드 실시간 업데이트가 어려움 • 엑셀 파일을 지원하지 않음
시각화 도구	엑셀	파이썬	R	구글 차트
장점	• 데이터 정리에 효과적 • 다양한 플랫폼과 쉽게 연동 가능	• 프로그래밍 언어 중 비교적 쉽게 배울 수 있음 • 다양한 참고 자료 존재	• 오픈 소스 지원 • 수준 높은 차트와 그래프 구현 가능	• 무료 사용 가능 • 사용자 친화적 차트 제작 가능
단점	• 대용량 데이터 처리 시 속도 저하 • 협업의 어려움	• 연산 처리 속도가 다른 프로그래밍 언어에 비해 느림 • 모바일 환경에서 사용이 어려움	• 컴퓨터 메모리 부하가 큼 • 배우기 어려움	• 온라인에서만 사용 가능 • 자바스크립트 지식 필요

이 책에서는 많은 시각화 도구 중에서 태블로를 사용합니다. 태블로는 뛰어난 시각화 기능을 가지고 있습니다. 특히 직관적인 사용자 인터페이스는 보다 창의적인 데이터 시각화를 할 수 있게 도와줍니다. 이 책의 목적은 다양한 사례로 데이터를 직접 시각화해 보면서 문제 해결 방법을 배우는 데 있습

니다. 태블로는 이러한 목적을 달성하는 데 최적화된 시각화 도구입니다. 자세한 내용은 2-3절에서 설명하겠습니다.

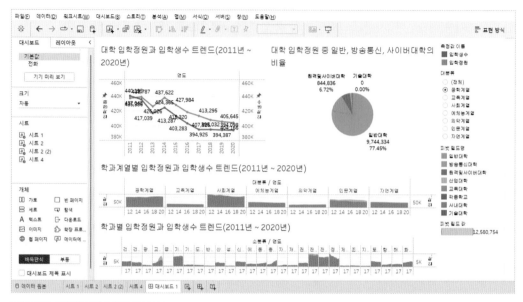

| 태블로를 사용해서 만든 대시보드 예시

2-3 태블로 살펴보기

태블로 알아보기

태블로(Tableau)는 사용자가 데이터를 시각적으로 분석하고 이해할 수 있도록 도와주는 비즈니스 인텔리전스(Business Intelligence, BI)로, 세계적으로 사용자가 빠르게 늘고 있습니다. 태블로는 다른 데이터 분석 도구와는 달리 드래그 앤 드롭 방식을 채택하고 있어 따로 전문 기술을 배우지 않아도 누구나 쉽게 사용할 수 있습니다. 또한 차트, 그래프, 대시보드, 지도 등 다양한 데이터 시각화 방법을 지원하고 있어 여러 유형의 데이터를 손쉽게 시각화할 수 있습니다.

태블로의 특징

- 세계 데이터 분석 시장을 이끄는 비즈니스 인텔리전스 도구이자 데이터 시각화 도구입니다(2013년부터 가트너 매직 쿼더런트 보고서 애널리틱스 부문에서 9년 연속 리더 기업[1]으로 선정되었습니다).

- 드래그 앤 드롭 방식을 사용하고 있어 누구나 쉽게 배워서 사용할 수 있습니다.

- 전 세계적으로 많은 사람이 사용하고 있어 참고 자료를 쉽게 찾아볼 수 있습니다(2018년 태블로 한국지사 설립 후 한국에서도 사용자가 늘고 있습니다).

Figure 1: Magic Quadrant for Analytics and Business Intelligence Platforms

Source: Gartner (March 2022)

| 비즈니스 인텔리전스 점유율(가트너, 2022년 1월)

---

[1] "9년 연속 리더로 선정된 Tableau", tableau, 2021년 9월 24일, www.tableau.com/ko-kr/reports/gartner

이 책에서는 **태블로 데스크톱**(Tableau Desktop)으로 데이터 시각화 실습을 진행합니다. 태블로 데스크톱은 개인 컴퓨터에 설치하는 소프트웨어로 엑셀(.xlxs), 텍스트(.txt) 등 다양한 데이터 파일을 불러와서 원하는 형태로 데이터를 분석하고 시각화할 수 있는 태블로 버전입니다. 태블로 데스크톱은 유료이지만 14일 무료 평가판을 제공합니다. 만약 공인 교육 기관의 대학생이라면 **학생용 태블로**를 1년 간 무료로 사용할 수 있습니다.

> **여기서 잠깐!** **학생용 태블로를 사용해 봅시다!**
>
> 학생용 태블로는 www.tableau.com/ko-kr/community/academic에서 개인 정보, 학생증, 재학 증명서(영문)를 업로드하면 사용할 수 있습니다. 태블로 데스크톱 버전과 기능상 차이가 없으며 학습 프로그램도 제공합니다. 사용 기간이 끝나더라도 여전히 학생 신분이라면 1년 단위로 라이선스를 다시 신청할 수 있습니다.

무료로 사용 가능한 버전인 **태블로 퍼블릭**(Tableau Public)도 있습니다. 태블로 데스크톱에 비해 몇 가지 제약이 있지만 이 책의 모든 예제는 태블로 퍼블릭으로도 무리 없이 실습할 수 있습니다. 다음은 태블로 데스크톱과 태블로 퍼블릭의 차이점을 정리한 표입니다.

▮ 태블로 데스크톱과 태블로 퍼블릭의 차이점

차이점 ＼ 버전	태블로 데스크톱(교육용 포함)	태블로 퍼블릭
결과물 저장 방식	사용자 컴퓨터 또는 태블로 클라우드	태블로 클라우드*
결과물 저장 용량	사용자 컴퓨터 저장 용량에 따라 무제한 저장 가능	100만 줄 또는 10GB의 용량 제한
지원 데이터 포맷	일반적으로 사용하는 포맷 대부분을 지원**	엑셀(.xlxs), 텍스트(.txt) 등을 포함한 6개 포맷 지원
연결 데이터 베이스 형식	대부분의 데이터베이스를 연결해서 데이터 변경 사항을 실시간으로 태블로에 반영 가능	제한적인 데이터베이스 연결

* 실습 결과물을 태블로 클라우드에 저장해야 합니다. 로컬 파일로 저장할 수 없습니다.

** 태블로 데스크톱에서 지원하는 데이터 포맷은 help.tableau.com/current/pro/desktop/ko-kr/exampleconnections _overview.htm에서 확인할 수 있습니다.

태블로 설치하기

이제부터 태블로를 설치하겠습니다. 태블로 데스크톱 설치 방법을 먼저 알아본 다음 태블로 퍼블릭 설치 방법을 알아봅니다.

태블로 데스크톱 설치하기

01 인터넷 브라우저에서 태블로 웹 사이트(www.tableau.com/ko-kr) 주소를 입력해서 접속합니다. 그런 다음 [제품]-[Tableau Desktop] 메뉴를 클릭합니다.

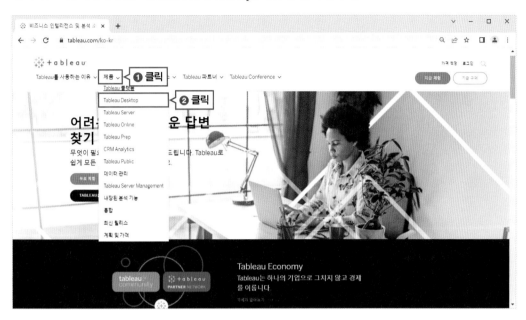

02 화면에 표시된 [무료 체험] 버튼을 클릭해 정보 입력 화면으로 이동합니다.

03 성, 이름, 비즈니스 이메일 등의 정보를 입력한 다음 [무료 평가판 다운로드] 버튼을 클릭합니다.

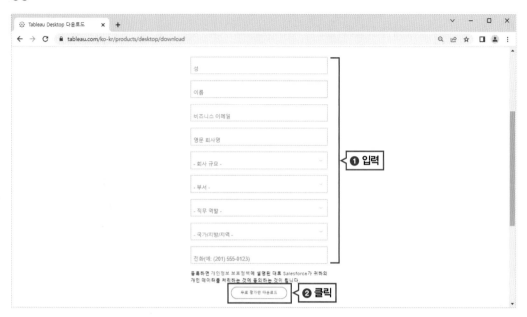

04 이제 태블로 데스크톱 앱 다운로드가 시작됩니다. 다운로드가 완료되면 설치 파일을 실행해 태블로 데스크톱을 설치합니다.

NOTE 설치 파일 다운로드 위치 및 실행 방법은 사용 중인 브라우저마다 다릅니다.

태블로 퍼블릭 설치하기

01 인터넷 브라우저에서 태블로 웹 사이트(www.tableau.com/ko-kr) 주소를 입력해서 접속합니다. 그런 다음 [제품]-[Tableau Public] 메뉴를 클릭합니다.

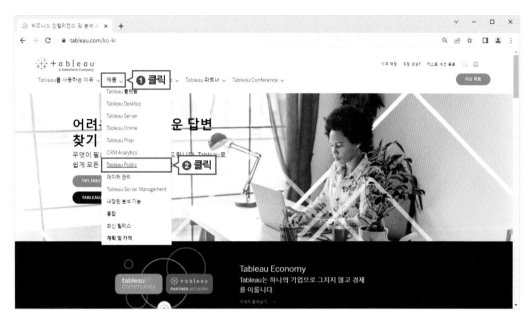

02 화면에 표시된 [Tableau Public으로 이동] 버튼을 클릭해 태블로 퍼블릭으로 이동합니다.

03 태블로 퍼블릭 화면에서 [앱 다운로드] 버튼을 클릭한 다음 화면이 바뀌면 다시 [앱 다운로드] 버튼을 클릭합니다.

04 성, 이름, 비즈니스 이메일 등의 정보를 입력하고 [앱 다운로드] 버튼을 클릭합니다.

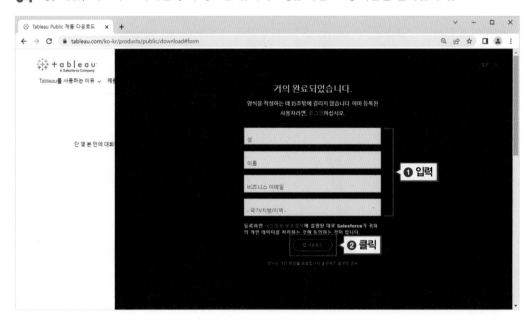

05 이제 태블로 퍼블릭 앱 다운로드가 시작됩니다. 다운로드가 완료되면 설치 파일을 실행해 태블로 퍼블릭을 설치합니다.

NOTE 설치 파일 다운로드 위치 및 실행 방법은 사용 중인 브라우저마다 다릅니다.

태블로 실행하기

설치가 완료되었다면 이제 태블로(데스크톱 또는 퍼블릭)를 실행해서 사용 환경을 알아봅시다. 우선은 시작 화면을 살펴본 다음 작업 영역을 살펴보겠습니다.

태블로 시작 화면 살펴보기

바탕 화면에 있는 태블로 실행 아이콘을 더블 클릭하면 다음 그림과 같은 시작 화면을 볼 수 있습니다. 지금부터 각 항목을 살펴봅시다. 항목별 이름과 기능에 관한 자세한 설명은 번호로 확인할 수 있습니다.

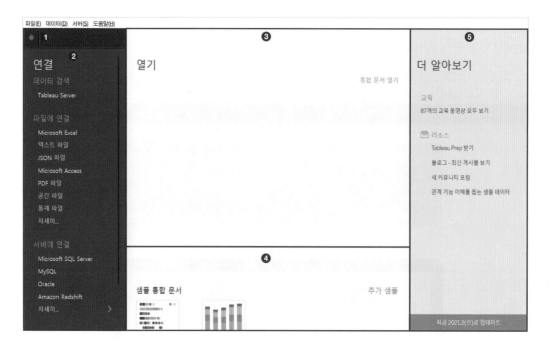

❶ **태블로(▦) 아이콘 |** 왼쪽 위를 보면 태블로(▦) 아이콘이 있습니다. 이 아이콘을 클릭하면 작업 영역으로 이동합니다. 작업 영역에서 이 아이콘을 클릭하면 시작 화면으로 돌아갑니다.

❷ **[연결] 패널 |** 태블로(▦) 바로 아래에 있는 [연결] 패널에서 다양한 데이터를 불러올 수 있습니다.

- **파일에 연결:** 엑셀(.xlxs), 텍스트(.txt), PDF 등 다양한 데이터 파일을 불러올 수 있습니다.
- **서버에 연결:** 태블로 서버, 마이크로소프트 SQL 서버, 오라클 서버 등 클라우드에 저장되어 있는 데이터를 불러올 수 있습니다. 태블로 퍼블릭에서는 구글 드라이브, 웹 데이터, 오픈 데이터 프로토콜만 표시됩니다.

❸ **[열기] 패널 |** 시작 화면 가운데 위를 보면 [열기] 패널이 있습니다. 기존에 저장해 두었던 통합 문서가 있다면 여기에 섬네일로 표시됩니다.

❹ **[샘플 통합 문서] 패널 |** [열기] 패널 아래에는 [샘플 통합 문서] 패널이 있습니다. 태블로 데스크톱에서 제공하는 대시보드나 워크시트 예제를 불러올 수 있습니다. 예제 섬네일을 클릭하면 통합 문서가 열립니다. 태블로 퍼블릭에서는 샘플 통합 문서를 별도로 제공하지 않습니다.

❺ **[더 알아보기] 패널 |** 시작 화면 오른쪽에는 [더 알아보기] 패널이 있습니다. 태블로에서 제공하는 무료 교육 동영상을 열람할 수 있으며 그 외에도 샘플 데이터, 블로그, 커뮤니티 포럼 등 태블로 학습에 필요한 다양한 정보를 확인할 수 있습니다.

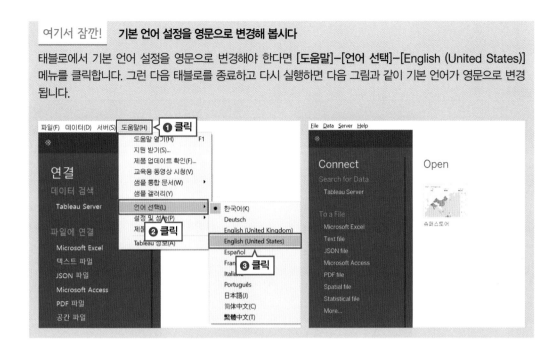
태블로 작업 영역 살펴보기

이제 태블로의 작업 영역을 살펴봅시다. 세부 기능은 3장에서 실습해 보면서 알아보기로 하고 우선은 작업 영역이 어떻게 구성되어 있으며 어떻게 부르는지 살펴봅시다.

우선 태블로 시작 화면에서 [파일]-[새로 만들기] 메뉴를 클릭해서 빈 통합 문서를 만들어 봅시다.

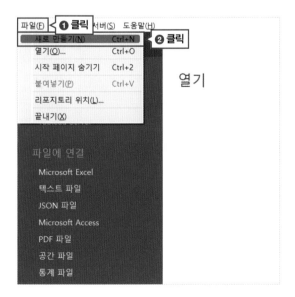

그렇게 하면 다음과 같은 화면이 나타납니다. 이제 작업 영역을 살펴봅시다. 작업 영역의 각 항목별 이름과 기능에 관한 자세한 설명은 번호로 확인할 수 있습니다.

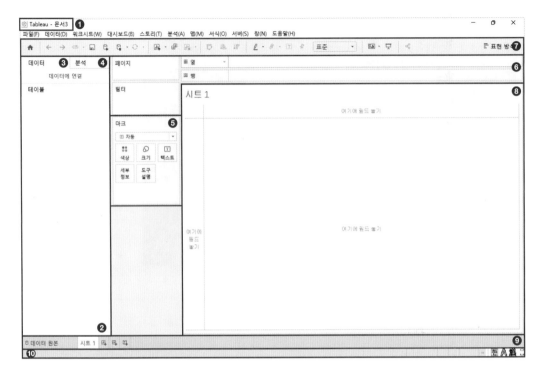

❶ **통합 문서 이름 |** 현재 열려 있는 통합 문서의 이름을 알려 주는 영역입니다.

❷ **사이드바 |** [데이터] 패널과 [분석] 패널이 있는 영역입니다.

❸ **[데이터] 패널 |** 다양한 파일로부터 불러온 데이터 항목을 표시하는 영역입니다. 여기에 표시되는 데이터 항목을 태블로에서는 **필드**라고 부릅니다.

❹ **[분석] 패널 |** 필드값의 평균을 알아보거나 참조선을 추가하는 등 현재 차트를 분석할 수 있는 기능을 제공하는 영역입니다.

❺ **[마크] 카드 |** 필드에 다양한 시각화 효과를 적용하는 영역입니다. 필드를 클릭한 다음 마크 카드의 각 아이콘으로 드래그하면 현재 차트에 맞는 시각화 효과가 자동으로 적용됩니다.

❻ **선반 |** 시각화를 위해 차트의 행 또는 열에 필드를 배치하거나 필드에 필터를 적용하는 영역입니다. 필드를 선반으로 드래그할 수 있습니다.

❼ **툴바 |** 다른 오피스 프로그램과 마찬가지로 다양한 탐색 도구와 명령 도구가 있는 영역입니다.

❽ 뷰 | 시각화 결과를 표시하는 영역입니다. 차트와 더불어 필터 목록과 차트 범례도 이곳에 표시됩니다.

❾ [시트] 탭 | 엑셀과 마찬가지로 시트로 이동하거나, 시트를 만들거나, 제거하는 기능을 제공하는 영역입니다. 대시보드와 스토리도 여기서 만듭니다.

❿ 상태 표시줄 | 현재 뷰에 표시되는 차트의 데이터 행과 열 개수, 합계값 등 다양한 정보를 표시하는 영역입니다.

NOTE 대시보드와 스토리는 4장에서 자세히 다룹니다.

CHAPTER
3

데이터 시각화 시작하기
차트 유형별 데이터 시각화 기법 알아보기

3-1 막대 차트
비교 분석 중심의 시각화

막대 차트는 말 그대로 직사각형 막대로 데이터를 표현하는 시각화 방법으로 항목별 구체적인 수치를 비교할 때 유용합니다. 막대를 세로로 세워 놓느냐 가로로 눕혀 놓느냐에 따라 **수직 막대 차트**와 **수평 막대 차트**로 구분할 수 있습니다.

막대 차트는 누구나 쉽게 만들 수 있고, 데이터의 크기를 직관적으로 확인할 수 있어 가장 많이 사용되는 시각화 방법입니다. 지금부터 막대 차트를 효과적으로 사용하는 방법을 상황별로 알아보겠습니다.

알아보기 상황별 막대 차트 사용법

상황1 막대 차트는 트렌드를 파악할 때 유용합니다

'아주 놀라운 동물원' 마케팅팀 박 사원은 동물원 방문객수를 획기적으로 늘릴 만한 프로모션을 기획하려고 합니다. 박 사원은 우선 2017년부터 2021년까지 지난 5년 간 동물원 방문객수 트렌드를 다음 표와 같이 정리해서 그간 진행했던 프로모션이 얼마나 효과가 있었는지 알아보려 합니다.

┃ 연도별 '아주 놀라운 동물원' 방문객수

연도	방문객수(단위: 명)
2017년	491,285
2018년	331,547
2019년	342,654
2020년	333,213
2021년	526,249

프로모션이 **효과**가 있었는지 확인하려면 방문객수 트렌드를 살펴볼 필요가 있습니다. 그런데 표를 살펴보면 연도별 방문객수를 구체적으로 알 수 있지만, 해마다 방문객이 얼마나 늘고 줄었는지는 잘 보이지 않습니다. 박 사원은 트렌드를 살펴볼 수 있는 방법을 고민하다 막대 차트를 한번 사용해 보게로 했습니다. 다음은 박 사원이 만든 연도별 '아주 놀라운 동물원' 방문객수를 보여 주는 수직 막대 차트입니다.

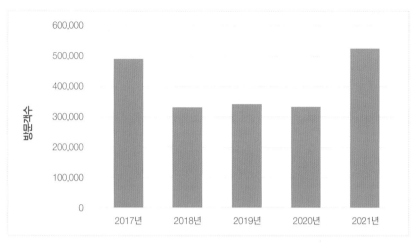

| '아주 놀라운 동물원' 방문객수를 보여 주는 수직 막대 차트

수직 막대 차트를 한번 살펴봅시다. 가로축은 연도, 세로축은 방문객수를 나타냅니다. 연도별로 막대의 높낮이가 달라 슬쩍 봐도 2017년 이후 방문객수가 줄어든 후 3년 간 비슷한 수치를 유지하다가 2021년부터 다시 늘어났다는 사실을 확인할 수 있습니다. 박 사원은 2021년부터 방문객이 다시 급증한 이유가 해당 해에 진행한 프로모션에 있다고 추측하고 이를 바탕으로 새로운 프로모션을 기획하기로 했습니다.

상황2 수직 막대 차트는 순위를 비교할 때 유용합니다

'엄청 빠른 자동차' 정 사장은 매출이 점점 줄어서 기분이 좋지 않습니다. 매출 하락 원인 분석의 한 과정으로 사원별 자동차 판매실적을 한눈에 비교하고자 합니다. 이럴 때 유용한 차트는 **수직 막대 차트**입니다. 수직 막대 차트가 왜 유용한지 다음 차트로 알아봅시다.

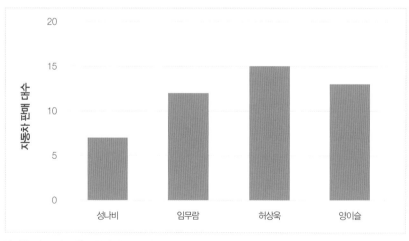

| '엄청 빠른 자동차' 사원별 자동차 판매실적을 보여 주는 수직 막대 차트

일반적으로 막대 차트의 가로축에 배치된 데이터가 세로축에 배치된 데이터보다 더 눈에 띕니다. 이 차트에서도 가로축에 사원을 배치해 강조했으며, 세로축에 판매 대수를 배치해 막대 높이 차이를 확연히 볼 수 있도록 했습니다. 이렇게 배치하면 어떤 사원이 더 많은 자동차를 판매했는지 직관적으로 알 수 있습니다. 실제로 차트를 살펴보면 허 사원의 판매실적이 가장 높으며 성 사원의 판매실적이 가장 낮다는 사실을 금방 알 수 있습니다.

이처럼 수직 막대 차트를 사용하면 우뚝 솟은 막대로 데이터를 직관적으로 비교할 수 있으며, 어떤 데이터가 가장 높고 어떤 데이터가 가장 낮은지 강조할 수 있습니다. 정 사장은 이 차트를 바탕으로 허 사원의 노하우를 다른 직원에게 교육해서 자동차 판매량을 높이기로 결정했습니다.

상황3 수평 막대 차트는 달성도를 확인할 때 유용합니다

정 사장은 판매실적을 조금 더 세부적으로 분석하고자 사원들이 이번 달 목표치를 얼마나 달성했는지 알아보려 합니다. 이처럼 달성도를 비교할 때는 **수평 막대 차트**를 사용하면 됩니다. 다음은 **상황2**의 '엄청 빠른 자동차' 사원별 자동차 판매실적을 보여 주는 수직 막대 차트를 수평 막대 차트로 바꾼 것입니다.

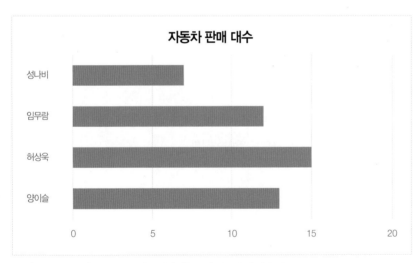

| '엄청 빠른 자동차' 사원별 자동차 판매실적을 보여 주는 수평 막대 차트

수평 막대 차트는 앞서 살펴본 수직 막대 차트와는 다르게 자동차 판매 대수를 가로축에 배치해 자동차 판매 대수를 강조합니다. 막대 길이가 판매 대수를 나타내는 보조선에 얼마나 도달했는지 한눈에 보이기에 목표를 달성한 사원수를 직관적으로 파악할 수 있습니다. 여기에 1장에서 배운 좋은 데이

터 시각화 원칙을 적용해 목표치를 **참조선**(36쪽 참고)으로 표현하면 더욱 효과적인 차트를 만들 수 있습니다.

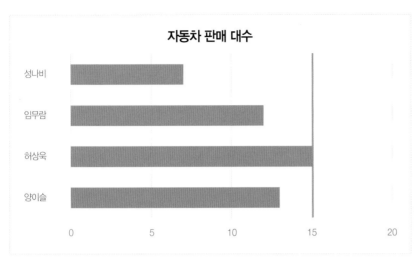

자동차 판매 대수

| 참조선을 추가한 '엄청 빠른 자동차' 사원별 자동차 판매실적 수평 막대 차트

이번 달 목표치인 자동차 15대 판매에 도달한 사원은 허 사원뿐입니다. 정 사장은 가장 많은 판매 대수를 기록한 허 사원 역시 이달 목표치를 겨우 달성했다는 사실을 깨닫고 허 사원의 노하우 교육보다 회사 차원에서 직원 대상 영업 교육을 진행해야 한다고 결론 내렸습니다.

TIP 막대 차트를 사용할 때 알아 두면 좋은 내용

막대 차트는 트렌드 분석, 순위 비교, 달성도 확인에 유용하다는 사실을 배웠습니다. 이어서 막대 차트의 유용함을 더해 주는 3가지 팁을 알아보겠습니다.

TIP1 항목이 많다면 수평 막대 차트를 사용합시다!

분석하려는 항목이 많거나 각 항목의 이름이 길 때, 수평 막대 차트를 사용하면 보는 사람에게 데이터가 정돈되어 있다는 인상을 심어 줄 수 있습니다. 정말 그런지 알아보기 위해 수직 막대 차트와 수평 막대 차트를 비교해서 살펴보겠습니다.

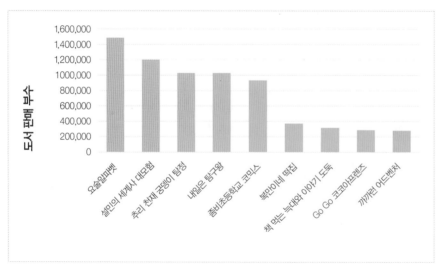

▍올해의 어린이책 베스트셀러를 보여 주는 수직 막대 차트

우선 수직 막대 차트를 살펴보겠습니다. 일반적으로 우리의 시선은 위에서 아래로, 왼쪽에서 오른쪽으로 Z 모양을 그리며 움직이는데 익숙합니다. 이와 다른 방향으로 항목이 나열되어 있다면 익숙하지 않은 방식으로 시선을 움직여야 하기에 내용이 잘 읽히지 않습니다. 실제로 이 차트의 책 제목을 한번 읽어봅시다. 책 제목이 대각선으로 나열되어 있어서 잘 읽히지 않을 겁니다.

또한 책 제목이 막대와 동일 선상에 표현되지 않으며, 심지어 다른 막대 영역까지 침범하고 있습니다. 그렇다 보니 책 제목에 맞는 막대를 한 번에 알아보기가 힘듭니다. 이 차트를 수평 막대 차트로 한번 바꿔 보겠습니다.

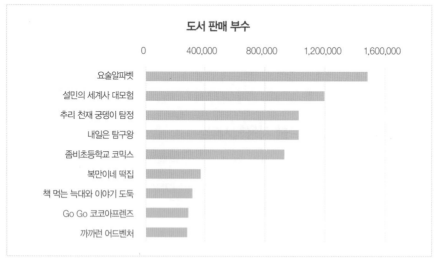

▍올해의 어린이 베스트셀러를 보여 주는 수평 막대 차트

같은 데이터를 수평 막대 차트로 표현하니 수직 막대 차트로 표현했을 때보다 항목이 더 잘 읽힙니다. 책 제목이 익숙한 시선 방향에 맞게 배치되어 있어 전체 도서를 쉽게 확인할 수 있습니다. 또한 책 제목과 막대가 같은 위치에 놓여 있어 책별 판매 부수도 정확하게 파악할 수 있습니다.

TIP2 순위를 강조하고 싶다면 오름(내림)차순으로 정렬합시다!

막대 차트의 항목값을 기준으로 오름차순이나 내림차순으로 정렬을 바꾸면 항목별 순위나 경향을 한눈에 파악할 수 있습니다. 다음은 **상황2**의 '엄청 빠른 자동차' 사원별 자동차 판매실적을 보여 주는 수직 막대 차트를 오름차순과 내림차순으로 정렬한 것입니다.

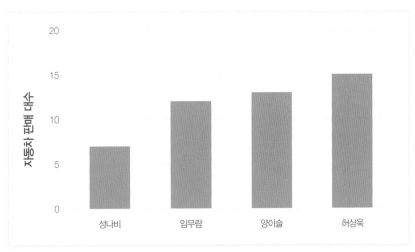

❘ 오름차순으로 정렬한 '엄청 빠른 자동차' 사원별 자동차 판매실적 수직 막대 차트

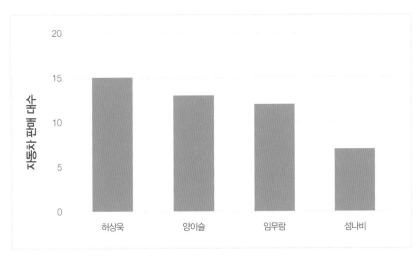

❘ 내림차순으로 정렬한 '엄청 빠른 자동차' 사원별 자동차 판매실적 수직 막대 차트

차트를 살펴보면 자동차 판매실적이 가장 낮은 사원과 가장 높은 사원을 한 번에 확인할 수 있으며, 사원 간 판매실적 차이를 눈대중으로도 쉽게 확인할 수 있습니다. 오름차순으로 정렬하면 가장 낮은 판매실적을 강조할 수 있으며 내림차순으로 정렬하면 가장 높은 판매실적을 강조할 수 있습니다. 오름차순과 내림차순 정렬은 항목이 10개 이상일 때 더 큰 정돈 효과를 발휘합니다.

이때 주의할 점은 정렬을 바꿔도 전달하려는 메시지가 달라지지 않을 때만 정렬을 사용해야 한다는 사실입니다. 다음은 **상황1**의 '아주 놀라운 동물원' 방문객수를 보여 주는 수직 막대 차트를 내림차순으로 정렬한 것입니다.

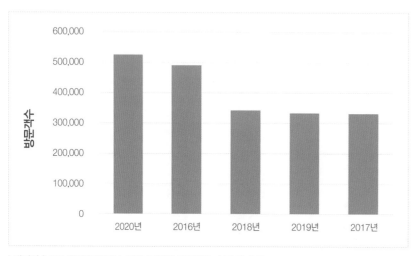

┃내림차순으로 정렬한 '아주 놀라운 동물원' 방문객수 수직 막대 차트

언뜻 보면 잘 정돈된 차트처럼 보이지만, 자세히 살펴보면 가로축의 연도가 뒤죽박죽입니다. 이 차트는 5년 간 동물원 방문객수의 트렌드를 통해 향후 프로모션 방향을 결정하는 목적으로 만들어졌습니다. 그런데 이렇게 정렬하니 트렌드는 없어지고 가장 높은 방문객수를 기록한 연도와 가장 낮은 방문객수를 기록한 연도만 눈에 띕니다. 그러니 정렬하기 전에 정렬을 해도 전달하려는 메시지가 달라지지 않는지 다시 확인해야 합니다.

TIP3 항목을 구분해야 한다면 색상을 사용합시다!

막대 차트에서 하나의 항목을 여러 개의 막대로 구분해야 한다면, 막대에 파란색과 빨간색처럼 서로 확연하게 구분되는 색상을 사용합시다. 다음은 '끝내주는 데이터 주식회사'의 지난 5년 간 매출과 지출을 보여 주는 수직 막대 차트입니다.

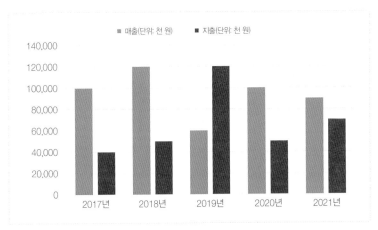

| '끝내주는 데이터 주식회사'의 지난 5년 간 매출과 지출을 보여 주는 수직 막대 차트

매출 막대에는 안정적인 파란색을, 지출 막대에는 주의하라는 의미로 **빨간색**을 사용해서 서로 상반되는 색상으로 두 항목을 구분했습니다. 두 항목을 비교해야 한다면 두 종류의 막대를 동시에 확인하면 되고, 항목별로 트렌드를 알아보려면 색상을 살펴보면 됩니다.

색상으로 막대 차트를 한번 살펴보겠습니다. 매출은 계속 높은 수치를 유지하다가 2019년 일시적으로 하락했습니다. 이와는 반대로 지출은 낮은 수치를 유지하다 2019년에 급상승했습니다. '끝내주는 데이터 주식회사'는 2019년에 어떤 문제를 겪었던 것으로 보입니다.

반대로 1장에서 살펴본 자동차 판매 관련 고객 컴플레인 현황을 표현한 막대 차트(26쪽 참고)처럼 한 막대에 여러 개의 항목이 들어 있다면 **누적 막대 차트**를 사용할 수 있습니다. 누적 막대 차트는 한 항목 내 포함된 세부 항목을 서로 다른 색상으로 표기해 세부 항목의 비율을 보여 주는 시각화 방법입니다. 다음은 '끝내주는 데이터 주식회사'의 지난 5년 간 매출과 지출을 표현한 수직 막대 차트를 누적 막대 차트로 변경한 것입니다.

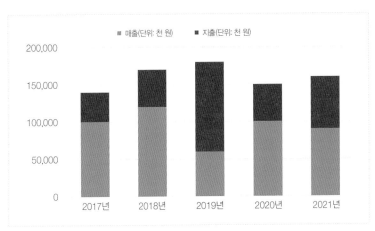

| '끝내주는 데이터 주식회사'의 지난 5년 간 매출과 지출을 보여 주는 누적 막대 차트

매출과 지출의 합계와 차이를 한눈에 살펴볼 수 있습니다. 실제로 2019년에는 매출보다 지출이 확연히 높다는 사실을 관찰할 수 있습니다. 다만 매출 바로 위에 지출이 이어지는 형태로 구성되어 있다 보니 정확한 지출을 산출하기는 어렵습니다. 그러니 매출과 지출의 차이를 직관적으로 보여 주는 용도로만 사용해야 합니다. 만약 매출과 지출을 정확하게 비교해야 한다면 매출과 지출을 별도의 막대로 만드는 편이 좋습니다.

이외에도 색상으로 단일 항목을 명확하게 구분할 수 있습니다. 개별 막대 차트에 한 가지 색상을 지정하고 그러데이션 효과로 채도를 조절하면 항목값의 중요도와 크기 차이를 더 명확하게 표현할 수 있습니다. 다음은 TIP2에서 살펴봤던 내림차순으로 정렬한 '엄청 빠른 자동차' 사원별 자동차 판매실적 수직 막대 차트에 그러데이션 효과를 추가한 것입니다.

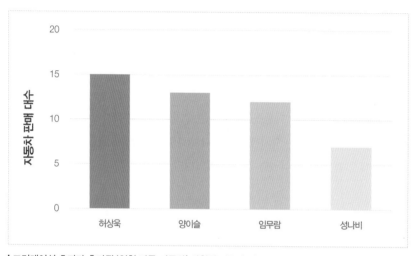

┃그러데이션 효과가 추가된 '엄청 빠른 자동차' 사원별 자동차 판매실적 수직 막대 차트

판매실적이 가장 높은 허 사원의 차트는 가장 짙은 주황색으로 표현했습니다. 그런 다음 판매실적이 낮은 사원일수록 더 옅은 주황색을 사용했습니다.

일반적으로 채도가 낮은 색상을 사용하면 눈에 잘 들어오지 않으므로 수치가 낮거나 중요하지 않을 것이라는 느낌을 줍니다. 반대로 채도가 높으면 눈에 잘 들어오므로 중요한 데이터라는 느낌을 심어 줍니다. 이처럼 눈에 잘 띄는 짙은 색상과 눈에 잘 띄지 않는 옅은 색상을 대비하는 방법을 사용하면 구체적인 수치를 확인하지 않아도 어떤 값이 더 크고 중요한지 직관적으로 비교할 수 있습니다.

서울 지하철 총 승객수는 호선에 따라 어떤 차이가 있을까?

예제 파일 01_서울 지하철 승객수 데이터.csv
원 데이터 data.seoul.go.kr/dataList/OA-12914/S/1/datasetView.do

지금부터 〈서울 열린데이터광장〉 웹 사이트(data.seoul.go.kr)에서 제공하는 서울 지하철 호선별-역별 승하차 인원 정보 데이터로 막대 차트를 만들어 보겠습니다.

> **여기서 잠깐!** **실습은 데이터를 획득하고 시작합니다!**
>
> 앞서 2장에서 데이터 시각화를 하기 전에 질문을 먼저하고 데이터를 획득한다고 설명했습니다. 하지만 직접해 보기에서는 실습에 의의를 두어 데이터를 먼저 획득하고 질문을 설정합니다. 실습을 끝낸 다음 자신만의 질문을 떠올리고 필요한 데이터를 찾아서 스스로 시각화해 봅시다!

1단계 데이터 준비하기

다음은 편의상 원 데이터의 일부분을 사용해 만든 표입니다. 원 데이터는 18,518개의 데이터가 항목별로 정리되어 있으며, 예제 파일에는 원 데이터가 그대로 수록되어 있습니다. 추가로 원 데이터에는 없지만 지하철의 총 유동 승객수를 분석하려고 예제 파일에 승차 총 승객수와 하차 총 승객수를 합산한 승하차 총 승객수 열을 추가했습니다.

| 서울 지하철 호선별-역별 승하차 인원 데이터 중 일부

사용일자	호선명	역명	승차 총 승객수	하차 총 승객수	승하차 총 승객수
12/1/2020	8호선	가락시장	7,050	7,931	14,981
12/1/2020	8호선	석촌	6,902	7,846	14,748
12/1/2020	8호선	잠실(송파구청)	11,865	13,466	25,331
12/1/2020	8호선	몽촌토성(평화의문)	4,986	5,191	10,177
12/1/2020	8호선	강동구청	9,548	10,062	19,610
12/1/2020	8호선	천호(풍납토성)	13,945	15,417	29,362
12/1/2020	8호선	암사	17,412	15,561	32,973

2단계 데이터로 알고 싶은 내용 질문하기

방대한 데이터를 분석하기 앞서 알고 싶은 내용을 담은 질문을 떠올려야 합니다. 데이터를 여러 방법으로 시각화할 수 있으므로 핵심적인 질문을 정해 놓고 목적을 효과적으로 달성할 수 있게 도와주는 시각화 방법을 선택해야 합니다. 서울 지하철 호선별–역별 승하차 인원 정보 데이터를 살펴보면 다음과 같이 여러 가지 질문을 떠올려 볼 수 있습니다.

서울 지하철 호선별–역별 승하차 인원 정보 데이터로 떠올려 볼 수 있는 질문

- 서울 지하철의 총 승객수는 호선에 따라 어떤 차이가 있는가?
- 서울 지하철의 총 승객수는 역에 따라 어떤 변화를 보이는가?
- 총 승객수가 가장 많은 역은 어디인가?
- 12월 내 사용일자에 따른 총 승객수의 트렌드는 어떻게 변했는가?
- 12월 내 총 승객수가 가장 높았던 날은 언제인가?

'지하철을 타고 이동하다 보면 가령 내가 타는 지하철은 항상 사람이 많던데 다른 호선도 사람이 많은가?'와 같은 궁금증을 가져 본 적이 있을 것입니다. 앞서 언급한 예시 중 '서울 지하철의 총 승객수는 호선에 따라 어떤 차이가 있는가'라는 질문을 막대 차트로 답해 보겠습니다.

3단계 │ 태블로 시작하기

사용할 데이터와 답할 질문은 준비되었습니다. 이제 태블로에서 예제 파일을 불러오겠습니다.

01 태블로 프로그램(태블로 데스크톱 또는 태블로 퍼블릭)을 실행합니다.

02 예제 파일을 불러오기 위해 [파일]-[열기] 메뉴를 클릭합니다. [열기] 창이 나타나면 예제 파일을 저장한 폴더를 찾은 다음 '01_서울 지하철 승객수 데이터.csv' 파일을 선택하고 [열기] 버튼을 클릭해서 예제 파일을 불러옵니다.

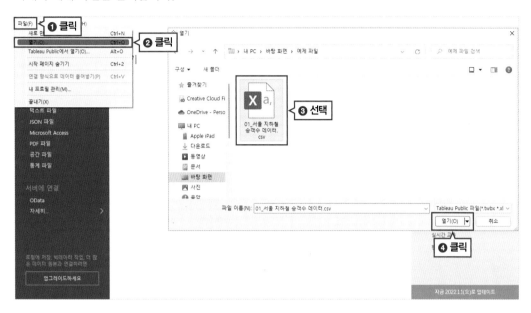

03 이제 태블로에서 예제 파일을 불러왔습니다.

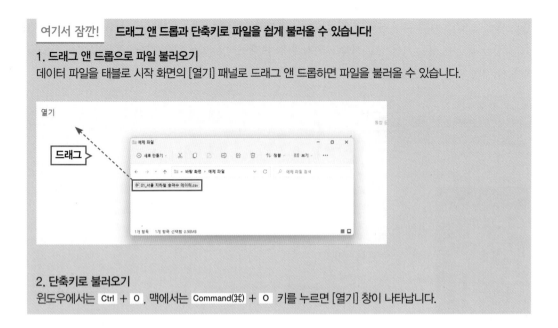

4단계 막대 차트 만들기

지금부터 본격적으로 태블로를 사용해서 막대 차트를 만들어 봅시다.

01 예제 파일을 불러온 상태에서 [시트] 탭에 있는 [시트 1]을 클릭합니다. 이러면 [시트 1] 탭의 워크시트가 나타납니다.

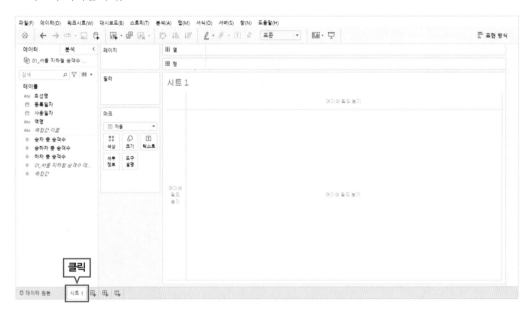

02 사이드바의 [데이터] 패널에서 [승하차 총 승객수]를 [행] 선반으로 드래그합니다. 이러면 뷰에 수직 막대 1개가 만들어집니다.

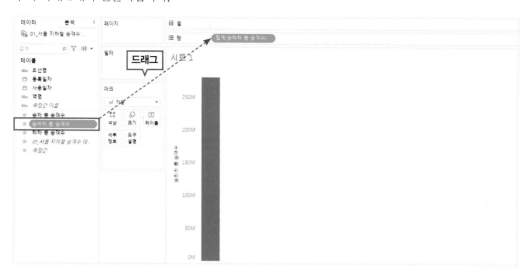

03 이어서 [데이터] 패널의 [호선명]을 [열] 선반으로 드래그합니다. 이제 각 호선에 따른 승하차 총 승객수를 보여 주는 수직 막대 차트가 만들어집니다.

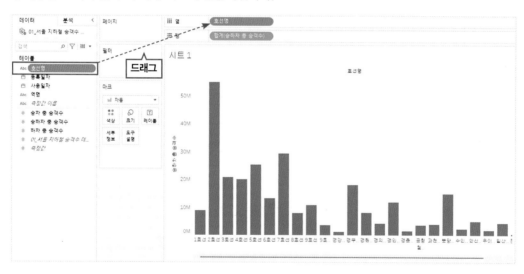

NOTE 필드를 [행] 선반으로 옮겨야 하는데 실수로 [열] 선반으로 잘못 옮겼다면 수평 막대가 만들어집니다. 이때 당황하지 말고 [열] 선반에 놓인 필드를 [행] 선반으로 드래그해서 옮기거나 툴바의 행과 열 바꾸기( )를 클릭합니다.

여기서 잠깐! **호선명이 세로로 나올 때는 레이블을 회전합시다!**

호선명이 세로로 표시되었다면, 가로축에서 마우스 오른쪽 버튼을 클릭한 다음 [레이블 회전]을 선택합니다. 이렇게 하면 지하철 호선명이 가로로 표시됩니다.

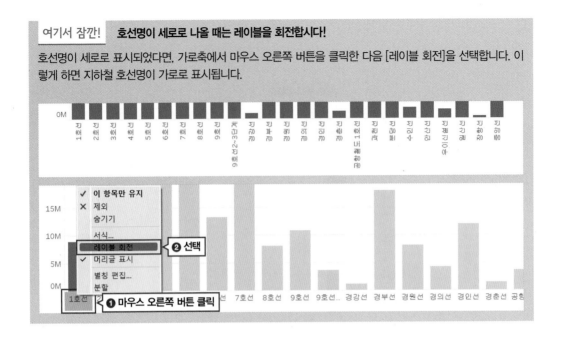

04 막대 차트를 승하차 총 승객수가 높은 호선 순으로 정렬하기 위해 툴바의 내림차순 정렬(📊)을 클릭합니다.

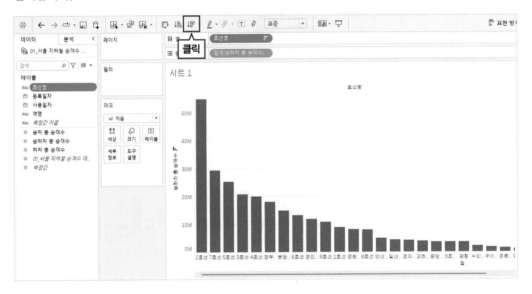

05 이제 호선 간 승하차 총 승객수가 뚜렷이 구분될 수 있도록 색상을 추가하겠습니다. [데이터] 패널에서 [승하차 총 승객수]를 [마크] 카드의 색상(⣿)으로 드래그합니다. 이제 막대마다 승하차 총 승객수가 낮아질수록 색상이 옅어지는 파란색 그러데이션 효과가 자동으로 추가되면서 그럴듯한 막대 차트가 완성되었습니다.

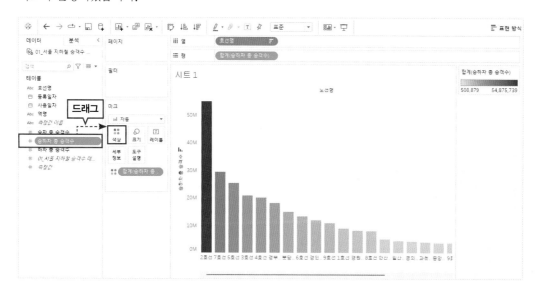

NOTE 컴퓨터의 해상도에 따라 일부 호선이 제대로 표시되지 않을 수도 있습니다. 이때 툴바의 드롭박스에서 '전체보기'를 선택하면 막대 차트의 크기가 뷰의 크기에 맞게 조절되면서 모든 호선이 표시됩니다.

5단계 질문에 답해 보기

Q. 서울 지하철의 총 승객수는 호선에 따라 어떤 차이가 있는가?

A. 2호선이 가장 높은 총 승객수를 보입니다. 2호선을 중심으로 서울의 부도심이 위치하고 있으며, 다른 호선이 2호선과 많이 연계되어 있으므로 7호선보다 2배나 많은 승객수를 보여 주고 있다고 예측할 수 있습니다.

또한 서울 중심부와 직결된 호선의 승객수가 그렇지 않은 호선보다 많습니다. 이런 호선별 승객수 불균형은 직장 등을 이유로 서울 중심부를 방문하는 사람들이 많기 때문이라고 추측할 수 있습니다.

다양한 막대 차트로 질문에 답해 보기

지금부터는 앞서 언급한 4가지 다른 질문도 막대 차트로 답해 보겠습니다.

Q1. 서울 지하철의 총 승객수는 역에 따라 어떤 변화를 보이는가?

Q2. 총 승객수가 가장 많은 역은 어디인가?

이 질문은 앞에서 직접 만들어 보면서 답했던 '서울 지하철의 총 승객수는 호선에 따라 어떤 차이가 있는가?'와 비슷합니다. 하지만 한 가지 차이점이 있습니다. 호선명보다 역명이 아주아주 많다는 점 (517개)입니다. 이처럼 항목이 많을 때는 어떤 막대 차트를 사용해야 할까요? 힌트를 드리자면, 71쪽에 정답이 나와 있습니다.

우전 **수직 막대 차트**를 사용해 보겠습니다. 다음 그림은 역명을 모두 추가해서 만든 수직 막대 차트 입니다. 517개의 막대를 가로축에 모두 담으려다 보니 글자는 작아지고, 막대의 너비도 얇아져 높은 수치를 보이는 항목을 찾기도 어렵고, 어떻게 찾았다 하더라도 그 항목에 해당하는 역명을 알아내기가 어렵습니다.

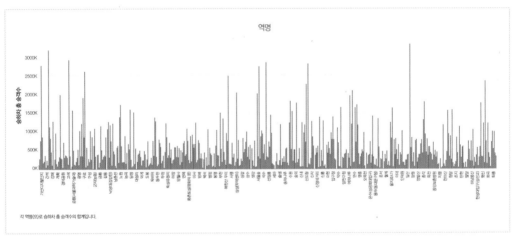

| 서울 지하철의 모든 역명을 나열한 수직 막대 차트

다음으로 **수평 막대 차트**를 사용해 보겠습니다. 승하차 총 승객수가 가장 높은 역명부터 상위에 배치되도록 내림차순으로 정렬했습니다. 그리고 색상 그러데이션을 적용해서 승하차 총 승객수가 많을수록 짙은 계열의 파란색을 띠도록 시각화했습니다. 역명의 개수가 많은 관계로 스크롤을 아래로 내리면서 역명을 순차적으로 확인할 수 있도록 했습니다.

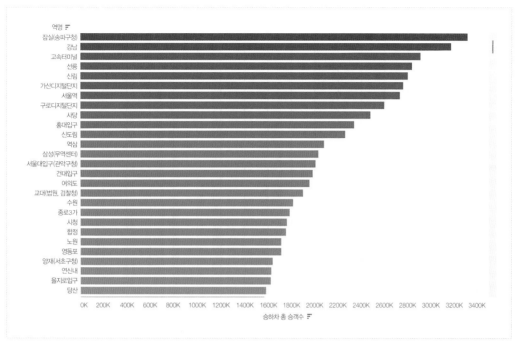

| 스크롤 기능을 더한 서울 지하철의 모든 역명을 나열한 수평 막대 차트

A1. 지하철 승하차 총 승객수는 모든 역들에 고르게 분포되지 않고 특정 역들에 더욱 집중되어 있다는 사실을 확인할 수 있습니다.

A2. 잠실(송파구청)역이 가장 높은 승하차 총 승객수를 보이며 그 다음은 강남역입니다. 잠실(송파구청)역은 2호선과 8호선의 환승역이다 보니 지하철 이용 인원이 가장 많다고 예측할 수 있습니다.

Q3. 12월 내 사용일자에 따른 총 승객수의 트렌드는 어떻게 변했는가?
Q4. 12월 내 총 승객수가 가장 높았던 날은 언제인가?

이번에는 앞의 질문과는 조금 다르게 2020년 12월 일자별 지하철 승하차 총 승객수 트렌드를 물어보는 질문입니다. 어떤 막대 차트를 사용하는 것이 좋을까요? 여러분은 정답을 이미 배웠습니다. 트렌드라는 말을 다시 한번 생각해 봅시다. 그래도 떠오르지 않는다면 69쪽을 다시 살펴봅시다.

시간의 흐름에 따른 트렌드를 살펴볼 때는 **수직 막대 차트**가 유용합니다. 가로축은 12월의 날짜가 순서대로 배열되어 있고 세로축은 일별 승하차 총 승객수를 나타냅니다. 이렇게 날짜의 순서가 중요한 항목은 오름차순이나 내림차순과 같은 정렬을 적용해서는 안 된다는 사실을 기억합시다. 그러므로 이번에는 정렬을 사용하지 않고 색상 그러데이션 효과를 활용해서 승하차 총 승객수가 많은 날은 **짙은 파란색**으로, 적은 날은 옅은 파란색으로 표현하겠습니다.

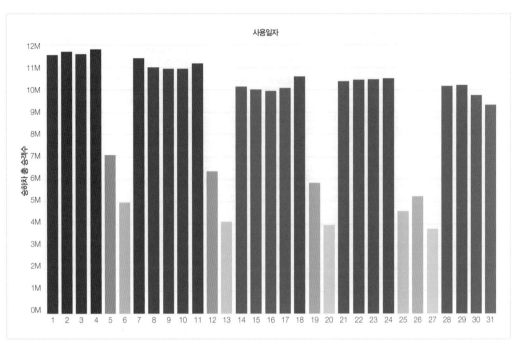

│ 날짜별 서울 지하철 승하차 총 승객수 트렌드에 그러데이션 효과를 추가한 수직 막대 차트

A3. 승하차 총 승객수는 오르락내리락하며 주기적으로 변하고 있습니다. 요일을 살펴보니 주중에는 높은 승하차 총 승객수를 유지하나 주말이나 공휴일에는 승하차 총 승객수가 급감합니다. 이로 미루어 볼 때, 지하철 이용 인원의 대다수가 출퇴근이나 통학을 위해 지하철을 이용하고 있다고 추측할 수 있습니다.

A4. 승하차 총 승객수가 가장 높은 날은 12월 4일이며, 12월 초의 지하철 승하차 총 승객수가 다른 날에 비해 높습니다. 아마 연말에 휴가를 쓰는 직장인들이 많아 12월 말로 가면서 승하차 총 승객수가 점차 낮아졌을지도 모릅니다.

정리하기 **막대 차트의 주요 특성**

지금까지 막대 차트에 관해서 알아보았습니다. 시작이 절반이라는 말이 있습니다. 막대 차트를 알아본 것만으로도 이미 데이터 시각화를 만드는 방법의 절반을 배운 것과 다름이 없습니다.

막대 차트는 데이터 시각화 자료에서 빠지지 않을 정도로 많이 사용됩니다. 막대 차트로 트렌드를 파악하거나, 데이터 간 순위를 비교하거나, 달성도를 확인할 수 있습니다. 막대 차트는 주로 수직 막대 차트와 수평 막대 차트 2가지 형태로 사용되며 주요 특성을 정리하면 다음과 같습니다.

종류	수직 막대 차트	수평 막대 차트
사용법	• 항목의 트렌드 파악 • 항목 간 순위 비교	• 목표치에 대한 상대적 달성도 확인
사용 TIP	• 항목이 많다면 수평 막대 차트를 사용합시다. • 순위를 강조하고 싶다면 오름(내림)차순으로 정렬합시다. • 항목을 구분해야 한다면 색상을 사용합시다.	

막대 차트를 이해하는 일도 중요하지만 데이터로 알아내고 싶은 질문을 먼저 떠올려 보는 일 또한 중요합니다. 여러 종류의 시각화 방법을 배우는 이유는 질문에 맞는 답을 효과적으로 이끌어 내는 적절한 방법을 선택하기 위함입니다. 여러분이 살고 있는 곳의 대중교통 승하차 총 승객수를 막대 차트로 시각화해 보면 어떨까요?

가령 〈공공데이터포털〉 웹 사이트에서 울산광역시 최다 이용 버스 정류장 데이터를 내려받을 수 있습니다(data.go.kr/data/15074195/fileData.do). 여기에는 앞서 함께 살펴봤던 서울 지하철 사례처럼 정류소에 따른 승하차 승객수 데이터가 제시되어 있습니다. 이 데이터로 질문을 떠올려 보고 어떤 막대 차트를 사용하면 적절한 답을 찾아낼 수 있는지 스스로 고민해 봅시다.

선 차트
시간에 따른 변화 중심의 시각화

선 차트는 선으로 데이터를 표현하는 시각화 방법입니다. 수익 변화와 같은 시기별 트렌드나 향후 예상 수익과 같은 미래에 변화할 값을 예측하는 등 시간에 따른 데이터 변화를 파악할 때 효과적입니다.

선 차트 역시 막대 차트와 마찬가지로 누구나 쉽게 만들 수 있고 선의 기울기로 데이터 변화를 직관적으로 확인할 수 있어 데이터를 시각화할 때 많이 사용되는 차트입니다. 지금부터 이처럼 인기가 많은 선 차트를 효과적으로 사용하는 방법을 상황별로 알아보겠습니다.

알아보기 | 상황별 선 차트 사용법

상황1 | 선 차트는 시간의 흐름에 따른 데이터 변화를 보여 줄 때 유용합니다

최근 고령화로 노령 인구가 급격하게 늘고 있습니다. '새로이 엔터테인먼트'의 박 사장은 100세 시대에 맞춰 어르신을 대상으로 하는 콘텐츠를 제작하려 합니다. 그전에 앞으로 노령 인구가 얼마나 늘어나는지 정확히 예측하고 싶어 합니다. 이를 예측하려면 현재의 기대수명과 미래의 기대수명을 확인해야 합니다. 이처럼 시간의 흐름에 따른 기대수명 변화를 파악할 때는 **선 차트**가 유용합니다. 왜 유용한지 통계청에서 제공하는 연도별-성별 기대수명의 변화를 보여 주는 선 차트로 알아봅시다.

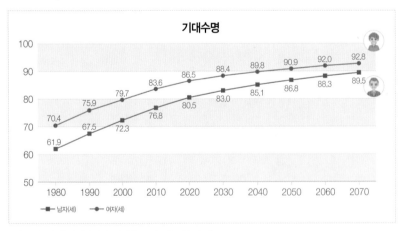

❘ 연도별-성별 기대수명의 변화를 보여 주는 선 차트[1]

가로축에는 1980년부터 2070년까지 10년 단위로 연도를, 세로축에는 기대수명을 보여 주고 있습니다. 선 차트를 자세히 살펴보지 않아도 우리나라 인구의 기대수명이 해마다 늘어나고 있다는 사실을 한눈에 알 수 있습니다. 이제 선 차트를 자세히 살펴보겠습니다.

1980년부터 2040년까지는 급격하게 기대수명이 늘어나나 그 이후로는 상승폭이 줄어듭니다. 또한 연도와 상관없이 여성이 남성보다 기대수명이 더 긴데 그 격차가 점점 좁아집니다.

이 사실을 바탕으로 박 사장은 어르신 대상 콘텐츠는 반드시 수요가 폭증한다고 생각해 어르신 콘텐츠 제작을 장기 사업 비전 중 하나로 선정했습니다. 이처럼 선 차트를 사용하면 선의 기울기로 시간의 흐름에 따른 데이터 변화를 파악할 수 있습니다.

> **NOTE** 통계청(kostat.go.kr)에서는 인구와 가구, 출생과 사망, 혼인, 연령 구조, 부양비, 다문화 등 다양한 인구 관련 데이터를 제공하고 있습니다. 인구 관련 데이터가 필요하다면 통계청을 이용합시다.

상황 2 선 차트는 항목 간 트렌드 변화를 비교할 때 유용합니다

자료를 조사하던 중 박 사장은 별안간 이런 궁금증이 생겼습니다. **상황1**의 연도별-성별 기대수명의 변화를 보여 주는 선 차트에서 봤던 것처럼 '기대수명은 늘어나고 있는데 왜 인구는 계속 감소하는 걸까?' 이 원인을 확인하려면 인구 변화를 불러오는 2가지 지표인 출생률과 사망률 변화를 비교해서 살펴봐야 합니다. 이때 하나의 차트 안에 출생률과 사망률 변화를 서로 다른 선으로 보여 주면 두 항목을 쉽게 비교할 수 있습니다. 선 차트를 한번 살펴볼까요?

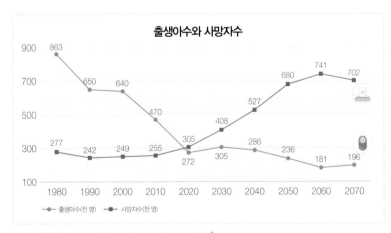

| 연도별 출생아수와 사망자수를 보여 주는 선 차트[2]

---

[1] "기대수명", 통계청, 2022년 3월 15일, kosis.kr/visual/populationKorea/PopulationByNumber/PopulationByNumberMain.do?mb=N

[2] "출생아수와 사망자수", 통계청, 2022년 3월 15일,
  kosis.kr/visual/populationKorea/PopulationByNumber/PopulationByNumberMain.do?mb=N

이 차트는 출생아수와 사망자수라는 서로 다른 항목을 2개의 선으로 보여 줍니다. 차트를 살펴보면 사망자수는 2020년을 기점으로 가파르게 증가하며 2060년에는 사망자수가 74만 명에 달합니다. 이는 2020년 사망자수보다 2.5배 많은 수치입니다. 이에 반해 출생아수는 1980년부터 급격히 감소하다가 2020년에 감소세가 잠시 완화됩니다. 하지만 감소는 여전하므로 2070년에는 출생아수가 19만 명까지 줄어듭니다. 또한 2020년에는 사망자수가 출생아수보다 3만 명이 더 많아지는 역전 현상이 일어나며 인구 자연 감소가 시작됩니다.

이 차트로 박 사장은 궁금증을 해결했지만 다소 씁쓸합니다. 이에 출산을 장려할 수 있는 콘텐츠 제작도 고민하기로 했습니다. 이렇듯 한 차트에서 여러 선을 보여 주면 항목 간 트렌드를 쉽게 이해할 수 있습니다.

TIP 선 차트를 사용할 때 알아 두면 좋은 내용

선 차트는 시간의 흐름에 따른 데이터 변화와 항목 간 트렌드 변화를 파악할 때 유용하다는 사실을 배웠습니다. 이어서 선 차트의 유용함을 더해 주는 3가지 팁을 알아봅시다.

TIP1 핵심을 정확하게 전달하려면 한 차트에 너무 많은 선을 사용하지 맙시다!

고생해서 얻은 데이터를 최대한 많이 전달하고 싶은 욕심은 누구나 가지고 있습니다. 하지만 너무 많은 정보는 오히려 독이 됩니다. 수집한 모든 데이터를 넣어서 만든 차트를 살펴보면서 왜 독이 되는지 알아봅시다.

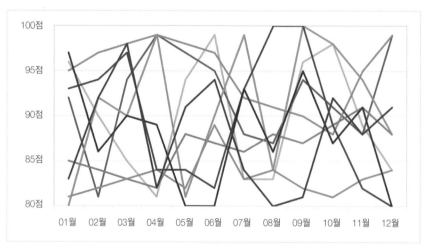

| '평생 행복 제과점' 모든 제품의 고객 만족도를 보여 주는 선 차트

하나의 차트에 너무 많은 선을 넣다 보니 어떤 선에 집중해야 하는지 알 수 없습니다. 또한 집중해야 하는 선을 찾았다 하더라도 선과 선이 겹치다 보니 중요한 항목을 읽고 추적하기가 어렵습니다. 그러므로 선 차트를 만들 때는 명확한 목표를 정하고 그에 맞는 데이터만 선으로 표현해야 합니다.

가령, '평생 행복 제과점'에서 높은 판매량을 자랑하는 3가지 제품의 고객 만족도를 확인해서 제품을 개선해야 한다는 명확한 목표가 있다면 다음 선 차트처럼 표현할 수 있습니다.

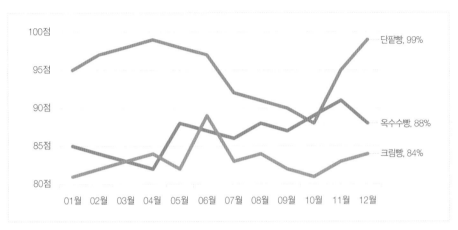

| '평생 행복 제과점' 주요 제품의 고객 만족도를 보여 주는 선 차트

'평생 행복 제과점'의 주력 제품 3가지를 선별해서 선 차트로 보여 주면 고객 만족도가 비교적 낮았지만 점점 높아지는 제품과 고객 만족도가 꾸준히 낮은 제품, 고객 만족도가 낮아졌다가 다시 높아지는 제품 등 제품별 고객 만족도 트렌드를 쉽게 확인할 수 있습니다. 또한 눈대중으로도 제품 간 고객 만족도를 쉽게 구분할 수 있습니다.

TIP2 항목을 차별화하고 싶다면 색상을 사용합시다!

다른 사람에게 많은 항목을 서로 명확히 구분해서 전달하고 싶다면 색상으로 항목을 차별화합시다. 색상은 선뿐만 아니라 배경에도 사용할 수 있습니다. 앞서 살펴본 '평생 행복 제과점'의 제품별 고객 만족도를 보여 주는 선 차트에 배경 색상을 한번 추가해 보겠습니다.

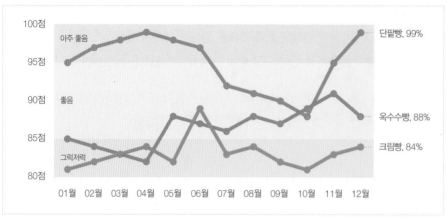

| '평생 행복 제과점' 주요 제품의 고객 만족도에 배경 색상을 추가한 선 차트

제품마다 다른 색을 사용해서 제품을 구분했습니다. 또한 고객 만족도를 3구간으로 나눠 구간마다 다른 배경 색상을 사용했습니다. 고객 만족도가 낮은 구간(80~85점)에는 주의하라는 의미로 빨간색을 사용했고, 고객 만족도가 높은 구간(95~100점)에는 안정적인 초록색을 사용했습니다. 구체적인 만족도를 확인하지 않더라도 제품별 만족도 변화를 한눈에 확인하고 비교할 수 있습니다.

TIP 3 항목값이 과장되지 않도록 세로축 범위를 적절하게 조정합시다!

시간의 흐름에 따른 데이터 변화를 보여 주는 선 차트에서는 단위와 세로축 범위를 어떻게 설정하느냐가 정말 중요합니다. 숫자 자체가 작더라도 단위가 크거나 세로축 범위가 넓으면 변화의 정도가 과장되기 때문입니다. 단위와 세로축 범위가 선 차트에 어떤 영향을 미치는지 한번 알아보겠습니다. 다음은 특정 연도의 1달 간 달러-원화 환율 변동을 보여 주는 선 차트입니다.

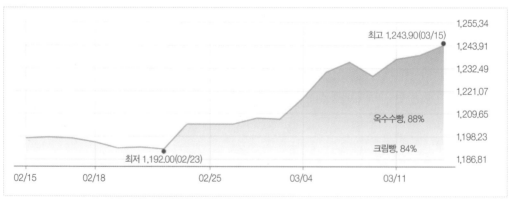

| 특정 연도의 1달 간 달러-원화 환율 변동을 보여 주는 선 차트

1달 간 최고 환율은 빨간색으로 표시된 1,243원이고 최저 환율은 파란색으로 표시된 1,192원입니다. 최고 환율과 최저 환율의 차이는 51원이며 세로축은 이 차이를 보여 주기 위해 1,186원에서 1,255원의 범위로 설정되어 있습니다. 짧은 기간이라 환율 차이가 크지 않은 것으로 보입니다.

이번에는 최고 환율과 최저 환율의 차이가 큰 상황을 살펴보겠습니다. 아래 차트는 특정 연도의 1년 간 달러-원화 환율 변동을 보여 주는 선 차트입니다.

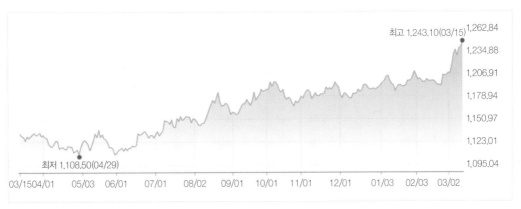

| 특정 연도의 1년 간 달러-원화 환율 변동을 보여 주는 선 차트

최고점과 최저점의 거리가 비슷하므로 수치를 정확하게 읽지 않고 얼핏 보면 앞서 살펴봤던 특정 연도의 1달 간 달러-원화 환율 변동을 보여 주는 선 차트의 환율 차이와 크게 다르지 않다는 생각이 듭니다. 하지만 수치와 세로축 범위를 자세하게 살펴보면 세로축의 최고점은 1,262원으로 앞에서 살펴본 차트와 큰 차이가 없지만 최저점은 1,095원으로 앞서 살펴본 차트의 최저점인 1,186원보다 91원이 낮다는 사실을 알 수 있습니다.

이처럼 세로축 범위에 따라 보이는 수치의 차이가 다르게 느껴질 수 있습니다. 그러므로 적절한 단위와 범위를 설정해서 의도한 메시지를 정확하게 전달할 수 있도록 노력해야 합니다.

직접 해 보기 **제주특별자치도 자연 휴양림 이용객 현황은 어떻게 될까?**

예제 파일 　02_제주특별자치도_자연 휴양림 이용객 현황 데이터.csv
원 데이터 　data.go.kr/data/15043549/fileData.do

지금부터 〈공공데이터포털〉 웹 사이트에서 제공하는 제주특별자치도 자연 휴양림 이용객 현황 데이터로 선 차트를 만들어 보겠습니다.

다음은 예제 파일에 있는 제주특별자치도 자연 휴양림 4곳(제주 절물 자연 휴양림, 서귀포 자연 휴양림, 교래 자연 휴양림, 붉은 오름 자연 휴양림)의 2015년도부터 2020년까지 연도별 이용객 현황 데이터를 표로 정리한 것입니다. 이번 실습에서는 표에 나와 있는 모든 데이터를 사용합니다.

| 제주특별자치도 자연 휴양림 이용객 현황 데이터 중 일부

연도	제주 절물 자연 휴양림	서귀포 자연 휴양림	교래 자연 휴양림	붉은 오름 자연 휴양림	기준일자
2015	630,355	159,734	118,933	57,021	2021-01-02
2016	778,592	145,059	140,306	57,474	2021-01-02
2017	814,242	136,993	127,571	81,598	2021-01-02
2018	811,402	133,859	142,858	94,023	2021-01-02
2019	729,749	129,316	152,082	99,302	2021-01-02
2020	580,678	162,642	125,394	164,287	2021-01-02

제주특별자치도 자연 휴양림 이용객 현황 데이터를 살펴보면 다음과 같이 여러 가지 질문을 떠올려 볼 수 있습니다.

제주특별자치도 자연 휴양림 이용객 현황 데이터로 떠올려 볼 수 있는 질문
- 방문객이 가장 많은 휴양림과 방문객이 가장 적은 휴양림은 어디인가?
- 휴양림별 이용객수의 차이가 있는가? 있다면 어떤 차이가 존재하는가?
- 휴양림별 방문객수 트렌드는 어떤가?

방문객은 '사람이 붐비는 휴양림은 어디일까?'라는 궁금증을 가질 수 있습니다. 휴양림을 관리하는 담당자는 '휴양림을 방문하는 전체 인원은 몇명인가?', '지난 몇 년 간 전체 방문객수는 늘었을까? 줄었을까?', '휴양림별 방문객수의 트렌드는 어떤가?'라는 궁금증을 가질 수 있습니다. 앞서 떠올려 본 여러 질문 중 '방문객이 가장 많은 휴양림과 방문객이 가장 적은 휴양림은 어디인가?'라는 질문을 선 차트로 답해 보겠습니다.

아직 태블로 사용법이 익숙하지 않으므로 우선 항목이 하나만 있는 선 차트를 만들면서 연습해 보고 질문에 답할 때 필요한 항목이 여러 개 있는 선 차트를 만들겠습니다.

NOTE   3-2절부터는 예제 파일을 불러오는 방법은 간단하게 설명합니다. 예제 파일을 불러오는 방법이 잘 기억나지 않는다면 78쪽을 다시 살펴봅시다.

항목이 하나만 있는 선 차트 만들기

01 태블로 프로그램(태블로 데스크톱 또는 태블로 퍼블릭)을 실행하고 [파일]−[열기] 메뉴를 클릭해서 '02_제주특별자치도_자연 휴양림 이용객 현황 데이터.csv' 파일을 불러옵니다.

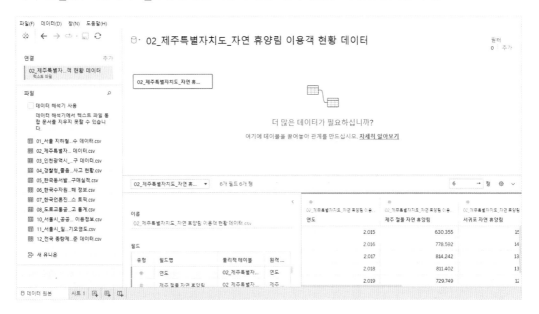

여기서 잠깐! **원본 파일의 필드명을 사용해 봅시다!**

원본 파일이 여러 항목으로 구성되어 있어 복잡하다면 태블로에서 원본 파일을 불러올 때 필드명을 보기 좋게 자동 생성하는 경우가 있습니다. 이럴 때는 다음 과정을 따르면 원본 파일의 필드명을 사용할 수 있습니다.

① [시트] 탭에 있는 데이터 원본(ᄇ)을 클릭합니다.
② [데이터 원본] 탭에서 파일명의 드롭다운 버튼을 클릭한 다음 [첫 행은 필드명임]을 선택합니다.

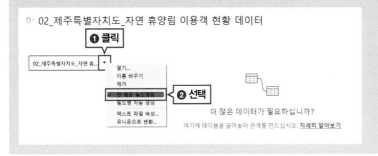

02 예제 파일을 불러온 상태에서 [시트 1] 탭으로 이동한 다음 [데이터] 패널의 [제주 절물 자연 휴양림]을 [행] 선반으로 드래그합니다. 이어서 [데이터] 패널의 [연도]를 [열] 선반으로 드래그합니다.

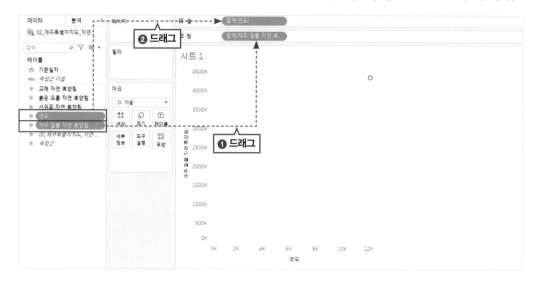

03 태블로에서 [연도]의 데이터 속성을 '합계'로 자동 설정해서 선이 아니라 점이 생겼습니다. 우리가 원하는 값은 합계가 아니므로 [연도]의 속성을 바꾸겠습니다. [열] 선반에서 [합계(연도)]의 드롭다운 버튼을 클릭한 다음 [차원]을 선택합니다.

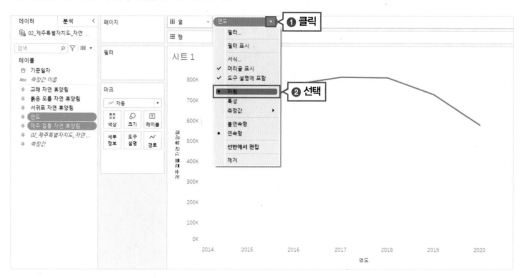

NOTE   필드를 마우스 오른쪽 버튼으로 클릭해도 드롭다운 메뉴가 표시됩니다.

---

04 [데이터] 패널에서 [제주 절물 자연 휴양림]을 [마크] 카드의 레이블(**T**)로 드래그합니다. 이러면 선 차트에 합계 수치가 표시됩니다. 이제 항목이 하나만 있는 선 차트가 완성되었습니다.

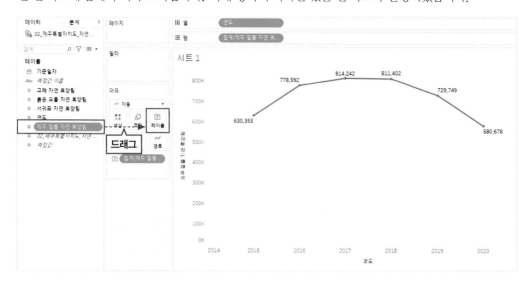

여기서 잠깐! **차원은 우선 알아만 둡시다!**

태블로의 필드값은 **차원**과 **측정값**으로 나뉩니다. 이에 대한 자세한 설명은 144쪽에서 다룹니다. 우선 **차원**이 있다는 사실만 알아 둡시다!

지금까지 제주 절물 자연 휴양림의 연도별 이용객 현황 데이터로 항목이 하나만 있는 선 차트를 만들어 보았습니다. 이제 항목이 여러 개 있는 선 차트를 만드는 방법을 알아보겠습니다. 태블로를 완전히 종료하고 다시 실행합시다.

4단계 항목이 여러 개 있는 선 차트 만들기

01 태블로 프로그램(태블로 데스크톱 또는 태블로 퍼블릭)을 실행하고 [파일]−[열기] 메뉴를 클릭한 다음 '02_제주특별자치도_자연 휴양림 이용객 현황 데이터.csv' 파일을 다시 불러옵니다.

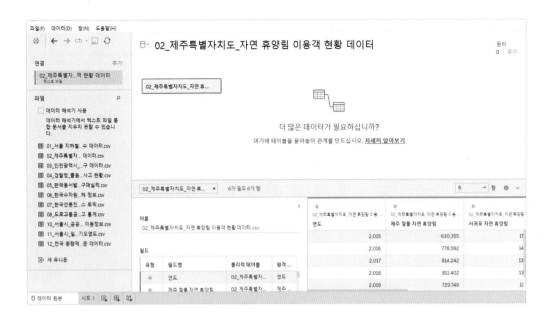

02 모든 자연 휴양림을 선으로 표현하려면 사전 작업이 필요합니다. 우선 예제 파일을 불러온 상태에서 [시트 1] 탭으로 이동한 다음 [데이터] 패널의 [측정값 이름]을 [필터] 선반으로 드래그합니다. 그런 다음 [필터] 대화상자에서 [확인] 버튼을 클릭합니다.

NOTE [측정값 이름]은 데이터 파일의 모든 항목명이 합쳐져 있는 필드입니다. 이를 [필터] 선반으로 옮기면 특정 항목명을 선택해서 차트로 표현할 수 있습니다.

03 이제 선 차트의 색상을 미리 지정하기 위해 `Ctrl` 키를 누른 채로 [필터] 선반의 [측정값 이름]을 [마크] 카드의 색상()으로 드래그합니다.

NOTE 맥 사용자는 `Ctrl` 키를 누르는 부분에서 `Command(⌘)` 키를 누르면 됩니다.

여기서 잠깐! **필드를 복사할 땐 `Ctrl` 키를 누릅시다!**

태블로에서 선반에 있는 필드를 다른 선반이나 카드로 **복사**할 때는 `Ctrl` 키를 누르고 드래그해야 합니다. 만약 `Ctrl` 키를 누르지 않은 채로 [필터] 선반에서 [측정값 이름]을 [마크] 카드의 색상(⠿)으로 드래그했다면 [측정값 이름]이 [마크] 카드로 **이동**합니다. 만약 [측정값 이름]이 이동했다면 [데이터] 패널의 [측정값 이름]을 [필터] 선반으로 드래그합시다. 이렇게 하면 **03**의 그림처럼 됩니다.

---

04 이번에는 [데이터] 패널의 [측정값]을 [마크] 카드의 레이블(T)로 드래그해서 레이블을 미리 추가합니다.

05 이제 본격적으로 선 차트를 만들겠습니다. [데이터] 패널의 [연도]를 [열] 선반으로, [데이터] 패널의 [측정값]을 [행] 선반으로 드래그합니다. 이러면 점이 생깁니다.

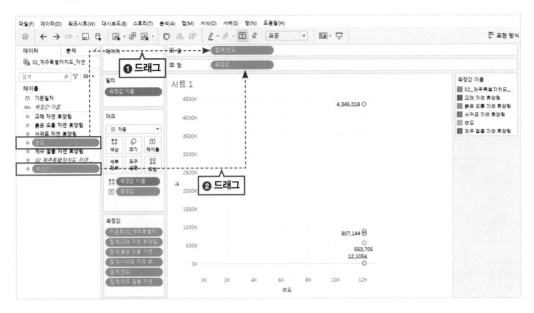

06 점을 선으로 바꾸기 위해 [열] 선반에서 [합계(연도)]의 드롭다운 버튼을 클릭한 다음 [차원]을 선택합니다. 이제 휴양림별 이용객 현황을 보여 주는 선 차트가 만들어졌습니다.

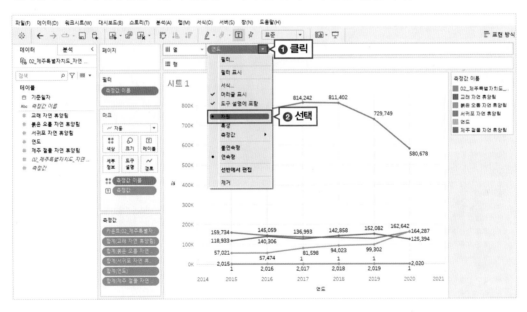

07 하지만 차트에 불필요한 항목이 포함되어 있습니다. 이 항목들을 제거하겠습니다. [측정값] 선 반의 [합계(연도)]와 [카운트(02_제주특별자치도_자연 휴양림 이용객 현황 데이터)]를 [측정값] 선반 아래의 빈 공간으로 드래그합니다. 이러면 두 필드가 제거됩니다.

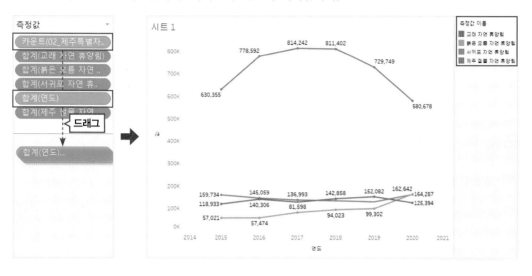

NOTE   화면 크기에 따라 [카운트(02_제주특별자치도_자연 휴양림 이용객 현황 데이터)]가 모두 표시되지 않고 [카운트 (02_제주특별…)]과 같은 형식으로 표시될 수도 있습니다.

---

08 불필요한 정보를 모두 제거했습니다. 하지만 선 두께가 얇은 느낌입니다. 선 두께를 두껍게 만 들겠습니다. [마크] 카드에서 크기(🔍)를 클릭하고 슬라이드 바를 오른쪽으로 드래그해서 선 두께를 1단계 높여 봅시다. 이제 정말 선 차트가 완성되었습니다.

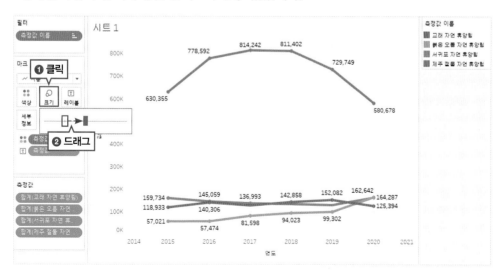

Q. 방문객이 가장 많은 휴양림과 방문객이 가장 적은 휴양림은 어디인가?

A. 방금 만든 선 차트를 통해서 제주 절물 자연 휴양림의 방문객수가 다른 휴양림과 비교하였을 때 압도적으로 많다는 사실을 알 수 있습니다. 이에 반해 상대적으로 다른 휴양림들은 비슷한 방문객수를 보이고 있습니다.

고민해 보기 선 차트로 다양한 질문에 답해 보기

Q1. 휴양림별 이용객수의 차이가 있는가? 있다면 어떤 차이가 존재하는가?

A1. 제주 절물 휴양림은 압도적인 방문객수를 보이고 있지만 2017년을 정점으로 방문객수가 줄어들고 있습니다. 제주 절물 휴양림의 방문객수가 줄어든 만큼 다른 휴양림의 방문객수가 늘어나지 않는 것을 보았을 때 전체 휴양림 방문객수가 줄어들었다는 사실을 확인할 수 있습니다.

서귀포 자연 휴양림은 2015년부터 완만하게 방문객수가 줄어들다가 2019년 이후에 다시 늘어나는 추세를 보입니다. 교래 자연 휴양림은 큰 변화없이 꾸준한 방문객수를 보이다가 2019년부터 방문객수가 줄어드는 경향을 보입니다.

붉은 오름 휴양림의 경우가 가장 주목할 만한 변화를 보입니다. 2015년부터 2019년까지는 가장 적은 방문객수를 보이다가 2020년부터 제주 절물 휴영림을 제외한 다른 휴양림의 방문객수를 추월하는 모습을 보입니다. 적극적인 홍보 활동의 결과일 수도 있고, 아니면 관광객 사이에 입소문이 난 것일지도 모르겠습니다.

Q2. 휴양림별 방문객수 트렌드는 어떤가?

A2. 앞서 살펴본 것처럼 휴양림의 방문객수는 각 휴양림마다 서로 다른 트렌드를 보이고 있지만, 전반적으로 휴양림 방문객수가 줄어들고 있다는 사실을 알 수 있습니다.

선 차트의 주요 특성

지금까지 선 차트에 대해서 알아보았습니다. 선 차트의 주요 특성을 정리하면 다음과 같습니다.

선 차트의 사용법

- 시간의 흐름에 따른 데이터 변화를 보여 줄 때 유용합니다.
- 항목 간 트렌드 변화를 비교할 때 유용합니다.

선 차트 사용 TIP

- 핵심을 정확하게 전달하려면 한 차트에 너무 많은 선을 사용하지 맙시다.
- 항목을 차별화하고 싶다면 색상을 사용합시다.
- 항목값이 과장되지 않도록 세로축 범위를 적절하게 조정합시다.

가로축은 시간의 흐름을, 세로축은 측정값을 나타낼 정도로 대부분의 선 차트는 시간의 흐름에 따른 변화를 보여 주는 데 최적화된 차트입니다. 실제로 회사의 연간 매출 또는 수익이 어떻게 변화했는지 분석해야 할 때 선 차트만한 차트가 또 없습니다. 이런 거창한 변화 말고 용돈이나 월급을 바탕으로 여러분만의 선 차트를 만들어 보면 어떨까요?

파이 차트
비율 분석 중심의 시각화

파이 차트는 데이터의 구성 요소들이 전체 데이터에서 어느 정도의 비율을 차지하는지 파이 조각으로 보여 주는 시각화 방법으로 정당별 의석수, 지지율, 특정 지역의 인구 비율, 서비스 만족도 등 세부 항목 간 비율을 분석할 때 유용합니다.

파이 차트는 막대 차트, 선 차트와 더불어 3대 데이터 시각화 차트라고 할 수 있을 정도로 많이 사용하는 차트입니다. 지금부터 상황을 통해 파이 차트의 사용법을 배우겠습니다.

알아보기 | 상황별 파이 차트 사용법

상황1 | 파이 차트는 항목의 비율을 파악할 때 유용합니다

전체 데이터 속에서 항목의 비율을 확인할 때 파이 차트가 유용합니다. 왜 파이 차트가 유용한지 다음 상황으로 알아봅시다. '엄청 빠른 자동차'의 정 사장은 지난 한 해 동안 영업 사원들의 자동차 판매량 데이터로 전체 자동차 판매량에 가장 많이 기여한 사원이 누구인지 알고 싶어 합니다.

| '엄청 빠른 자동차' 사원별 연간 자동차 판매량

이름	자동차 판매량(단위: 대)
양이슬	60
성나비	32
임무람	46
허상욱	130
장도표	15
황선인	30

표를 자세히 살펴보면 판매실적이 가장 높은 사원이 누구인지 알아볼 수 있지만 그리 직관적이지는 않습니다. 이때 같은 데이터를 활용해 파이 차트를 만들어 보면 어떨까요? 다음은 '엄청 빠른 자동차' 사원별 연간 자동차 판매량을 보여 주는 파이 차트입니다.

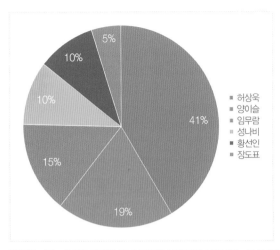

허상욱
양이슬
임무람
성나비
황선인
장도표

| '엄청 빠른 자동차' 사원별 연간 자동차 판매량을 보여 주는 파이 차트

구체적인 숫자를 확인하지 않더라도 직관적으로 허 사원의 판매실적이 가장 높으며 그 뒤로 양 사원, 임 사원이 뒤따르고 있다는 사실을 확인할 수 있습니다. 파이 차트 꼭대기를 기준으로 오른쪽에는 가장 큰 조각이 왼쪽에는 가장 작은 조각이 배치되어 있어 가장 높은 비율과 가장 낮은 비율을 한눈에 비교할 수도 있습니다.

이렇듯 파이 차트는 전체 항목 중 세부 항목이 어느 정도의 비율을 가지고 있는지 한눈에 보여 줍니다. 정 사장은 이러한 사실을 바탕으로 올해의 베스트 영업상을 허 사원에게 수여해 직원 사기를 증진하기로 했습니다.

상황2 파이 차트는 항목 간 상대적 크기를 비교할 때 유용합니다

올해의 베스트 영업상을 기획하고 나니 정 사장은 불현듯 이런 생각이 들었습니다. '사원들의 판매실적이 서로 비슷한가? 아니면 몇몇 영업 사원이 뛰어난 판매실적을 보이는가?' 이처럼 전체 데이터 속에서 항목 간 상대적 크기를 비교할 때도 파이 차트가 효과적입니다. 정말 그런지 **상황1**의 '엄청 빠른 자동차' 사원별 연간 자동차 판매량을 보여 주는 파이 차트를 다시 살펴봅시다.

서로 다른 크기의 조각으로 사원 간 판매실적 차이가 뚜렷하다는 사실을 쉽게 유추할 수 있습니다. 허 사원이 절반에 가까운 판매실적을 냈으며 나머지 사원들의 판매실적은 5~19%로 서로 간 그리 큰 차이를 보이지 않습니다. 이를 바탕으로 정 사장은 허 사원의 높은 판매실적의 원인을 분석하고 전사에 적용하기로 결정했습니다.

NOTE 파이 차트는 한정된 공간(원)에서 항목의 비율을 보여 주는 차트입니다. 항목이 정확한 수치를 보여 주어야 하거나, 수치 차이를 정확한 크기로 비교해야 한다면 막대 차트를 사용합시다.

TIP 파이 차트를 사용할 때 알아 두면 좋은 내용

파이 차트는 전체 데이터 중 세부 항목이 차지하는 비율과 항목 간 상대적 크기를 비교할 때 유용하다는 사실을 배웠습니다. 지금부터 파이 차트의 유용함을 더해 주는 3가지 팁을 알아보겠습니다.

TIP1 핵심을 제대로 전달하려면 파이를 너무 많은 조각으로 나누지 맙시다!

파이 차트를 만들 때 주의할 점은 너무 많은 항목을 파이 차트에 넣어서는 안 된다는 사실입니다. 파이가 너무 세분화되어 있으면 각 조각의 정보를 읽기 힘들기 때문입니다. 실제로 항목이 엄청 많은 차트를 한번 살펴봅시다. 다음은 '엄청 빠른 자동차' 사원 20명의 연간 자동차 판매량을 보여 주는 파이 차트입니다.

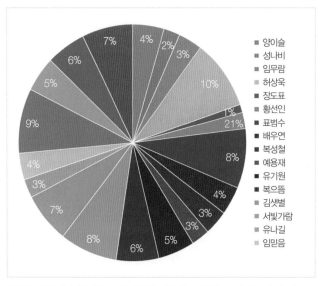

| '엄청 빠른 자동차' 사원 20명의 연간 자동차 판매량을 보여 주는 파이 차트

조각이 20개나 있다 보니 어느 항목에 집중해야 하는지 알 수 없습니다. 이처럼 많은 항목이 있을 때는 어떻게 해야 할까요? 모든 항목을 다 보여 주기보다는 분석 목표에 맞는 항목을 추려서 보여 줘야 합니다.

그런데 항목을 어떻게 추려야 할까요? 가령, 신입 사원이 회사에 잘 적응했는지를 파악해야 한다면 입사 3년 차 이상인 사원만을 대상으로 자동차 판매량을 분석하는 방향으로 항목을 추릴 수 있습니다. 현재 '엄청 빠른 자동차'에는 입사 3년 차 이상인 직원은 총 7명입니다. 이를 대상으로 다음과 같이 파이 차트를 재구성했습니다.

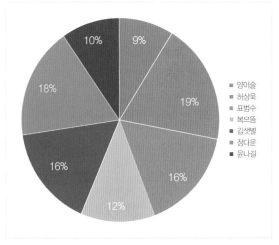

| '엄청 빠른 자동차' 입사 3년 차 이상인 사원의
자동차 판매량을 보여 주는 파이 차트

항목이 줄어드니 조각이 더 뚜렷하게 구별되고 상대적 크기도 쉽게 비교할 수 있습니다. 이처럼 한 차트에 꼭 모든 항목을 담아야 하는 건 아닙니다. 분석 목적에 맞게 가장 유의미한 항목만을 추려서 강조해야 보는 사람이 데이터를 더 쉽게 이해할 수 있습니다.

TIP 2 크기를 명확하게 비교하려면 조각을 큰 순서대로 나열합시다!

조각을 큰 순서대로 나열하면 항목 간 비교가 더욱 쉬워집니다. '엄청 빠른 자동차' 사원 중 입사 3년 차 이상인 사원의 자동차 판매량을 보여 주는 파이 차트를 다시 살펴봅시다. 이 파이 차트에서 판매량 1, 2위를 알아보려면 조각마다 주의를 기울여 살펴봐야 합니다.

1, 2위를 쉽게 알아보려면 어떻게 해야 할까요? **상황1**의 파이 차트처럼 조각을 큰 순서대로 나열하면 됩니다. 다음은 **TIP1**의 두 번째 차트를 조각이 큰 순서대로 나열한 파이 차트입니다.

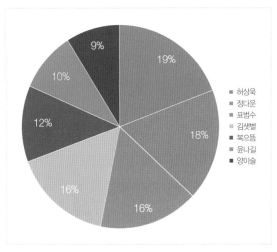

| '엄청 빠른 자동차' 입사 3년 차 이상인 사원의
자동차 판매량을 조각이 큰 순서대로 나열한 파이 차트

파이 차트 꼭대기를 기준으로 바로 오른쪽에 가장 큰 비율을 차지하는 조각이 배치되어 있습니다. 시계방향순으로 조각의 크기가 점점 작아지므로 수치를 하나하나 읽지 않아도 허 사원, 정 사원 순으로 판매실적이 높고, 양 사원의 판매실적이 가장 낮다는 사실을 쉽게 알 수 있습니다.

TIP3 정확한 정보를 보여 주고 싶다면 핵심 정보만 담아야 합니다!

차트를 만들다 보면 가능한 많은 정보를 전달하고 싶은 유혹에 빠지기 쉽습니다. 하지만 이런 열정은 자칫하면 차트를 보는 사람에게 혼란을 줄 수 있습니다. 왜 혼란을 느끼는지 너무 많은 정보를 보여 주는 파이 차트를 살펴보며 알아봅시다.

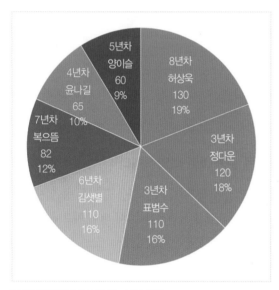

| 너무 많은 정보를 보여 주는 파이 차트

조각별로 연차부터 사원 이름, 자동차 판매량, 판매실적 비율까지 총 4가지 정보가 나열되어 있습니다. 이 차트로 어떤 정보를 보여 주려고 하는 걸까요? 판매량을 보여 주고 싶은 걸까요? 아니면 연차를 보여 주고 싶은 걸까요? 너무 많은 정보가 나열되어 있다 보니 어떤 정보에 집중해야 하는지 알 수 없습니다. 심지어 일부 정보는 조각을 벗어나 있어 차트가 정돈되어 있지 않은 느낌을 줍니다.

핵심 정보만을 추려서 보여 주려면 파이 차트로 답하고자 하는 질문이 무엇이며, 이 질문에 답하려면 어떤 정보가 필요한지 생각해 봐야 합니다. 앞서 살펴본 **상황1~2**에서 정 사장은 전체 판매량 중 각 사원의 판매량이 차지하는 비율과 사원 간 판매실적 차이를 알고 싶어 했습니다. 이 질문은 사원 이름과 판매실적 비율만 있어도 충분히 답할 수 있습니다. 그러므로 사원 이름과 판매실적 비율, 2가지 정보만 파이 차트로 보여 주겠습니다.

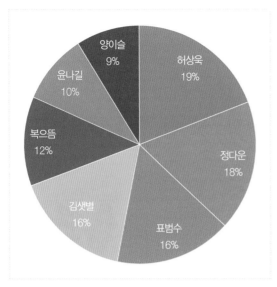

| 핵심 정보만을 추려서 보여 주는 파이 차트

자동차 판매실적이 가장 높은 사원의 이름과 판매실적 비율을 쉽게 확인할 수 있습니다. 또한 모든 정보가 각 조각 안에 알맞게 들어가 있어 정돈된 인상을 줍니다. 이처럼 파이 차트에는 전달하려는 핵심 메시지를 보여 줄 수 있는 최소한의 정보만을 담아야 합니다.

직접 해 보기 **인천광역시 시군구별 인구는 어떻게 구성되어 있을까?**

예제 파일   03_인천광역시_주요 연령계층별 추계인구 데이터.csv
원 데이터   data.go.kr/data/15066298/fileData.do

지금부터 태블로로 파이 차트를 만들어 보겠습니다. 이번 실습에서는 〈공공데이터포털〉 웹 사이트에서 제공하는 인천광역시 주요 연령계층별 추계인구 데이터를 사용하겠습니다.

<u>1단계</u> 데이터 준비하기

다음은 예제 파일의 일부를 보여 주는 표입니다. 원 데이터에는 예제 파일에 없는 유소년 인구수(%), 생산 연령 인구수(%), 고령 인구수(%) 총 3개의 항목이 더 있습니다. 태블로에서 파이 차트를 만들 때 상대 비율을 계산할 수 있으므로 해당 항목은 예제 파일에서 제외했습니다. 이번 실습에서는 시군구별, 유소년 인구수, 생산 연령 인구수, 고령 인구수 총 4가지 항목을 사용합니다.

| 인천광역시 주요 연령계층별 추계인구 데이터

시군구별	유소년 인구수	생산 연령 인구수	고령 인구수	학령 인구수 (초등학교)	학령 인구수 (중학교)	학령 인구수 (고등학교)	학령 인구수 (대학교)
중구	15,522	86,305	41,280	6,489	2,896	2,613	3,907
동구	4,547	31,689	22,741	1,856	798	767	1,287
계양구	20,772	153,497	88,061	8,301	3,606	3,491	6,177
서구	66,106	366,629	151,282	27,422	11,931	11,051	17,525
강화군	4,025	33,436	44,129	1,779	846	815	1,290
옹진군	1,241	11,286	11,081	492	207	201	446

2단계 데이터로 알고 싶은 내용 질문하기

데이터를 시각화하기 전에 질문을 떠올려 봅시다. 여러 질문을 떠올릴 수 있겠지만 이 책에서는 다음과 같이 몇 가지 질문을 준비했습니다.

인천광역시 주요 연령계층별 추계인구 데이터로 떠올려 볼 수 있는 질문

- 시군구별 유소년 인구 구성 비율은 어떤가?
- 인천광역시 시군구별 생산 연령 인구수와 고령 인구수는 어떤 차이를 보이는가?
- 가장 낮은 인구 비율을 차지하는 시군구는 어디인가?
- 인구 비율은 시군구별로 고르게 분포되어 있는가?

문득 내가 살고 있는 지역이 다른 곳보다 사람이 적거나 많다는 느낌을 받고 '내가 살고 있는 지역은 도시 전체에서 어느 정도 인구 비율을 차지하고 있을까?'와 같은 궁금점을 가져본 적이 있을 것입니다. 지금부터 파이 차트를 만들어 보면서 '시군구별 유소년 인구 구성 비율은 어떤가?'라는 질문에 답해 보겠습니다.

3단계 파이 차트 만들기

01 태블로 프로그램(태블로 데스크톱 또는 태블로 퍼블릭)을 실행하고 [파일]-[열기] 메뉴를 클릭해서 '03_인천광역시_주요 연령계층별 추계인구 데이터.csv' 파일을 불러온 다음 [시트 1] 탭으로 이동합니다.

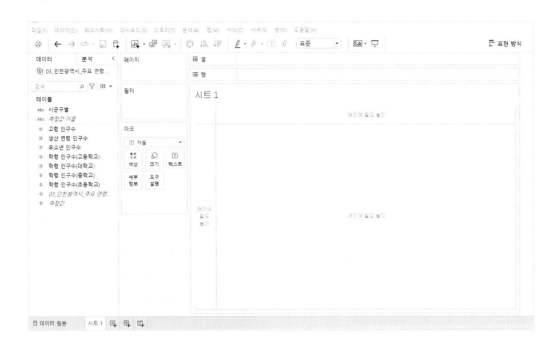

02 **Ctrl** 키를 누른 채로 [데이터] 패널의 [시군구별]과 [유소년 인구수]를 클릭합니다. 이러면 [시군구별]과 [유소년 인구수]가 다중 선택됩니다.

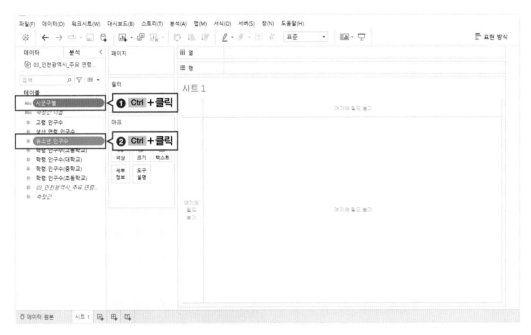

NOTE 필드가 선택되면 필드에 배경색이 생깁니다.

---

03 툴바의 표현 방식(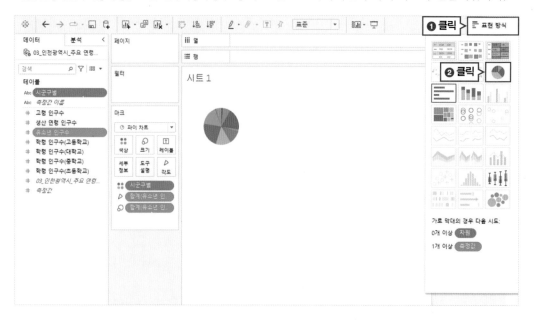)을 클릭한 다음 파이 차트(◉)를 클릭합니다. 이러면 **02**에서 다중 선택했던 [시군구별]과 [유소년 인구수]가 [마크] 카드 안으로 복사되면서 파이 차트가 만들어집니다.

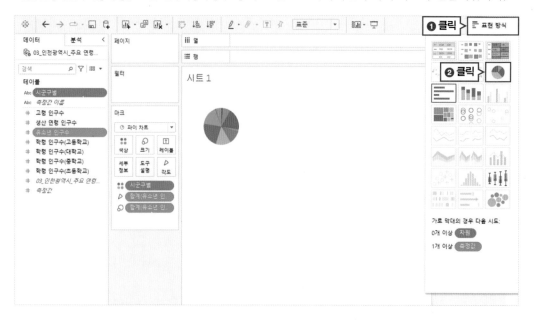

NOTE 표현 방식 메뉴창은 Ctrl + 1 키를 눌러서 손쉽게 열 수 있습니다. 표현 방식(⫶ 표현 방식)을 한 번 더 클릭하거나, 단축키를 입력하면 표현 방식 메뉴창을 닫을 수 있습니다.

04 하지만 만들어진 파이 차트가 너무 작습니다. 파이 차트를 화면에 가득 차게 만들겠습니다. 툴바의 드롭박스에서 '전체 보기'를 선택합니다.

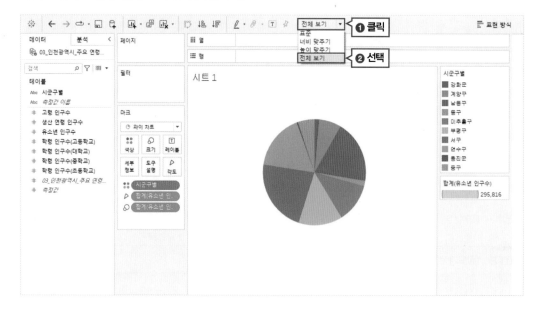

05 이제 각 조각에 시군구명과 인구수를 표시하기 위해 [Ctrl] 키를 누른 채 [데이터] 패널에서 [유소년 인구수]와 [시군구별]을 각각 클릭해 다중 선택한 다음 [마크] 카드의 레이블(T)로 드래그합니다.

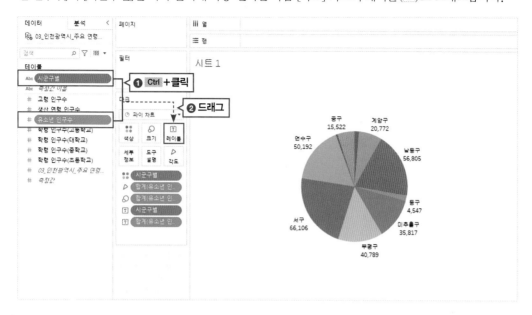

06 뭔가 아쉽습니다. 인구수가 아닌 인구 비율을 보여 준다면 더 유용한 파이 차트가 될 것 같습니다. [마크] 카드에서 [합계(유소년 인구수)]의 드롭다운 버튼을 클릭한 다음 [퀵 테이블 계산]-[구성 비율]을 선택합니다.

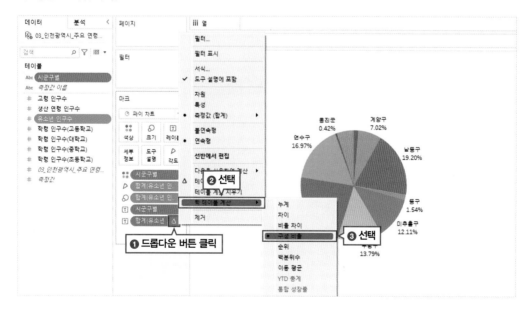

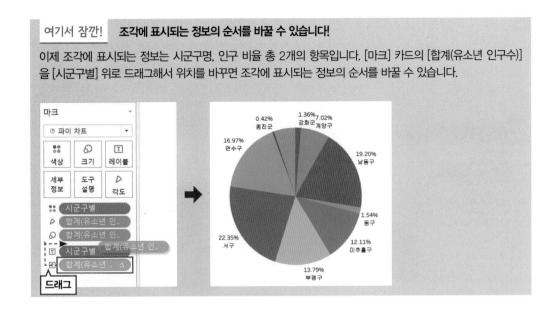

07 마지막으로 데이터를 내림차순으로 정렬하기 위해 툴바의 내림차순 정렬(￼)을 클릭합니다. 이제 그럴듯한 파이 차트가 완성되었습니다.

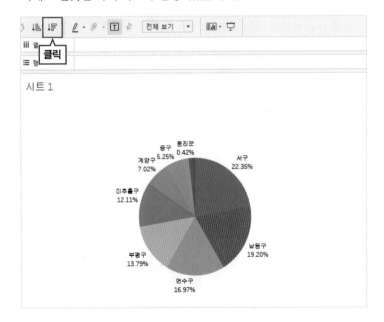

[4단계] 질문에 답해 보기

Q. 시군구별 유소년 인구 구성 비율은 어떤가?

A. 서구에서 가장 높은 유소년 인구 비율(22.3%)을, 그 다음으로 남동구(19.2%), 연수구(16.9%)순

으로 높은 유소년 인구 비율을 보여 준다는 사실을 알 수 있습니다. 이 3개의 구가 전체 인천광역시 유소년 인구 중 절반(58%) 이상을 차지한다는 사실 또한 알 수 있습니다.

다양한 파이 차트로 질문에 답해 보기

Q. 인천광역시 시군구별 생산 연령 인구수와 고령 인구수는 어떤 차이를 보이는가?

3-3절 고민해 보기부터는 태블로를 조금 더 사용해 보겠습니다. 직접해 보기에서는 인천광역시 시군 구별 유소년 인구 비율을 보여 주는 파이 차트를 만들었습니다. 지금부터는 **생산 연령 인구**와 **고령 인구** 비율을 보여 주는 파이 차트를 만들어서 '인천광역시 시군구별 생산 연령 인구수와 고령 인구수는 어떤 차이를 보이는가?'라는 질문에 답해 보겠습니다. 그전에 생산 연령 인구 비율과 고령 인구 비율을 한눈에 비교하기 위해 2가지 파이 차트를 한 화면에 표시하는 방법을 알아보겠습니다.

우선 앞에서 실습했던 내용을 떠올리면서 생산 연령 인구 비율을 보여 주는 파이 차트를 여러분이 직접 한번 만들어 봅시다. 직접해 보기 **02**에서 [유소년 인구수] 대신 **[생산 연령 인구수]**를 선택하고 **05** 부터 **06**까지는 추가 실습을 위해 생략합시다. 무사히 만들었다면 다음과 같은 파이 차트가 뷰에 표시 됩니다.

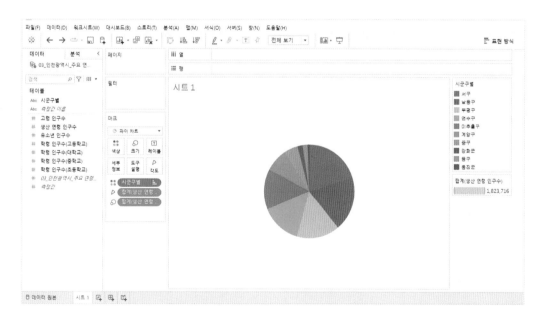

지금부터 방금 만든 파이 차트에 고령 인구 비율을 보여 주는 파이 차트를 추가해서 '인천광역시 시군구별 생산 연령 인구수와 고령 인구수는 어떤 차이를 보이는가?'라는 질문에 답할 때 필요한 파이 차트를 만들겠습니다.

01 [데이터] 패널의 [고령 인구수]를 뷰로 드래그합니다. 이러면 생산 연령 인구 비율을 보여 주는 파이 차트와 동일한 형태로 고령 인구 비율을 보여 주는 파이 차트가 만들어집니다.

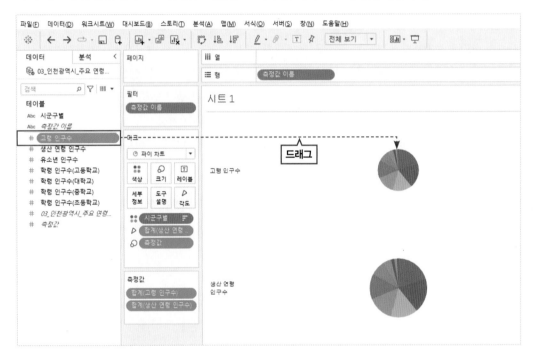

NOTE 01과 같은 방식으로 뷰에 파이 차트를 추가하면, 추가한 파이 차트의 크기는 자동으로 결정됩니다. 원래 뷰에 있던 파이 차트보다 추가한 파이 차트의 항목값 합계가 작다면 작은 크기로, 항목값 합계가 크다면 큰 크기가 됩니다.

---

02 2개의 파이 차트를 가로로 나란히 정렬하겠습니다. [행] 선반의 [측정값 이름]을 [열] 선반으로 드래그합니다.

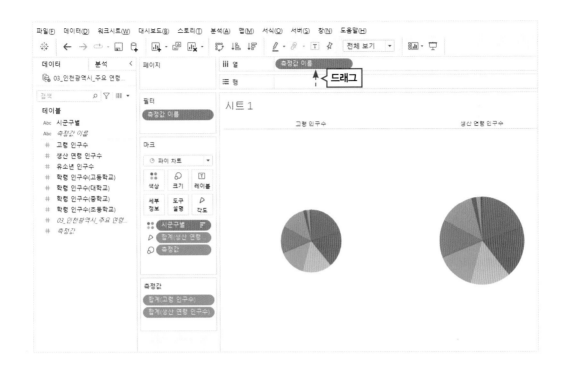

03 아직 고령 인구 비율 파이 차트의 각도가 정확하게 설정되지 않았습니다. 각도를 정확하게 설정하기 위해 [데이터] 패널에서 [측정값]을 [마크] 카드의 각도(▷)로 드래그합니다.

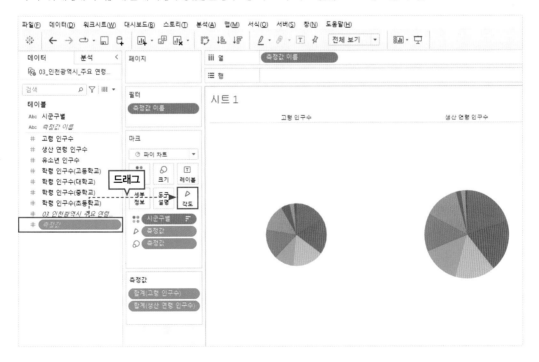

04 생산 연령 인구와 고령 인구에 맞는 정보가 표시될 수 있도록 `Ctrl` 키를 누른 채로 [데이터] 패널에서 [시군구별]와 [측정값]을 클릭해 다중 선택한 다음 [마크] 카드의 레이블(**T**)로 드래그합니다. 이제 생산 연령 인구수와 고령 인구수를 한눈에 비교할 수 있는 파이 차트가 완성되었습니다.

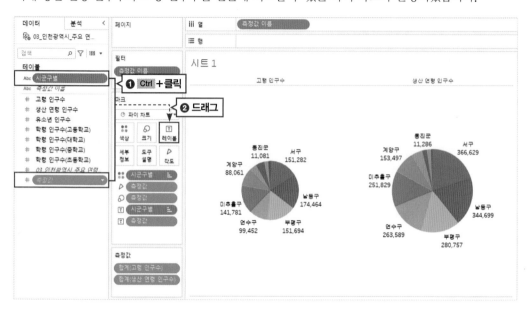

> **여기서 잠깐!** **수치를 구성 비율로 바꾸면 파이 차트의 크기가 똑같아집니다!**

필드값을 '합계'에서 '구성 비율'로 바꾸면 다음 그림처럼 뷰에 있는 파이 차트의 크기가 똑같아집니다. 왜냐하면 생산 연령 인구수와 노령 인구수가 비율로 표시되면서 두 항목의 값을 직접적으로 비교할 방법이 없어지기 때문입니다.

그러므로 고민해 보기에서는 생산 연령 인구수와 노령 인구수의 전체 크기를 비교하기 위해 필드값을 비율로 바꾸지 않았습니다.

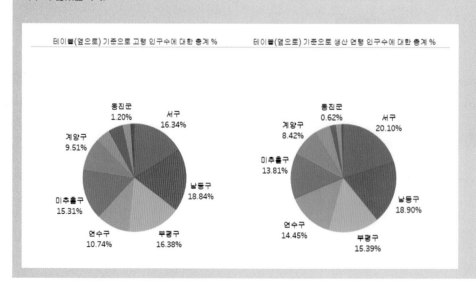

A. 고령 인구수를 보여 주는 파이 차트보다 생산 연령 인구수를 보여 주는 파이 차트가 더 크므로 생산 연령 인구가 고령 인구보다 많다는 사실을 확인할 수 있습니다. 생산 연령 인구 수는 서구가 가장 많지만, 고령 인구수는 남동구가 가장 많다는 사실도 확인할 수 있습니다.

정리하기 파이 차트의 주요 특성

이상으로 파이 차트에 관해서 알아보았습니다. 이제 피자 한 조각을 먹으면서 파이 차트의 주요 특성을 다시 한번 살펴봅시다.

파이 차트의 사용법

- 항목의 비율을 파악할 때 유용합니다.
- 항목 간 상대적 크기를 비교할 때 유용합니다.

파이 차트 사용 TIP

- 핵심을 제대로 전달하려면 파이를 너무 많은 조각으로 나누지 맙시다.
- 크기를 명확하게 비교하려면 조각을 큰 순서대로 나열합시다.
- 정확한 정보를 보여 주고 싶다면 핵심 정보만 담아야 합니다.

파이 차트는 항목의 비율이나 크기 차이를 보여 줄 때 효과적입니다. 배운 내용을 바탕으로 다양한 데이터를 파이 차트로 직접 시각화해 봅시다.

가령, 종량제 봉투의 주문 판매 정보 데이터를 파이 차트로 분석해 보면 어떨까요? 〈공공데이터포털〉 웹 사이트에서 인천광역시의 종량제 봉투 주문 판매 정보 데이터를 획득할 수 있습니다(data. go.kr/data/15084345/fileData.do).

이 데이터에는 봉투 구분(일반, 불연성, 사업계 등), 봉투 재질(고밀도, 선형저밀도 등), 봉투 용량 (5L, 10L, 20L 등), 연간 판매량과 같은 다양한 항목이 있습니다. 3−3절에서 배운 내용을 바탕으로 스스로 다양한 질문을 떠올리고 답해 보길 바랍니다.

분산형 차트
관계 분석 중심의 시각화

분산형 차트는 가로축과 세로축으로 구성된 좌표에 점을 찍는 방법으로 항목 간 관계를 보여 주는 차트로 기온에 따른 제품 판매량, 성적에 따른 대학 진학률 등 서로 다른 2개의 항목 간 관계를 비교할 때 유용합니다. 조금 더 구체적으로 설명하면 A 항목값이 가로축의 좌푯값이 되고, B 항목값이 세로축의 좌푯값이 됩니다. 두 항목의 좌푯값이 만나는 지점에 점을 찍은 것이 바로 분산형 차트입니다. 지금부터 상황을 통해 분산형 차트의 사용법을 알아보겠습니다.

알아보기 │ 상황별 분산형 차트 사용법

상황1 │ 분산형 차트는 항목 간 관계를 확인할 때 유용합니다

'핫 서머 너무 더워 아이스크림'의 이 사장은 효율적인 재고 관리를 위해 지난 6개월 동안 판매된 아이스크림의 개수와 아이스크림이 팔릴 당시 평균 기온을 바탕으로 기온 변화가 아이스크림 판매에 어떤 영향을 미치는지 알고 싶어 합니다. 이처럼 두 항목 간 관계를 확인할 때 유용한 차트가 바로 분산형 차트입니다. 왜 유용한지 다음의 평균 기온과 아이스크림 판매량의 관계를 점으로 표현한 분산형 차트로 알아봅시다.

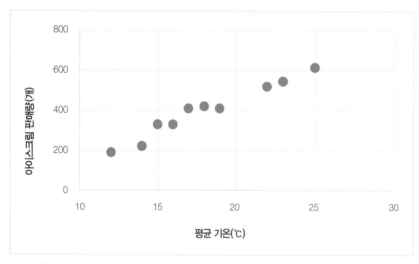

❙ 평균 기온과 아이스크림 판매량의 관계를 보여 주는 분산형 차트

가로축은 평균 기온을, 세로축은 아이스크림 판매량을 보여 줍니다. 평균 기온이 12도일 때의 아이스크림 판매량을 알아보려면 세로축 200(개), 가로축 12(℃) 정도에 위치한 점을 살펴보면 됩니다. 이 점에서 시작해 다른 점의 위치를 하나하나 살펴보면 평균 기온이 오를수록 아이스크림 판매량 또한 높아지는 뚜렷한 관계를 확인할 수 있습니다.

이 차트를 바탕으로 이 사장은 '평균 기온이 오르면 아이스크림 판매량이 높아진다'라는 메시지를 발견하고 적절한 재고 준비와 효율적인 직원 근무 스케줄 관리를 할 수 있게 되었습니다. 이처럼 분산형 차트는 항목 간 어떤 관계가 있는지를 직관적으로 확인할 때 유용합니다.

여기서 잠깐! **분산형 차트로 확인할 수 있는 관계는 다양합니다!**

분산형 차트로 확인할 수 있는 두 항목 간 관계는 다음과 같이 4가지로 구분할 수 있습니다.

1. **양의 선형 관계**: 한 항목의 값이 높아지면 다른 항목의 값도 같이 높아지는 관계
2. **음의 선형 관계**: 한 항목의 값이 높아지면 다른 항목의 값은 반대로 낮아지는 관계
3. **비선형 관계**: 한 항목의 값이 변할 때 다른 항목의 값은 낮아졌다가 높아지거나, 높아졌다가 낮아지는 관계
4. **관계없음**: 두 항목 간 어떤 연관성도 찾을 수 없는 관계

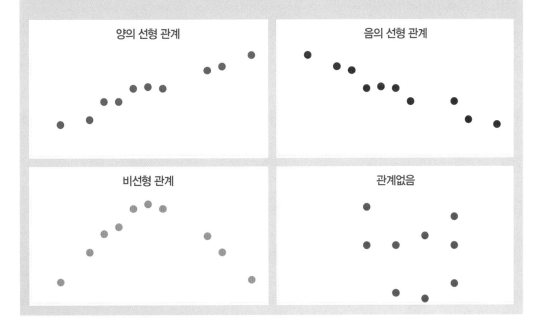

상황2 분산형 차트는 분포 양상을 비교할 때 유용합니다

'나이브 엔터테인먼트'는 자사 콘텐츠를 무료 서비스와 유료 서비스로 나누어 제공하고 있습니다. 무료 서비스 가입자에게는 발행한 지 3주가 지난 콘텐츠를 광고와 함께 제공합니다. 반면 유료 서비스 가입자에게는 최신 콘텐츠를 광고 없이 제공합니다. 방 사장은 무료와 유료 서비스 중 매출이 더 높

은 서비스에 집중하고 싶어 합니다. 분산형 차트를 배우고 있으니 분산형 차트로 서비스 가입자수별 매출을 표현해 방 사장을 도와줍시다.

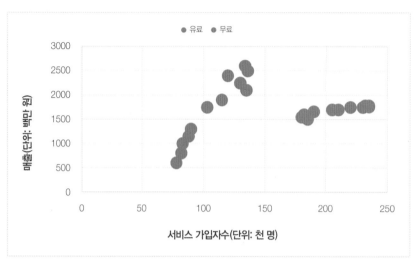

| 서비스 가입자수별 매출을 보여 주는 분산형 차트

유료 서비스와 무료 서비스 가입자수별 매출 분포는 확연히 다른 양상을 보입니다. 유료 서비스는 매출이 수직으로 넓게 분포되어 있고 가입자수가 늘어날수록 매출도 함께 증가합니다. 반면 무료 서비스는 가입자수가 매출에 큰 영향을 미치지 않습니다.

이를 바탕으로 방 사장은 '유료 서비스 가입자가 늘수록 매출도 증가한다'라는 메시지를 발견하고 매출을 높이기 위해 무료 서비스 가입자가 유료 서비스에 가입하도록 유도하기로 했습니다. 이렇듯 분산형 차트를 사용하면 겉보기로 발견하기 어려운 항목 분포 양상을 직관적으로 비교할 수 있습니다.

여기서 잠깐! **분산형 차트로 확인할 수 있는 분포 양상은 다양합니다!**

분산형 차트로 확인할 수 있는 항목 분포 양상은 다음과 같이 2가지로 구분할 수 있습니다.

1. **데이터 군집화**: 항목의 값이 특정 위치에 밀집된 양상
2. **이상치**: 다른 값과 매우 동떨어진 값

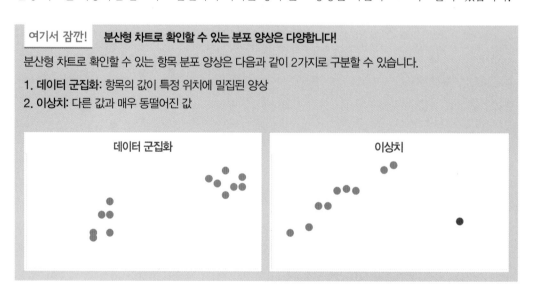

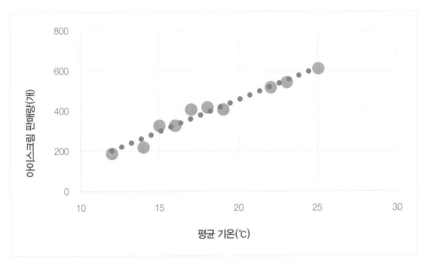

TIP   분산형 차트를 사용할 때 알아 두면 좋은 내용

분산형 차트는 항목 간 관계를 보여 주고 다양한 항목의 분포 양상을 쉽게 비교할 수 있게 도와준다는 사실을 배웠습니다. 지금부터는 이처럼 유용한 분산형 차트를 사용할 때 알아 두면 좋은 2가지 팁을 배우겠습니다.

TIP1   항목 간 관계를 명확하게 표현하고 싶다면 추세선을 사용합시다!

분산형 차트에 추세선을 추가하면 항목 간 관계를 더욱 명확하게 확인할 수 있습니다. **상황1**의 평균 기온과 아이스크림 판매량의 관계를 보여 주는 분산형 차트에 추세선을 한번 추가해 보겠습니다.

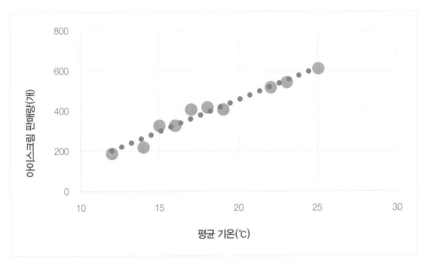

❘ 평균 기온과 아이스크림 판매량의 관계에 선형 추세선을 추가한 분산형 차트

추세선을 추가하니 점을 하나하나 살펴보지 않아도 기온이 오르면 아이스크림 판매량도 증가한다는 사실을 자연스럽게 알 수 있습니다.

이처럼 직선으로 이루어진 추세선을 **선형 추세선**이라고 합니다. 추세선에는 선형 추세선 외에 다른 유형도 있습니다. 평균 기온과 자전거 대여량의 관계를 보여 주는 차트를 살펴보면서 다른 유형의 추세선도 알아봅시다.

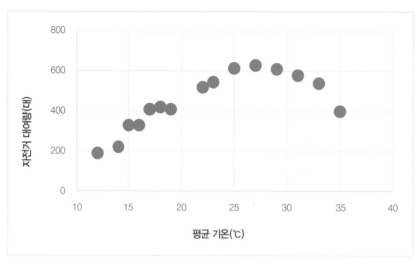

| 평균 기온과 자전거 대여량의 관계를 보여 주는 분산형 차트

앞서 살펴본 평균 기온과 아이스크림 판매량의 관계는 기온이 오를수록 아이스크림 판매량도 증가하는 관계였습니다. 자전거 대여량과 평균 기온의 관계 역시 기온이 오르면 자전거 대여량도 증가하는 관계를 보이지만, 평균 기온이 28도를 넘어서면 오히려 대여량이 감소합니다. 날씨가 너무 춥거나 더우면 자전거를 타기 어렵기 때문입니다.

이처럼 점의 분포가 직선으로 이어지지 않을 때는 점의 분포에 따라 추세선을 포물선 형태로 그리면 됩니다. 이런 추세선을 **비선형 추세선**이라고 합니다.

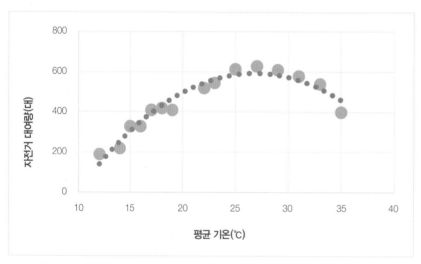

| 평균 기온과 자전거 대여량의 관계에 비선형 추세선을 추가한 분산형 차트

점의 분포에 맞는 추세선을 사용합시다!

점의 분포가 직선을 이루지 않을 때 선형 추세선을 사용하면 어떻게 될까요?
기온이 28도를 넘어가면 자전거 대여량이 감소한다는 사실을 무시하고 '기온이 오르면 자전거 대여량도 계속
증가한다'라는 잘못된 결론을 내릴 우려가 있습니다. 항상 차트를 주의 깊게 들여다보면서 어떤 추세선을 사용
할지 고민해야 합니다.

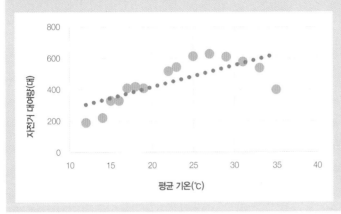

| 평균 기온과 자전거 대여량의 관계에
잘못된 추세선을 사용한 분산형 차트

TIP 2 카테고리가 2개 이상이라면 색상으로 구분합시다!

분산형 차트에 다양한 카테고리를 추가하면 더 많은 정보를 담을 수 있습니다. 이때 카테고리별로 다
른 색상을 사용하면 시각적으로 훨씬 더 명확하게 카테고리를 비교할 수 있습니다.

앞서 살펴봤던 평균 기온과 자전거 대여량의 관계를 보여 주는 분산형 차트를 성별로 세분화해 보면
서 서로 다른 카테고리에 색상을 적용하는 방법을 알아봅시다.

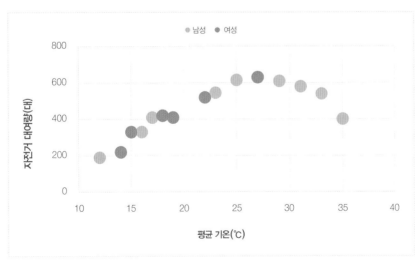

| 평균 기온과 성별 자전거 대여량의 관계를 보여 주는 분산형 차트

대체로 남성과 여성 모두 비슷한 트렌드를 보입니다. 주목할 점은 남성은 기온에 관계없이 자전거를 꾸준히 대여하는 데 반해 여성은 아주 더운 날씨에 자전거를 대여하지 않는다는 사실입니다. 이처럼 색상으로 카테고리를 구별하면 각 카테고리의 고유한 특성을 한눈에 알아보고 비교할 수 있습니다.

직접 해 보기 졸음운전 사고 건수는 사상자수와 어떤 관계를 보일까?

예제 파일 04_경찰청_졸음운전 교통사고 현황.csv
원 데이터 data.go.kr/data/15047952/fileData.do

지금부터 분산형 차트를 사용해서 효과적으로 인사이트를 찾는 방법을 배우겠습니다. 이번 실습에서는 〈공공데이터포털〉웹 사이트에서 제공하는 졸음운전 교통사고 현황 데이터를 사용합니다.

1단계 데이터 준비하기

다음은 예제 파일 중 일부만을 정리한 표입니다. 실제 예제 파일은 총 21개의 행으로 구성되어 있으며, 이번 실습에서는 예제 파일에 있는 모든 데이터를 사용합니다. 예제 파일에서 다루는 항목은 구분(연도), 도로 종류, 사고(건), 사망(명), 부상(명) 총 5가지입니다.

| 졸음운전 교통사고 현황 데이터 중 일부

구분	도로 종류	사고(건)	사망(명)	부상(명)
2017년	일반국도	363	19	698
2017년	지방도	230	10	451
2017년	특별광역시도	590	12	1,189
2017년	시도	577	11	1,125
2019년	시도	876	17	1,629
2019년	군도	116	8	184
2019년	고속국도	147	20	296
2019년	기타	125	2	206

2단계 데이터로 알고 싶은 내용 질문하기

본격적인 데이터 시각화에 앞서 데이터를 바탕으로 무엇이 알고 싶은지 질문해 봅시다.

졸음운전 교통사고 현황 데이터로 떠올려 볼 수 있는 질문

- 졸음운전 사고 건수와 사망자수는 어떤 관계가 있는가?
- 졸음운전 사고 건수와 부상자수는 어떤 관계가 있는가?
- 졸음운전 사고 건수 대비 사망자수는 도로 종류에 따라 어떤 특성을 보이는가?
- 졸음운전 사고 건수 대비 부상자수는 도로 종류에 따라 어떤 특성을 보이는가?

졸음운전은 도로 위의 시한폭탄이라고 불릴 정도로 위험합니다. 대체 얼마나 많은 사망자가 발생하길래 시한폭탄이라고 불릴까요? 지금부터 분산형 차트를 만들면서 '졸음운전 사고 건수와 사망자수는 어떤 관계가 있는가?'라는 질문의 답을 찾아보겠습니다.

3단계 분산형 차트 만들기

01 '04_경찰청_졸음운전 교통사고 현황.csv' 파일을 불러온 다음 [시트 1] 탭으로 이동합니다. [데이터] 패널에서 [사고(건)]을 [열] 선반으로, [사망(명)]을 [행] 선반으로 드래그합니다.

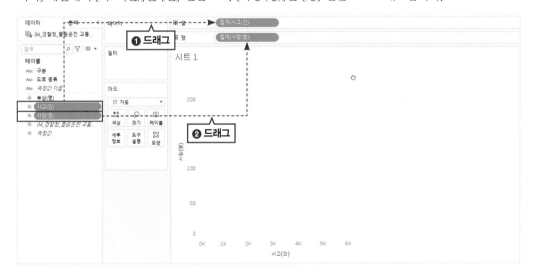

02 태블로는 [열] 선반과 [행] 선반에 올라오는 필드의 속성을 '합계'로 자동 설정합니다. 합계를 '차원'으로 바꾸기 위해 Ctrl 키를 누른 채로 [열] 선반에 있는 [합계(사고(건))]과 [행] 선반에 있는 [합계(사망(명))]을 클릭해서 다중 선택한 다음 드롭다운 버튼을 클릭해서 [차원]을 선택합니다.

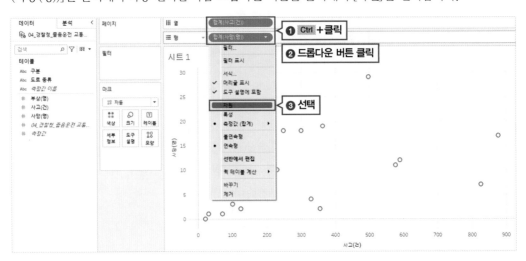

NOTE 다중 선택한 필드에 드롭다운 메뉴의 항목을 동시에 적용할 수 있습니다. 다중 선택한 필드 중 아무 필드의 드롭다운 버튼을 클릭하면 됩니다.

03 이번에는 분산형 차트에 추세선을 추가하기 위해 사이드바의 [분석] 패널에서 [모델] 목록의 [추세선]을 [추세선 추가] 팝업 메뉴의 선형(📈)으로 드래그합니다.

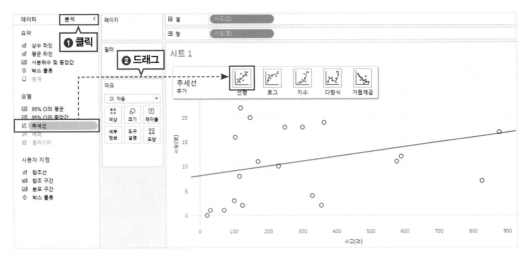

NOTE [추세선 추가] 팝업 메뉴는 [추세선]을 드래그할 때 자동으로 나타납니다.

04 점이 윤곽선만 있어 눈에 잘 띄지 않습니다. 이를 해결하기 위해 [마크] 카드에서 드롭다운 버튼을 클릭해 '원'을 선택합니다. 파란색으로 채워진 원으로 구성된 분산형 차트가 완성되었습니다.

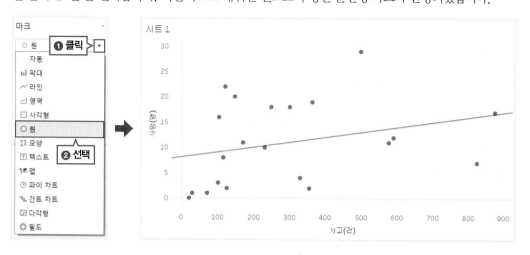

NOTE   이번에 만든 분산형 차트를 고민해 보기에서 다시 사용합니다. 알아보기 쉬운 이름으로 저장해 둡시다!

4단계 질문에 답해 보기

Q. 졸음운전 사고 건수와 사망자수는 어떤 관계가 있는가?

A. 졸음운전 사고 건수가 늘어날수록 사망자수도 증가합니다. 추세선의 기울기가 그렇게 가파른 편은 아닙니다. 다시 말해, 사고 건수와 사망자수 사이에는 양의 선형 관계가 존재하긴 하나 연관성은 그리 크지 않습니다.

고민해 보기 **다양한 분산형 차트로 질문에 답해 보기**

Q1. 졸음운전 사고 건수와 부상자수는 어떤 관계가 있는가?

직접 해 보기에서는 졸음운전 사고 건수와 사망자수의 관계를 보여 주는 분산형 차트를 만들어 보았습니다. 지금부터는 분산형 차트로 '졸음운전 사고 건수와 부상자수는 어떤 관계가 있는가?'라는 질문에 답해 보겠습니다.

직접 해 보기의 내용을 거의 그대로 따라하면 됩니다. 한 가지 다른 점은 직접 해 보기 **01**에서는 [사망(명)]을 [행] 선반으로 옮겼지만 이번에는 **[부상(명)]**을 [행] 선반으로 옮겨야 한다는 것뿐입니다. 배운 내용을 복습할 겸 직접 한번 만들어 볼까요? 무사히 만들었다면 다음과 같은 상태가 됩니다.

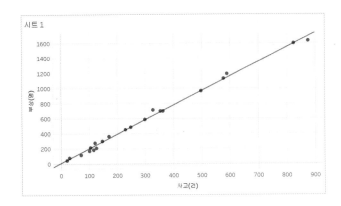

A1. 사망자수 때와 비슷하게 졸음운전 사고 건수가 늘어날수록 부상자수도 함께 증가한다는 사실을 알 수 있습니다. 다만, 졸음운전 사고 건수와 부상자수의 추세선이 사망자수의 추세선보다 더욱 가파릅니다. 이를 바탕으로 졸음운전을 하면 높은 확률로 부상을 당한다는 사실을 확인할 수 있습니다.

NOTE 여기서 만든 차트를 Q3에도 사용합니다. 알기 쉬운 이름으로 저장해 둡시다.

Q2. 졸음운전 사고 건수 대비 사망자수는 도로 종류에 따라 어떤 특성을 보이는가?

이제 '졸음운전 사고 건수 대비 사망자수는 도로 종류에 따라 어떤 특성을 보이는가?'라는 질문에 답하겠습니다. **직접 해 보기**에서 만들었던 분산형 차트를 바탕으로 새로운 차트를 만들겠습니다.

01 **직접 해 보기**에서 만들었던 분산형 차트를 다시 불러옵니다.

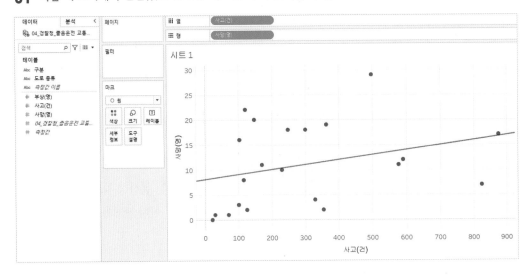

NOTE 태블로 퍼블릭으로 저장한 파일은 클라우드에 저장됩니다. [파일]–[Tableau Public에서 열기] 메뉴를 클릭해서 저장해 두었던 통합 문서를 불러올 수 있습니다.

02 Q1에서 졸음운전 사고 건수와 사망자수의 관계를 보여 주는 분산형 차트를 이미 만들었으므로 여기서는 도로 종류와의 관계를 추가로 살펴보기 위해 [데이터] 패널에서 [도로 종류]를 [마크] 카드의 색상(⋮⋮)으로 드래그합니다. 이렇게 하면 도로 종류에 따라 서로 다른 색상을 가진 점과 추세선이 추가됩니다. 이제 이 차트를 바탕으로 질문에 답해 보겠습니다.

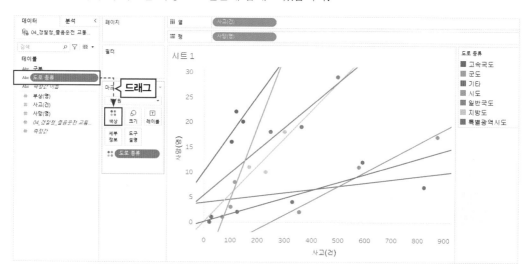

A2. 졸음운전 사고 건수와 사망자수의 관계는 도로 종류에 따른 영향을 많이 받는다는 사실을 알 수 있습니다. 군도는 사고 건수가 늘어나면 사망자수도 급격히 증가합니다. 특별광역시도는 사고 건수와 사망자수의 관계가 가장 미약합니다. 다만 도로 종류별 데이터가 그리 많지 않으므로 정확한 결론을 내리기는 어렵습니다.

Q3. 졸음운전 사고 건수 대비 부상자수는 도로 종류에 따라 어떤 특성을 보이는가?

마지막으로 '졸음운전 사고 건수 대비 부상자수는 도로 종류에 따라 어떤 특성을 보이는가?'라는 질문에 답해 보겠습니다.

이번에는 도로 종류에 따른 사고 현황을 파악하기 위한 차트를 스스로 한번 만들어 봅시다. 앞서 Q1의 질문에 답할 때 만들었던 졸음운전 사고 건수와 사망자수의 관계를 보여 주는 분산형 차트에서 [데이터] 패널의 **[도로 종류]**를 [마크] 카드의 색상(⋮⋮)으로 드래그합니다. 이렇게 하면 다음 그림과 같은 상태가 됩니다. 이제 이 차트로 질문에 답해 보겠습니다.

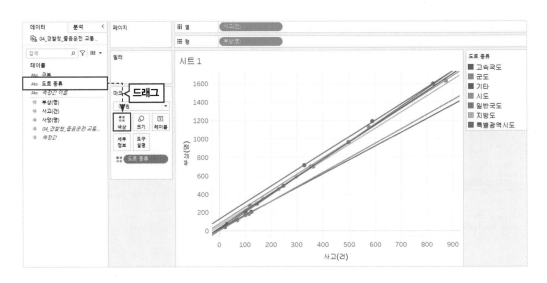

A3. 흥미롭게도 졸음운전 사고 건수와 부상자수의 관계는 도로 종류에 따라 대체로 비슷한 관계를 보여 줍니다. 다시 말해, 도로의 종류에 상관없이 졸음운전 사고 건수가 늘어날수록 부상자수도 함께 증가한다는 결론을 내릴 수 있습니다.

정리하기 분산형 차트의 주요 특성

이상으로 분산형 차트에 대해서 알아보았습니다. 지금까지 배운 내용을 다시 떠올려 봅시다. 분산형 차트의 주요 특성을 정리하면 다음과 같습니다.

분산형 차트의 사용법

- 항목 간 관계를 확인할 때 유용합니다.
- 분포 양상을 비교할 때 유용합니다.

분산형 차트 사용 TIP

- 항목 간 관계를 명확하게 표현하고 싶다면 추세선을 사용합시다.
- 카테고리가 2개 이상이라면 색상으로 구분합시다.

분산형 차트는 두 항목 간 관계와 분포 양상을 누구나 쉽게 이해할 수 있게 보여 주는 직관적인 차트입니다. 이제 여러분 스스로 여러 질문에 답해 보며 분산형 차트 활용 능력을 길러 봅시다.

이번에는 도로교통공단에서 제공하는 사고유형별 교통사고 통계 데이터를 분산형 차트로 시각화해 보면 어떨까요? 〈공공데이터포털〉에서 사고유형별 교통사고 통계 데이터를 획득할 수 있습니다 (data.go.kr/data/15070282/fileData.do).

이 데이터에는 사고 유형, 사고 건수, 사망자수, 중상자수, 경상자수, 부상신고자수와 같은 다양한 항목이 있습니다. 이번 절에서 배운 내용을 바탕으로 직접 질문해보고 시각화해 보길 바랍니다. 이번에는 여기서 한발짝 더 나아가 이때까지 배운 다양한 차트도 사용해 보길 바랍니다.

3-5 하이라이트 테이블
데이터 포착 중심의 시각화

하이라이트 테이블은 표(테이블)의 행과 열에 배치된 항목값의 크기를 색상으로 구분하는 시각화 방법입니다. 행과 열에 다양한 항목이 있다면 분석할 수 있는 조합 또한 다양해집니다.

예를 들어, 행에 초등학생, 중학생, 대학생 총 3가지 학생 유형을, 열에 도보, 자전거, 대중교통 총 3가지 통근 수단을 배치하면 초등학생-도보, 중학생-도보, 대학생-대중교통 등 학생 유형별 통근 수단을 총 9가지 조합으로 분석할 수 있습니다. 이처럼 다양한 조합을 한번에 분석할 수 있게 도와주는 하이라이트 테이블을 어떤 상황에 사용하면 좋은지 예시로 알아보겠습니다.

알아보기 | 상황별 하이라이트 테이블 사용법

상황1 하이라이트 테이블은 여러 항목값 조합의 차이점을 비교할 때 유용합니다

'쌉니다 적토마 마트'의 국내 마케팅 부서에서는 지난 1년 간 가구, 기술 용품, 사무용품과 관련된 매출 데이터를 바탕으로 고객 유형과 판매 품목에 따른 매출 차이를 알고 싶어 합니다.

❙ '쌉니다 적토마 마트'의 1년 간 고객 유형별-판매 품목별 매출

판매 품목	고객 유형	매출(단위: 원)
사무용품	홈 오피스	350,000
가구	홈 오피스	8,000,000
사무용품	일반 소비자	1,240,000
사무용품	기업	480,000
사무용품	일반 소비자	3,250,000
가구	홈 오피스	3,000,000
가구	일반 소비자	1,300,000
사무용품	기업	60,000
기술용품	홈 오피스	5,890,000
기술용품	기업	10,650,000

가구	기업	5,800,000
기술용품	일반 소비자	3,000,000

매출 데이터가 나열되어 있는 표로 '고객 유형과 판매 품목에 따라 매출이 어떻게 달라지는가?'라는 질문에 답을 찾아볼 수 있지만 고객 유형과 판매 품목이 두서없이 나열되어 있어 분석할 때 많은 시간이 소요됩니다. 이 데이터를 고객 유형과 판매 품목별로 카테고리화해서 보여 주면 어떨까요? 다음의 고객 유형별–판매 품목별 매출을 카테고리화해서 정리한 표를 살펴봅시다.

▌1년 간 고객 유형별–판매 품목별 매출을 카테고리화한 표

고객 유형	판매 품목		
	가구	기술용품	사무용품
기업	5,800,000	10,650,000	540,000
일반 소비자	1,300,000	3,000,000	4,490,000
홈 오피스	11,000,000	5,890,000	350,000

이렇게 정리하니 홈 오피스 목적으로 구매된 가구의 1년 총 매출은 1100만 원으로 가장 높고, 홈 오피스 목적으로 구매된 사무용품의 총 매출은 35만 원으로 가장 낮다는 사실을 쉽게 확인할 수 있습니다. 여기에 색상을 추가하면 매출 합계를 더욱 직관적으로 비교할 수 있습니다. 표에 색상을 추가한 하이라이트 테이블을 만들어 보겠습니다.

고객 유형	판매 품목		
	가구	기술용품	사무용품
기업	5,800,000	10,650,000	540,000
일반 소비자	1,300,000	3,000,000	4,490,000
홈 오피스	11,000,000	5,890,000	350,000

▌색상을 추가해서 만든 하이라이트 테이블

1000만 원이 넘는 매출에는 초록색을, 100만 원보다 낮은 매출에는 주황색을, 매출이 100~1000만 원 사이인 경우 파란색을 배경색으로 사용했습니다. 사무용품을 살펴보면 기업과 홈 오피스의 배경색이 주황색으로 표시됩니다. 이로 미루어 볼 때 일반 소비자를 제외한 나머지 고객 유형에서 사무용품의 매출이 저조하다는 사실을 알 수 있습니다. 반대로 기술용품은 기업에서, 가구는 홈 오피스에서 높은 매출을 기록하고 있다는 사실 또한 쉽게 알 수 있습니다.

이를 바탕으로 '쌉니다 적토마 마트'의 국내 마케팅 부서는 고객 유형에 맞는 제품으로 구성된 메일

링 서비스 기획을 고려하기로 했습니다. 이렇듯 하이라이트 테이블을 사용하면 구체적인 수치를 살펴보지 않아도 다양한 항목값 조합의 차이점을 쉽게 확인할 수 있습니다.

상황2 하이라이트 테이블은 주목해야 하는 값을 포착할 때 유용합니다

'쌉니다 적토마 마트'의 글로벌 마케팅 부서에서는 지난 1분기 동안 가장 높은 매출을 기록한 지역과 고객 유형을 알고 싶어 합니다. 이처럼 주목해야 하는 값을 찾을 때도 하이라이트 테이블이 유용합니다. 실제로도 그런지 다음의 하이라이트 테이블을 한번 살펴봅시다.

고객 유형	지역			
	동남아시아	동아시아	오세아니아	중앙아시아
기업	11,090,000	44,110,000	15,900,000	14,400,000
일반 소비자	16,850,000	11,330,000	20,730,000	15,270,000
홈 오피스	12,200,000	17,630,000	8,810,000	14,210,000

| 지역별-고객별 매출을 정리한 하이라이트 테이블

고객 유형 3가지와 지역 4곳으로 조합한 12개의 매출 정보가 있습니다. 4000만 원 넘는 매출에는 초록색을, 1000만 원보다 낮은 매출에는 주황색을, 매출이 1000~4000만 원 사이인 경우에는 파란색을 배경색으로 사용했습니다. 12개 조합 중에서 유독 눈에 띄는 2개의 조합이 있습니다. 초록색으로 표시되는 것으로 미루어 볼 때 동아시아 지역의 기업 매출은 아주 높습니다. 반대로 오세아니아 지역의 홈 오피스 매출은 주황색으로 표시될 정도로 상당히 저조합니다.

이를 바탕으로 '쌉니다 적토마 마트'의 글로벌 마케팅 부서에서는 동아시아 지역의 기업 고객 대상으로 높은 판매가 이루어진 원인을 분석해서 다른 지역에도 똑같은 판매 전략을 적용하기로 결정했습니다. 그리고 무엇보다 이 판매 전략을 오세아니아 지역에 우선 적용해 해당 지역의 매출을 끌어올리는 방안을 최우선으로 고려하기로 했습니다.

이를 위해서는 1분기 매출을 월별로 조금 더 자세히 들여다봐야 합니다. 앞서 만든 하이라이트 테이블에 1분기 월수(1~3월)를 추가하면 조합이 총 36개로 늘어납니다. 이를 하나하나 살펴볼 생각을 하니 벌써부터 머리가 아파옵니다. 하지만 하이라이트 테이블을 사용하면 많은 조합 속에서 주목할 만한 데이터를 쉽게 발견할 수 있습니다. 지역별-고객별 매출에 월수를 추가한 하이라이트 테이블을 한번 살펴봅시다.

고객 유형	월	지역			
		동남아시아	동아시아	오세아니아	중앙아시아
기업	1월	2,500,000	23,000,000	8,930,000	8,270,000
	2월	7,510,000	15,000,000	3,180,000	2,900,000
	3월	1,080,000	6,110,000	3,790,000	3,230,000
일반 소비자	1월	6,980,000	3,030,000	6,610,000	7,970,000
	2월	9,850,000	2,820,000	7,980,000	2,000,000
	3월	20,000	5,480,000	6,140,000	5,300,000
홈 오피스	1월	330,000	2,870,000	4,360,000	2,000,000
	2월	5,750,000	8,840,000	2,640,000	2,530,000
	3월	6,120,000	5,920,000	1,810,000	9,680,000

| 지역별–고객별 매출에 월수를 추가한 하이라이트 테이블

숫자를 모두 살펴보지 않더라도 동아시아 지역의 1월 기업 매출은 유난히 높지만, 동남아시아 지역의 3월 일반 소비자 매출은 없었다고 해도 무방할 정도 낮다는 사실을 알 수 있습니다.

이를 바탕으로 '쌉니다 적토마 마트'의 글로벌 마케팅 부서는 동아시아 지역의 기업에게 지역 단위의 특별한 이슈가 있었는지를 집중 분석하기로 했습니다. 또한 동남아시아 지역의 일반 소비자를 겨냥한 경쟁사의 신제품이 출시되었는지, 자사 제품의 품질 이슈가 있었는지 등을 추가 분석하기로 결정했습니다. 이렇듯 하이라이트 테이블은 다양한 조합 속에서 먼저 주목해야 하는 조합이 무엇인지를 직관적으로 보여 줍니다.

TIP 하이라이트 테이블을 사용할 때 알아 두면 좋은 내용

하이라이트 테이블은 여러 항목값 조합을 비교하거나 여러 조합 중 주목해야 하는 값을 빠르게 포착할 때 유용하다는 사실을 배웠습니다. 지금부터는 하이라이트 테이블을 만들 때 유용함을 더해주는 2가지 팁을 알아보겠습니다.

TIP1 의도를 명확히 보여 주는 색상을 사용합시다!

앞선 상황으로 살펴본 것처럼 색상은 하이라이트 테이블의 필수 요소입니다. 색상으로 이루어지는 만큼 하이라이트 테이블을 예쁘고 개성있게 만들고 싶은 욕구가 생길 겁니다. 하지만 예쁘고 개성있게 만드는 것도 좋지만 색상으로 의도를 명확하게 하는 일을 최우선으로 생각해야 합니다.

그럼 어떻게 해야 색상으로 의도를 명확하게 전달할 수 있을까요? 다양한 색상을 적용한 하이라이트 테이블을 살펴보면서 의도에 맞는 색상을 선택하는 방법을 알아봅시다. 우선 의도에 맞지 않는 색상을 사용한 하이라이트 테이블부터 살펴봅시다.

고객 유형	월	지역			
		동남아시아	동아시아	오세아니아	중앙아시아
기업	1월	2,500,000	23,000,000	8,930,000	8,270,000
	2월	7,510,000	15,000,000	3,180,000	2,900,000
	3월	1,080,000	6,110,000	3,790,000	3,230,000
일반 소비자	1월	6,980,000	3,030,000	6,610,000	7,970,000
	2월	9,850,000	2,820,000	7,980,000	2,000,000
	3월	20,000	5,480,000	6,140,000	5,300,000
홈 오피스	1월	330,000	2,870,000	4,360,000	2,000,000
	2월	5,750,000	8,840,000	2,640,000	2,530,000
	3월	6,120,000	5,920,000	1,810,000	9,680,000

| 지역별–고객별–월별 매출 합계에 의도와 맞지 않는 색상을 추가한 하이라이트 테이블

600만 원보다 높은 매출에는 빨간색 계열을, 500만 원보다 낮은 매출에는 초록색 계열을, 매출이 500~600만원 사이인 경우에는 하얀색을 배경색으로 사용했습니다. 진한 빨간색 배경을 가진 동아시아 지역의 1월 기업 매출이 눈에 띕니다. 하지만 경고와 주의를 뜻하는 빨간색을 사용하다 보니 매출이 부정적으로 느껴집니다. 반대로 안정과 평온을 뜻하는 초록색을 매출이 낮은 조합에 사용하다 보니 낮은 매출이 오히려 긍정적으로 보입니다. 이런 색상의 특성을 고려하지 않고 무분별하게 사용하면 다른 사람에게 혼란을 줄 수 있습니다.

그렇다면 색상을 어떻게 사용해야 할까요? 데이터 시각화에서 흔히 사용되는 3가지 색상 배합을 살펴보면서 의도에 맞게 색상을 사용하는 방법을 알아봅시다.

3가지 색상 배합
- **정성형 배합**: 명확히 서로 구분되는 색상 배합
- **순차형 배합**: 한 색상의 채도를 달리한 배합
- **양방향 배합**: 대립하는 색상 배합

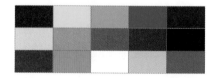

정성형 배합: 각 항목을 명확히 구분하고 강조할 때 사용합니다!

명확히 구분되는 색상 배합을 **정성형 배합**이라고 합니다. 다음 하이라이트 테이블에서처럼 가구, 기술용품, 사무용품별로 매출을 알기 쉽게 구분해야 한다면 정성형 배합을 사용할 수 있습니다.

고객 유형	판매 품목		
	가구	기술용품	사무용품
기업	5,800,000	10,650,000	540,000
일반 소비자	1,300,000	3,000,000	4,490,000
홈 오피스	11,000,000	5,890,000	350,000

▮ 정성형 배합을 적용한 하이라이트 테이블

하지만 정성형 배합은 항목별로 색상을 달리할 뿐 주목해야 하는 값을 눈에 띄게 강조하지 못하므로 하이라이트 테이블에 거의 사용하지 않습니다.

순차형 배합: 데이터 간 변화를 매우 세밀하게 표현할 때 사용합니다!

한 색상의 채도를 달리한 배합을 **순차형 배합**이라 하며 흔히 **그러데이션**이라고도 합니다. 순차형 배합은 채도에 따라 항목값의 크기를 표현할 수 있어서 하이라이트 테이블에 자주 사용하는 색상 배합입니다. 다음 하이라이트 테이블을 살펴보면서 순차형 배합을 어떻게 사용하는지 알아봅시다.

고객 유형	판매 품목		
	가구	기술용품	사무용품
기업	5,800,000	10,650,000	540,000
일반 소비자	1,300,000	3,000,000	4,490,000
홈 오피스	11,000,000	5,890,000	350,000

▮ 순차형 배합을 적용한 하이라이트 테이블

하이라이트 테이블을 살펴보면 초록색의 채도를 달리한 4가지 색상이 사용되었으며 진한 초록색은 높은 매출을, 옅은 초록색은 낮은 매출을 표현한다는 사실을 한눈에 알아볼 수 있습니다. 이처럼 색상 하나의 채도를 달리해서 항목값을 표현하면 최곳값과 최젓값을 한눈에 알아볼 수 있고 조합 간 차이점도 쉽게 비교할 수 있습니다.

양방향 배합: 상반되는 항목값의 상대 척도를 보여 줄 때 사용합니다!

대립하는 색상 배합을 **양방향 배합**이라고 하며 주로 상반되는 항목값의 상대 척도를 보여 줄 때 사용합니다. 상반된 색상을 사용하는 만큼 자칫 잘못하면 데이터로 전달하려는 메시지가 왜곡될 수 있으므로 색상이 달라지는 기준값을 정교하게 설정해야 합니다. 양방향 배합이 적용된 하이라이트 테이블을 한번 살펴봅시다.

고객 유형	판매 품목		
	가구	기술용품	사무용품
기업	5,800,000	10,650,000	540,000
일반 소비자	1,300,000	3,000,000	4,490,000
홈 오피스	11,000,000	5,890,000	350,000

❙ 양방형 배합을 적용한 하이라이트 테이블

400만 원보다 낮은 매출에는 부정적인 빨간색을, 500만 원보다 높은 매출에는 긍정적인 초록색을, 매출이 400~500만 원 사이인 경우 하얀색을 배경색으로 사용했습니다. 여기서 그치지 않고 최곳값과 최젓값에 가까울수록 그러데이션을 적용해 매출 개선이 필요한 조합을 한눈에 알아볼 수 있게 했습니다. 실제로 기술용품-기업, 사무용품-홈 오피스 등 최곳값과 최저값을 쉽게 발견할 수 있습니다. 이처럼 상반되는 조합값을 비교해서 보여 줄 때 양방형 배합을 사용할 수 있습니다.

TIP2 보여 줘야 하는 조합의 개수가 많다면 조합값을 제거합시다!

데이터를 시각화하다 보면 수많은 조합을 살펴봐야 할 때도 있습니다. 이럴 때는 하이라이트 테이블을 사용하더라도 너무 복잡해집니다. 4가지 이상의 카테고리가 포함된 하이라이트 테이블을 살펴봅시다.

대분류	배송 날짜	동남아시아				동아시아				오세아니아				중앙아시아			
		2016	2017	2018	2019	2016	2017	2018	2019	2016	2017	2018	2019	2016	2017	2018	2019
가구	1월	₩910	₩7,046	₩8,684	₩9,455	₩49	₩12,566	₩9,918	₩12,290	₩863	₩4,957	₩10,446	₩6,459	₩142	₩2,371	₩8,757	₩12,032
	2월	₩818	₩677	₩4,080	₩9,903	₩5,192	₩3,382	₩5,118	₩11,960	₩3,230	₩3,782	₩20,716	₩10,384	₩2,800	₩12,935	₩1,672	₩2,466
	3월	₩2,646	₩1,877	₩3,152	₩8,951	₩5,838	₩6,094	₩3,754	₩9,660	₩2,205	₩6,708	₩4,912	₩4,148	₩1,813	₩6,613	₩2,295	₩27,855
	4월	₩2,510	₩3,660	₩9,867	₩4,944	₩5,622	₩2,845	₩4,632	₩1,736	₩1,413	₩8,399	₩4,531	₩4,449	₩1,654	₩7,808	₩3,053	₩27,837
	5월	₩6,716	₩3,081	₩11,292	₩6,227	₩6,511	₩3,881	₩5,612	₩7,573	₩4,248	₩13,910	₩10,707	₩9,242	₩266	₩2,210	₩3,824	₩12,769
	6월	₩3,993	₩5,929	₩16,026	₩7,454	₩15,729	₩3,909	₩19,543	₩12,142	₩7,368	₩4,753	₩10,881	₩22,615	₩2,637	₩5,177	₩2,972	₩5,908
	7월	₩6,157	₩1,744	₩5,732	₩16,928	₩7,074	₩1,812	₩13,353	₩7,866	₩2,437	₩3,819	₩9,619	₩3,682	₩1,134	₩1,097	₩6,053	₩5,716
	8월	₩2,560	₩4,730	₩3,387	₩10,247	₩18,298	₩3,201	₩54,345	₩8,838	₩4,360	₩15,499	₩9,335	₩8,105	₩6,620	₩6,353	₩12,897	₩16,611
	9월	₩4,545	₩4,025	₩5,375	₩16,194	₩8,571	₩4,013	₩11,625	₩11,373	₩9,308	₩8,926	₩14,874	₩12,490	₩5,058	₩1,313	₩4,001	₩19,961
	10월	₩3,656	₩18,972	₩7,596	₩15,271	₩6,112	₩25,372	₩30,199	₩29,529	₩38,262	₩6,001	₩12,769	₩14,889	₩9,752	₩12,994	₩4,130	₩5,627
	11월	₩10,114	₩9,287	₩3,310	₩11,351	₩8,133	₩10,410	₩4,359	₩21,101	₩8,448	₩9,941	₩9,592	₩20,168	₩6,861	₩3,699	₩8,404	₩7,585
	12월	₩6,076	₩7,740	₩10,196	₩14,569	₩10,225	₩14,054	₩10,592	₩5,913	₩12,160	₩15,213	₩12,244	₩15,086	₩8,460	₩6,596	₩9,482	₩6,600
기술용품	1월	₩3,369	₩4,416	₩2,968	₩5,709	₩2,174	₩7,229	₩3,428	₩2,410	₩3,968	₩5,808	₩9,300	₩6,823		₩3,022	₩3,383	₩15,539
	2월	₩2,639	₩3,413	₩3,724	₩10,299	₩23,288	₩4,725	₩3,190	₩17,703	₩8,585	₩2,763	₩6,939	₩14,380	₩328	₩1,831	₩428	₩2,119
	3월	₩5,281	₩2,262	₩5,503	₩10,348	₩4,609	₩4,725	₩5,279	₩7,027	₩2,284	₩8,702	₩7,398	₩6,340	₩1,512	₩3,349	₩3,099	₩6,790
	4월	₩1,892	₩974	₩5,863	₩5,331	₩1,849	₩2,482	₩3,481	₩5,980	₩1,186	₩5,831			₩5,374	₩4,915	₩3,771	₩5,460
	5월	₩3,416	₩2,863	₩5,136	₩4,612	₩8,110	₩2,142	₩10,398	₩4,516	₩3,764	₩14,169	₩10,863	₩14,340	₩3,982	₩9,663	₩8,027	₩7,165
	6월	₩4,290	₩9,415	₩19,257	₩6,502	₩3,301	₩16,015	₩15,001	₩7,761	₩18,536	₩8,967	₩12,624	₩17,867		₩4,852	₩13,631	₩8,129
	7월	₩9,648	₩7,215	₩4,493	₩6,555	₩581	₩3,102	₩9,192	₩5,200	₩7,665	₩6,532	₩11,557	₩4,820		₩2,116	₩3,089	₩5,285
	8월	₩11,125	₩18,596	₩12,711	₩21,109	₩7,219	₩15,766	₩17,693	₩18,777	₩2,426	₩7,358	₩7,278	₩7,488	₩4,627	₩4,459	₩19,354	₩9,746
	9월	₩3,780	₩11,683	₩6,111	₩6,936	₩7,831	₩5,342	₩9,067	₩14,586	₩5,925	₩3,649	₩12,019	₩12,207	₩12,669	₩2,439	₩17,646	₩3,354
	10월	₩2,557	₩23,180	₩6,160	₩7,198	₩27,927	₩19,063	₩6,062	₩16,304	₩14,925	₩11,763	₩16,184	₩22,336	₩6,572	₩15,513	₩6,801	₩18,411
	11월	₩8,362	₩5,752	₩8,754	₩10,859	₩17,234	₩5,898	₩10,308	₩24,320	₩3,719	₩14,788	₩11,447	₩22,420	₩9,780	₩5,056	₩6,346	₩12,321
	12월	₩5,994	₩398	₩4,800	₩21,128	₩18,877	₩16,216	₩3,322	₩11,313	₩10,626	₩6,006	₩19,423	₩7,716	₩9,597	₩10,826	₩4,841	₩941
사무용품	1월	₩2,077	₩7,964	₩6,397	₩2,080	₩216	₩3,286	₩1,700	₩3,200	₩1,492	₩5,794	₩4,899	₩10,241	₩59	₩4,061	₩2,084	₩5,227
	2월	₩924	₩1,341	₩2,858	₩2,121	₩3,483	₩3,798	₩2,286	₩4,831	₩4,524	₩3,008	₩2,601	₩12,551	₩375	₩746	₩1,360	₩1,051
	3월	₩4,280	₩1,024	₩3,363	₩18,674	₩1,589	₩2,248	₩1,930	₩4,371	₩1,284	₩2,667	₩4,830	₩6,260	₩257	₩323	₩1,417	₩3,018
	4월	₩2,408	₩2,503	₩4,724	₩4,658	₩8,457	₩2,157	₩1,407	₩2,099	₩4,432	₩8,275	₩5,306	₩5,608	₩3,611	₩1,317	₩1,480	₩1,475
	5월	₩1,150	₩4,349	₩4,857	₩9,256	₩6,576	₩2,248	₩6,759	₩5,564	₩1,793	₩7,074	₩6,387	₩9,271	₩423	₩2,737	₩3,968	₩9,335
	6월	₩1,485	₩3,930	₩8,339	₩7,942	₩2,675	₩400	₩7,242	₩9,358	₩6,256	₩7,665	₩11,735		₩1,665	₩5,655	₩3,325	₩2,630
	7월	₩4,495	₩3,656	₩7,265	₩3,900	₩828	₩1,073	₩4,177	₩10,350	₩1,540	₩5,086	₩7,688	₩8,317	₩249	₩2,041	₩1,610	₩7,353
	8월	₩3,402	₩6,140	₩5,828	₩6,783	₩5,377	₩24,053	₩9,354	₩2,988	₩3,289	₩5,325	₩11,257		₩1,046	₩4,221	₩2,358	₩10,398
	9월	₩4,427	₩8,008	₩4,626	₩6,592	₩14,254	₩7,486	₩9,316	₩4,818	₩9,844	₩10,415	₩7,412		₩2,366	₩3,050	₩5,987	₩4,376
	10월	₩3,845	₩29,905	₩4,904	₩10,338	₩12,997	₩8,052	₩10,593	₩5,683	₩6,613	₩3,732	₩11,377	₩5,169	₩6,267	₩4,964	₩2,046	₩9,586
	11월	₩5,845	₩9,143	₩7,794	₩20,787	₩20,545	₩3,432	₩3,099	₩21,201	₩3,129	₩12,195	₩3,255	₩10,949	₩1,282	₩1,989	₩2,692	₩12,286
	12월	₩11,674	₩5,164	₩4,916	₩12,956	₩8,582	₩11,094	₩4,548	₩17,698	₩4,456	₩4,302	₩13,794	₩12,332	₩5,884	₩11,182	₩3,305	₩4,265

지역 / 배송 날짜

❙ 4가지 이상의 카테고리가 포함된 하이라이트 테이블

총 576개 조합의 매출이 모두 기록되어 있습니다. 순차형 배합을 적용해서 매출이 높은 조합에는 **진한 초록색**을, 매출이 낮은 조합에는 옅은 초록색을 배경색으로 사용했습니다. 조합의 개수가 많은 만큼 각 조합의 매출이 작게 표시되어 어지럽습니다. 이 문제를 해결하기 위해 과감하게 숫자를 제거하면 어떨까요? 다음의 조합값을 제거한 하이라이트 테이블을 살펴봅시다.

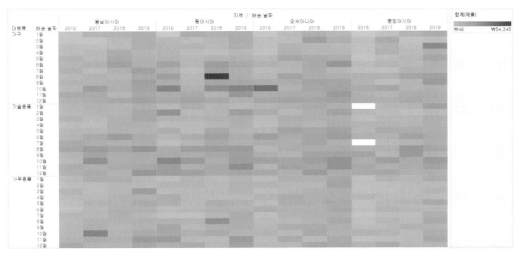

| 조합값을 제거한 하이라이트 테이블

조합값이 없으니 앞에서 살펴본 하이라이트 테이블보다 깔끔해 보입니다. 하지만 각 조합 간 경계선이 뚜렷하지 않고, 매출이 높은 조합이 크게 강조되어 보이지 않습니다. 조합을 조금 더 강조하기 위해 색상과 더불어 매출에 따라 셀의 크기를 다르게 표현해 보겠습니다.

| 매출에 따라 셀의 크기를 다르게 표현한 하이라이트 테이블

색상과 셀의 크기로 매출이 높거나 낮은 조합을 쉽게 구분할 수 있게 되었습니다. 그러다 보니 동아시아 지역의 2018년 8월 가구 매출이 꽤 높았다는 사실과 반대로 동남아시아와 중앙아시아의 2016년 매출은 제품 유형과 상관없이 매우 저조했다는 사실을 알 수 있습니다. 이처럼 조합이 많은 상황에서 주목할 만한 조합을 빠르게 찾고 싶다면 조합값을 과감하게 제거합시다.

> **여기서 잠깐!** **조합값을 제거한 하이라이트 테이블을 히트맵 차트라고 합니다!**
>
> 방금 살펴본 조합값을 제거한 하이라이트 테이블처럼 구체적인 수치 없이 색상과 모양의 크기로 항목값을 표현한 차트를 히트맵 차트라고 부릅니다. 히트맵 차트는 무수히 많은 항목의 조합값을 비교할 때 유용하게 사용할 수 있습니다. 하이라이트 테이블에서 숫자가 제거된 형태이므로 이 책에서는 하이라이트 테이블의 일부분으로 다루며 만드는 방법을 291쪽에서 알아봅니다.

직접 해 보기 녹색기업은 녹색제품을 많이 구입할까?

예제 파일 05_한국동서발전(주)_녹색제품 구매실적.csv
원 데이터 data.go.kr/data/15048355/fileData.do

지금부터는 〈공공데이터포털〉 웹 사이트에서 제공하는 한국동서발전(주) 녹색제품 구매실적 데이터를 사용해서 하이라이트 테이블을 만들어 보겠습니다.

1단계 데이터 준비하기

다음은 예제 파일의 일부만을 정리한 표입니다. 실제 예제 파일은 18개의 행으로 구성되어 있으며, 이번 실습에서는 예제 파일에 있는 모든 데이터를 사용합니다. 예제 파일에서 다루는 항목은 연도, 구분, 총구매액(천 원), 녹색제품구매액(천 원), 구매비율 총 5가지입니다.

▌녹색제품 구매실적 데이터 중 일부

연도	구분	총구매액(천 원)	녹색제품구매액(천 원)	구매비율
2017	본사	412,847	372,388	90.2
2017	당진화력	1,212,265	116,5459	96.1
2017	울산화력	170,720	168,199	98.5
2019	호남화력	297,136	286,751	96.5
2019	동해화력	313,656	313,656	100
2019	일산화력	51,049	51,049	100

데이터로 알고 싶은 내용 질문하기

본격적인 데이터 시각화를 시작하기 전에 데이터를 바탕으로 알고 싶은 내용을 질문해 봅시다.

녹색제품 구매실적 데이터로 떠올려 볼 수 있는 질문

- 발전소마다 연도별 제품 총구매액은 얼마인가?
- 발전소마다 연도별 녹색제품구매액은 얼마인가?
- 발전소마다 연도별 녹색제품 구매비율은 어떤 차이를 보이는가?

녹색제품이란 제작 과정에서 에너지 및 자원 소비와 오염물질 발생을 최소화한 제품을 정부 차원에서 인증한 것입니다. 녹색기업 역시 녹색제품과 비슷한 개념으로 환경 개선에 노력한 기업을 의미합니다. 과연 녹색기업은 녹색제품을 많이 구입할까요? 지금부터 녹색기업으로 선정된 이력이 있는 한국동서발전(주)의 데이터를 하이라이트 테이블로 분석하면서 알아봅시다. 우선은 '발전소마다 연도별 제품 총구매액은 얼마인가?'라는 질문에 답해 보겠습니다.

3단계 하이라이트 테이블 만들기

01 '05_한국동서발전(주)_녹색제품 구매실적.csv' 파일을 불러온 다음 [시트 1] 탭으로 이동합니다. [데이터] 패널에서 [연도]의 드롭다운 버튼을 클릭한 다음 [데이터 유형 변경]—[날짜]를 선택합니다. 이러면 [연도]의 데이터 유형이 날짜(🖃)로 바뀝니다.

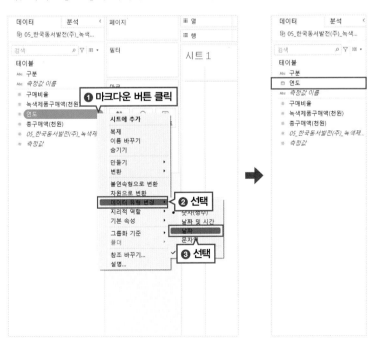

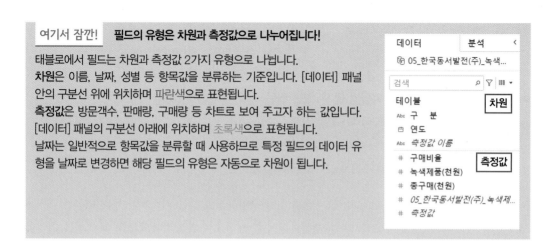

02 Ctrl 키를 누른 채로 [구분], [연도], [총구매액(천원)]을 클릭해 다중 선택합니다. 그리고 툴바의
표현 방식(표현 방식)을 클릭한 다음 하이라이트 테이블( )을 클릭합니다. 이러면 하이라이트 테
이블이 만들어집니다.

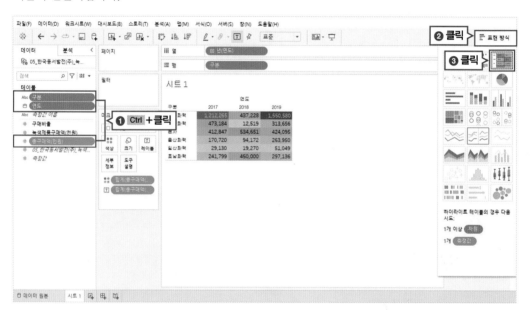

03 하이라이트 테이블을 뷰에 가득 채우기 위해 툴바의 드롭박스에서 '전체 보기'를 선택합니다.

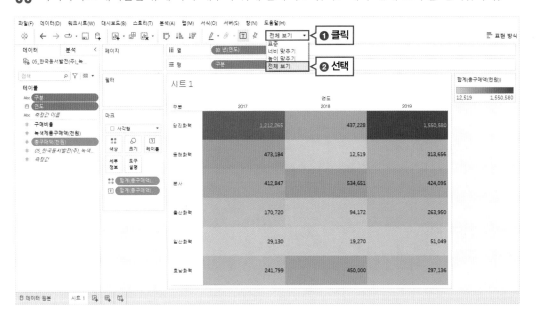

04 녹색제품 데이터를 다루고 있는 만큼 셀 배경색을 녹색으로 바꾸겠습니다. [마크] 카드에서 색상 (⠿)을 클릭하고 색상 편집(색상 편집...)을 클릭합니다. 이러면 나타나는 [색상 편집] 대화상자에서 [색상표]의 드롭다운 버튼을 클릭하고 '녹색'을 선택한 다음 [확인] 버튼을 클릭합니다.

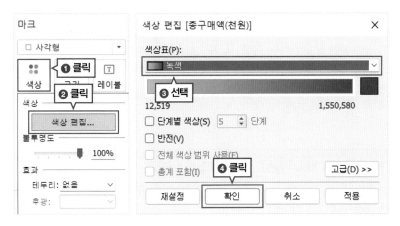

05 이제 셀의 배경색이 초록색 순차형 배합으로 바뀌면서 그럴듯한 하이라이트 테이블이 완성됩니다.

구분	2017	2018	2019
당진화력	1,212,265	437,228	1,550,580
동해화력	473,184	12,519	313,656
본사	412,847	534,651	424,095
울산화력	170,720	94,172	263,950
일산화력	29,130	19,270	51,049
호남화력	241,799	450,000	297,136

시트 1
연도
합계(총구매액(천 원))
12,519   2M

4단계 질문에 답해 보기

Q. 발전소마다 연도별 제품 총구매액은 얼마인가?

A. 당진화력 발전소의 총구매액이 가장 높습니다. 특히 2019년에 총구매액이 가장 높았고 2017년, 2018년 순으로 높은 총구매액을 보여 줍니다. 당진화력 발전소의 뒤를 이어 높은 총구매액을 보여 주는 곳은 본사입니다. 주목할 만한 점은 동해화력 발전소는 대체로 본사와 비슷한 총구매액을 보이지만 2018년에는 가장 낮은 총구매액을 보인다는 사실입니다. 2018년에 동해화력 발전소의 운영상 이슈가 있었던 것으로 보입니다.

고민해 보기 **다양한 하이라이트 테이블로 질문에 답해 보기**

Q1. 발전소마다 연도별 녹색제품구매액은 얼마인가?

직접 해 보기에서는 연도별-발전소별 제품 총구매액을 보여 주는 하이라이트 테이블을 만들었습니다. 하지만 총구매액은 녹색제품을 포함한 모든 제품의 총구매액이다보니 녹색제품구매액을 확인하기는 어렵습니다. 지금부터는 연도별-발전소별 녹색제품구매액을 보여 주는 히트맵 차트를 만들면서 '발전소마다 연도별 녹색제품구매액은 얼마인가?'라는 질문의 답을 찾아보겠습니다.

01 태블로를 종료하고 예제로 제공되는 '05_한국동서발전(주)_녹색제품 구매실적.csv' 파일을 다시 불러옵니다. [연도]의 데이터 유형을 날짜(📅)로 바꾸기 위해 [데이터] 패널에서 [연도]의 드롭다운 버튼을 클릭하고 [데이터 유형 변경]-[날짜]를 선택합니다.

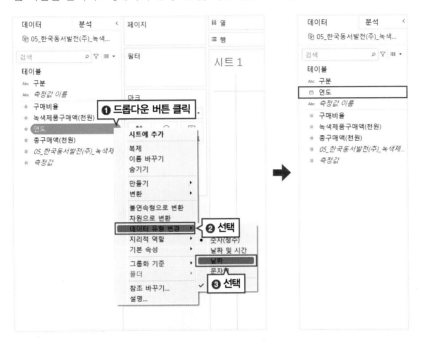

02 Ctrl 키를 누른 채로 [구분], [연도], [녹색제품구매액(천원)]을 클릭해 다중 선택합니다. 툴바의 표현 방식(⊞ 표현 방식)에서 히트맵(⊞)을 클릭합니다. 이러면 히트맵 차트가 만들어집니다.

03 툴바의 드롭박스에서 '전체 보기'를 선택해서 히트맵 차트를 화면에 가득 채웁니다.

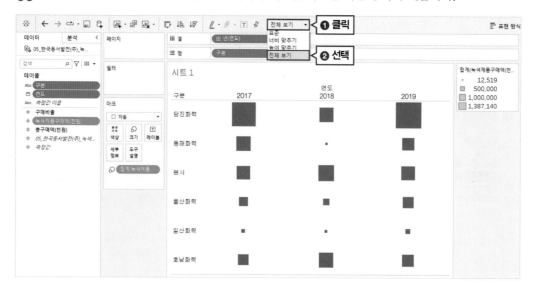

04 히트 맵 차트에 순차형 배합의 색상을 적용해 수치 차이를 더욱 직관적으로 표현하겠습니다. [데이터] 패널의 [녹색제품구매액(천원)]을 [마크] 카드의 색상(▦)으로 드래그합니다. 이러면 순차형 배합이 적용되면서 히트맵 차트가 완성됩니다.

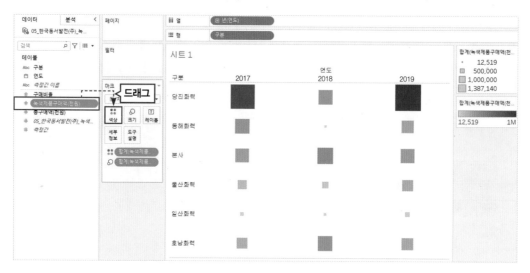

A1. 직접 해 보기에서 만들었던 하이라이트 테이블과 비슷한 패턴을 보입니다. 셀의 크기와 채도로 조합값을 구분하고 있어 앞서 살펴본 총구매액과 유사하게 2017년과 2019년에 당진화력의 녹색제

품구매액이 다른 곳에 비해 압도적으로 높았다는 사실을 직관적으로 확인할 수 있습니다. 다른 발전소의 녹색제품구매액 역시 제품 총구매액과 대체로 비슷한 경향을 보입니다. 이를 바탕으로 제품 총구매액이 높으면 녹색제품구매액도 높다는 메시지를 발견할 수 있습니다.

Q2. 발전소마다 연도별 녹색제품 구매비율은 어떤 차이를 보이는가?

발전소별 제품 총구매액과 녹색제품구매액을 알아보았습니다. 그렇다면 제품 총구매액 중에서 녹색제품이 차지하는 비율은 얼마일까요? 연도별–발전소별 녹색제품 구매비율을 보여 주는 하이라이트 테이블을 만들면서 '발전소마다 연도별 녹색제품 구매비율은 어떤 차이를 보이는가?'라는 질문에 답해 보겠습니다.

직접 해 보기의 내용을 그대로 따라하면 됩니다. 배운 내용을 복습할 겸 하이라이트 테이블을 직접 한 번 만들어 볼까요? 이때 주의할 점은 직접 해 보기 02에서 [구분], [연도], [총구매액(천원)] 대신 [구분], [연도], [구매비율]을 선택해야 한다는 것뿐입니다. 무사히 만들었다면 다음과 같은 하이라이트 테이블을 볼 수 있습니다.

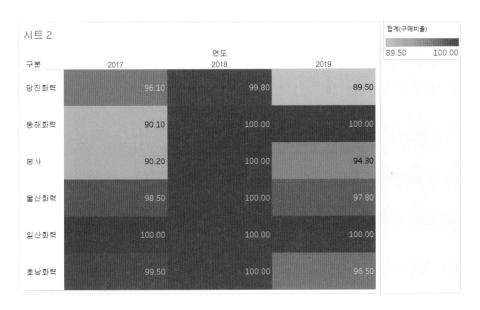

A2. 기존과는 조금 다른 결과를 보입니다. 우선 2018년도에는 당진화력 발전소를 제외한 모든 곳에서 녹색제품 구매비율이 100%라는 사실을 알 수 있습니다. 또한 주목할 만한 점은 일산화력 발전소는 2017년부터 2019년까지 3년 간 모든 제품을 녹색제품으로 구매했다는 사실입니다. 이러한 노력에 힘입어 한국동서발전(주) 일산화력 발전소는 2020년 녹색기업 대상을 수상할 수 있었습니다.

하이라이트 테이블의 주요 특성

이상으로 하이라이트 테이블에 대해서 알아보았습니다. 하이라이트 테이블의 주요 특성을 정리하면 다음과 같습니다.

하이라이트 테이블의 사용법

- 여러 항목값 조합의 차이점을 비교할 때 유용합니다.
- 주목해야 하는 값을 포착할 때 유용합니다.

하이라이트 테이블 사용 TIP

- 의도를 명확히 보여 주는 색상을 사용합시다.
- 보여 줘야 하는 조합의 개수가 많다면 조합값을 제거합시다(히트맵 차트).

하이라이트 테이블은 여러 조합 중에서 주목할 만한 값을 찾아낼 때 유용한 차트입니다. 이제 하이라이트 테이블의 용도와 만드는 방법을 알았으니 다양한 데이터로 직접 하이라이트 테이블을 만들어 보면 어떨까요?

이번에는 서울교통공사에서 제공하는 지하철 혼잡도 정보 데이터로 하이라이트 테이블을 만들어 봅시다. 해당 데이터는 〈공공데이터포털〉 웹 사이트에서 내려받을 수 있습니다(data.go.kr/data/15071311/fileData.do).

이 데이터에는 조사일자, 호선, 역번호, 역명, 구분, 시간대별 혼잡도와 같은 다양한 항목이 있습니다. 3-5절에서 공부한 내용을 바탕으로 여러분 스스로 다양한 질문을 떠올리고 답해 보길 바랍니다.

하이라이트 지도
지리적 데이터 분석 중심의 시각화

하이라이트 지도는 3-5절에서 다루었던 하이라이트 테이블과 비슷하게 색상으로 항목값을 돋보이게 하는 시각화 방법입니다. 하이라이트 테이블과 비슷하지만 지리적 데이터 분석에 초점이 맞춰져 있다는 차이점이 있습니다.

예를 들어, 어떤 제품의 판매량과 판매된 곳의 좌푯값(위도와 경도)이 있다면 판매량을 지도에 표시할 수 있습니다. 여기에 높은 판매량을 기록한 지역에는 초록색을, 낮은 판매량을 기록한 지역에는 붉은색을 사용해서 지역별 제품 판매 현황을 직관적으로 전달할 수 있습니다. 지금부터 예시를 살펴보면서 하이라이트 지도의 사용법을 알아보겠습니다.

알아보기 상황별 하이라이트 지도 사용법

상황1 하이라이트 지도는 데이터를 지리적으로 비교할 때 유용합니다

'쌉니다 적토마 마트'를 운영하는 '적토마 그룹'의 마케팅 부서에서는 지난 1년 간 동아시아 국가별 매출액 차이를 비교하고 싶어 합니다. 이때 유용한 시각화 방법이 바로 하이라이트 지도입니다. 왜 유용한지 다음의 동아시아 국가별 매출액을 보여 주는 하이라이트 지도로 알아보겠습니다.

┃동아시아 국가별 매출액을 보여 주는 하이라이트 지도

매출액이 높은 지역은 **짙은 파란색**으로 매출액이 낮은 지역은 옅은 파란색으로 표시됩니다. 이를 바탕으로 짙은 파란색을 띠는 중국의 매출액이 다른 나라에 비해 압도적으로 높다는 사실을 확인할 수 있습니다.

여기서 더 나아가 세부 지역의 매출액도 살펴볼 수 있습니다. 다음의 중국 행정구역별 매출액을 보여 주는 하이라이트 지도로 가장 높은 매출액을 보이는 중국의 행정구역이 어딘지 살펴보겠습니다.

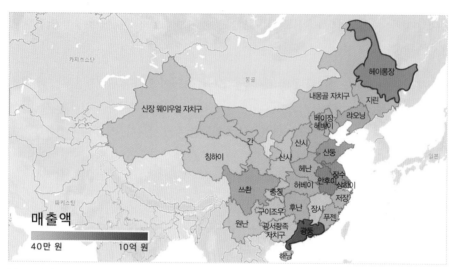

┃ 중국 행정구역별 매출액을 보여 주는 하이라이트 지도

중국 남부에 있는 광둥성의 매출액이 다른 지역보다 월등히 높습니다. 광둥성보다 매출액은 낮지만 동북부 끝에 있는 헤이룽장성도 주목할 만한 매출액을 보이고 있습니다. 이러한 정보를 바탕으로 마케팅 부서는 각 지역별 특성이 매출에 어떤 영향을 미치는지 살펴보고 중국 시장을 대상으로 마케팅을 더욱 집중하는 전략을 세우기로 했습니다. 이렇듯 하이라이트 지도를 사용하면 지역 간 차이를 직관적으로 파악할 수 있습니다.

상황2 하이라이트 지도는 시간별 지리적 데이터 변화를 확인할 때 유용합니다

'적토마 그룹'의 마케팅 부서는 **상황1**의 지역별 매출액을 보여 주는 하이라이트 지도에 연도를 추가해서, 현재 높은 매출액을 기록한 지역이 과거에도 높은 매출액을 기록했는지 확인하고 싶어 합니다. 하이라이트 지도에 상품이 배송된 연도를 추가해 마케팅 부서를 도와줍시다.

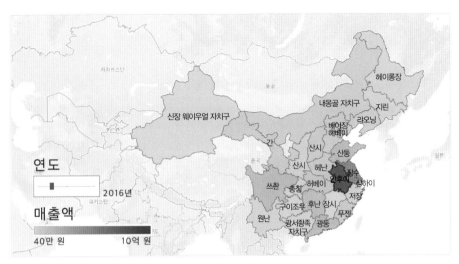

▎2016년 중국 행정구역별 매출액을 보여 주는 하이라이트 지도

다양한 디바이스를 사용해서 살펴본다는 가정하에 연도를 선택할 수 있는 슬라이드를 하이라이트 지도에 추가했습니다. 우선 2016년의 매출액을 살펴보겠습니다. 흥미롭게도 **상황1**에서 살펴본 것과는 다르게 안후이성의 매출액이 가장 높습니다. 그렇다면 이런 트렌드가 2017년도까지 이어지는 걸까요? 2017년의 매출액을 한번 살펴봅시다.

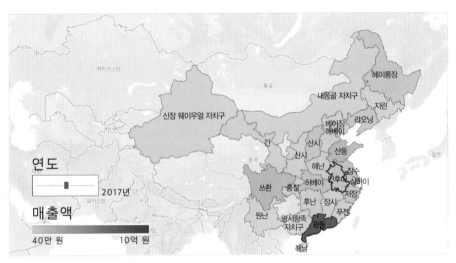

▎2017년 중국 행정구역별 매출액을 보여 주는 하이라이트 지도

2017년에는 놀랍게도 광둥성의 매출액이 가장 높고, 작년에 주목할 만한 매출액을 보였던 안후이성은 상대적으로 저조한 매출액을 기록했습니다. 이를 바탕으로 마케팅 부서는 안후이성의 매출이 낮아진 이유와 광둥성에서 매출이 높아진 이유를 분석해서 매출 증진을 위한 계획을 모색하기로 했습

니다. 이처럼 하이라이트 지도에 시간 데이터를 추가하면 시간의 흐름에 따른 지역별 항목값 변화와 주목할 만한 항목값을 보이는 지역을 한눈에 확인할 수 있습니다.

> **여기서 잠깐!** **시간의 흐름에 따른 지리적 데이터 변화는 동적으로 보여 줍시다!**
>
> 만약 다양한 디바이스를 활용할 수 있는 상황이라면 하이라이트 지도를 동적으로 보여 줍시다. 이러면 시간에 따른 지리적 데이터 변화를 조금 더 효과적으로 전달할 수 있습니다.
> 파워포인트를 사용한다면 전환 효과, 애니메이션 효과, gif 만들기 기능 등으로 하이라이트 지도를 동적으로 보여 줄 수 있습니다. 태블로를 사용한다면 필터 기능으로 보는 사람이 연도를 직접 선택할 수 있게 만들 수 있습니다. 태블로에서 연도 선택 기능을 추가하는 방법은 이번 절의 직접 해 보기에서 다룹니다.

TIP 하이라이트 지도를 사용할 때 알아 두면 좋은 내용

하이라이트 지도는 지리적으로 데이터를 비교하거나 시간의 흐름에 따른 지리적 데이터 변화를 이해할 때 효과적이라는 사실을 배웠습니다. 지금부터는 하이라이트 지도를 만들 때 적용할 수 있는 2가지 팁을 알아보겠습니다.

TIP1 시각화 효과를 극대화하려면 데이터에 맞는 지도 배경을 사용합시다!

하이라이트 지도에 사용된 지도의 색상을 다르게 설정하거나, 도로 지도 등으로 시각화 효과를 더욱 향상시킬 수 있습니다. 평범한 지도와 색상을 극대화한 지도를 비교해 보면서 지도에 색상을 효과적으로 사용하는 방법을 알아보겠습니다.

 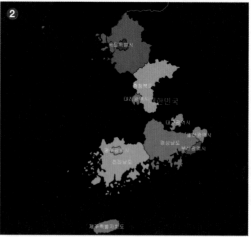

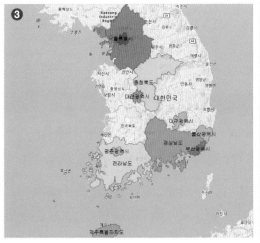
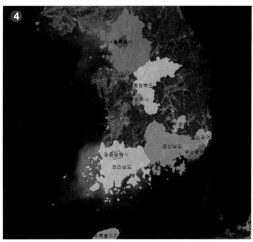

| 대한민국 행정구역별 매출액을 보여 주는 다양한 배경의 하이라이트 지도

❶에는 밝은 배경 색상을 사용했습니다. 반대로 ❷에는 어두운 배경 색상을 사용했습니다. 색상 대비로 인해 ❶보다 ❷에서 매출이 발생한 지역을 더욱 쉽게 확인할 수 있습니다. 이처럼 시각적으로 강렬한 인상을 남기고 싶다면 어두운 배경 지도를 사용할 수 있습니다. 어두운 배경 지도는 코로나 확진자와 사망자 발생 지역과 같이 주의가 필요한 내용을 다룰 때 자주 사용됩니다.

❸처럼 도로 지도나 ❹처럼 위성 지도를 배경으로 사용할 수도 있습니다. 이 두 지도를 사용하면 세세한 지형과 도로 정보를 함께 파악할 수 있기에 정확한 좌푯값(경도와 위도)이 요구되는 데이터를 시각화할 때 효과적입니다. 다만 지도가 너무 디테일하기에 색상으로 데이터를 돋보이게 하는 하이라이트 지도에는 자주 사용하지 않습니다.

TIP2 고유한 경로가 있는 데이터를 표현하려면 지도에 선을 사용합시다!

분석하려는 데이터에 고유한 경로가 있다면 어떻게 시각화해야 효과적일까요? 그 이전에 데이터에 고유한 경로가 있다는 말은 무슨 뜻일까요? 다음의 파리 지하철역 통행량 데이터 중 일부를 보여 주는 표를 통해 고유한 경로가 있는 데이터가 무엇을 의미하는지 알아보겠습니다.

| 파리 지하철역 통행량 데이터 중 일부

호선	정차 순서	위도	경도	통행량
1	1	48.89193447	2.237882798	14,275,382
1	2	48.88784312	2.250442325	9,843,051
1	3	48.88450938	2.259891725	6,902,931

1	4	48.8809018	2.272539085	5,439,982
1	5	48.8779645	2.281836173	8,998,134
1	6	48.87553309	2.289321664	2,932,686

표를 살펴보면 데이터마다 위도와 경도로 이루어진 좌푯값이 있습니다. 얼핏 보면 각 데이터가 서로 연결되어 있지 않은 것처럼 보입니다. 하지만 생각해 보면 지하철은 정해진 역을 정해진 순서로 이동하므로 이 데이터는 정차 순서에 따라 고유한 경로를 가진다고 할 수 있습니다.

이처럼 정해진 위치와 정해진 순서에 따라 서로 연결되는 데이터를 **고유한 경로가 있는 데이터**라고 부릅니다. 이런 데이터를 시각화할 때 연결선을 추가하면 데이터 간 관계를 더욱 명확히 보여 줄 수 있습니다. 다음은 파리 지하철역 통행량을 호선별로 선으로 이어서 보여 주는 하이라이트 지도입니다.

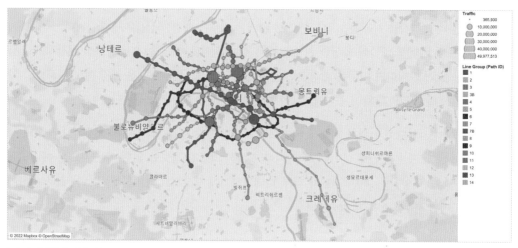

| 파리 지하철역 통행량을 선으로 나타낸 하이라이트 지도

정차 순서를 바탕으로 각 호선의 정차 위치를 선으로 이었습니다. 또한 각 호선에 서로 다른 색상을 사용했으며, 지하철역별 통행량을 원의 크기로 표현했습니다. 이를 바탕으로 주황색을 띠는 3호선은 10번째 정차역에서, 초록색을 띠는 4호선은 6번째 정차역에서 가장 높은 통행량을 보인다는 사실을 쉽게 확인할 수 있습니다.

NOTE 고유한 경로가 있는 데이터를 선으로 이은 지도를 **스파이더 지도** 또는 **기점-종점 지도**라고 합니다.

가뭄 피해가 많이 발생하는 지역은 어디일까?

예제 파일 06_한국수자원공사_가뭄 피해 정보.csv
원 데이터 data.go.kr/data/15072842/fileData.do

지금부터 태블로를 사용해서 하이라이트 지도를 만들어 봅시다. 이번 실습에서는 〈공공데이터포털〉 웹 사이트에서 제공하는 한국수자원공사 가뭄 피해 정보 데이터를 사용합니다.

1단계 데이터 준비하기

다음 표는 예제 파일의 일부만을 보여 주고 있습니다. 실제 예제 파일은 1,080개의 행과 시도, 시군구, 읍면동, 피해 유형, 피해 인구, 피해 시작일, 피해 종료일 총 6가지 항목으로 구성되어 있습니다. 이번 실습에서는 시도, 시군구, 피해 유형, 피해 인구, 피해 시작일, 피해 종료일 총 6가지 항목을 모두 사용합니다.

시도	시군구	피해 유형	피해 인구	피해 시작일	피해 종료일
강원도	속초시	제한급수	11,161	2015-06-17	2015-06-26
강원도	속초시	제한급수	10,384	2018-02-06	2018-03-05
강원도	속초시	제한급수	7,417	2015-06-17	2015-06-26
인천광역시	중구	운반급수	130	2016-04-30	2016-05-06
인천광역시	중구	운반급수	130	2016-12-22	2016-12-23
인천광역시	중구	운반급수	130	2017-01-14	2017-01-14

2단계 데이터로 알고 싶은 내용 질문하기

데이터 시각화를 시작하기 전에 데이터로 해결할 수 있는 질문에는 어떤 것들이 있는지 고민해 봅시다.

한국수자원공사 가뭄 피해 정보 데이터로 떠올려 볼 수 있는 질문

- 가뭄 피해 인구는 연도와 시도에 따라 어떤 차이를 보이는가?
- 가뭄 피해 인구는 시군구에 따라 어떤 차이를 보이는가?
- 가뭄 피해 인구는 피해 유형에 따라 지역별로 어떤 트렌드를 보이는가?
- 가뭄 피해 기간은 시군구에 따라 어떤 차이를 보이는가?

가뭄으로 인한 농작물 피해와 환경 피해가 발생한다는 소식을 뉴스로 접해본 적이 있을 겁니다. 가뭄은 강수량 부족으로 땅이 메마르는 날씨를 말합니다. 가뭄이 장기간에 걸쳐서 이어지면 가뭄이 일어나는 지역의 농산물 생산 저하, 산불위험 증가 등 심각한 문제가 발생합니다. 그렇다면 우리나라의 어떤 지역이 가뭄 피해를 가장 많이 입었을까요?

지금부터 하이라이트 지도를 만들면서 가뭄과 관련된 다양한 질문에 답하겠습니다. 우선은 '가뭄 피해 인구는 연도와 시도에 따라 어떤 차이를 보이는가?'라는 질문부터 답해 보겠습니다.

3단계 하이라이트 지도 만들기

01 '06_한국수자원공사_가뭄 피해 정보.csv' 파일을 불러온 다음 [시트 1] 탭으로 이동합니다. [데이터] 패널에서 [시도]의 드롭다운 버튼을 클릭한 다음 [지리적 역할]–[주/시/도]를 선택합니다. 이러면 [시도]의 데이터 유형이 지리적 역할(⊕)로 변경되면서 [위도(생성됨)]과 [경도(생성됨)]이 자동 생성됩니다.

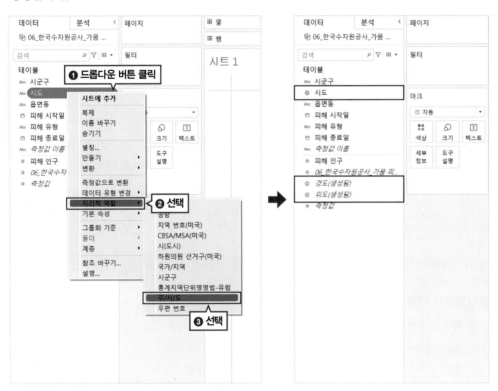

02 지도를 만들고 시도의 위치가 자동으로 표시되도록 [시도]를 더블 클릭합니다.

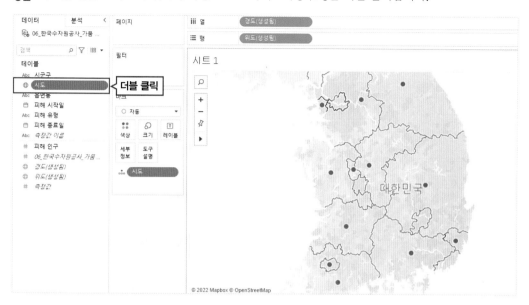

NOTE 만약 시도의 위치가 자동으로 표시되지 않는다면, 뷰 오른쪽 아래에 있는 '12 알 수 없음'을 클릭합니다. [시도]에 대한 [특수 값] 대화상자가 나타나면 [위치 편집]을 클릭합니다. 그런 다음 [국가/지역]의 드롭박스에서 '대한민국'을 선택하면 지도가 만들어지면서 시도의 위치가 자동으로 표시됩니다.

03 이어서 [데이터] 패널에서 [피해 인구]를 [마크] 카드의 색상(⁞⁞)으로 드래그합니다. 이러면 하이라이트 지도가 만들어집니다.

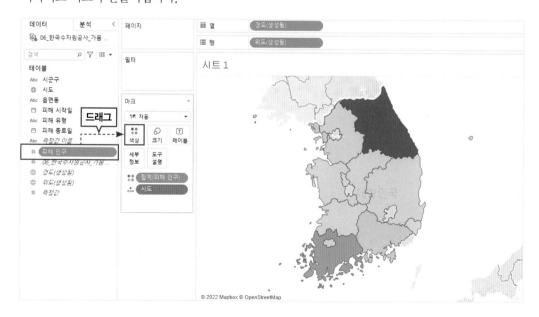

04 가뭄 피해의 심각성을 보여 주기 위해 지도 영역 색상을 갈색으로 바꾸겠습니다. [마크] 카드에서 색상(⠿)을 클릭하고 색상 편집(색상 편집...)을 클릭합니다. [색상 편집] 대화상자가 나타나면 [색상표]의 드롭다운 버튼을 클릭하고 '갈색'을 선택한 후 [확인] 버튼을 클릭합니다.

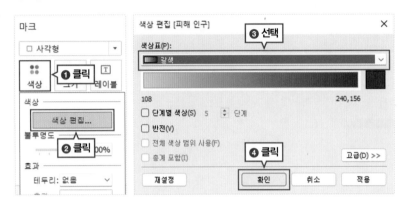

05 이제 지도 영역의 색상이 갈색 순차형 배합으로 바뀌었습니다.

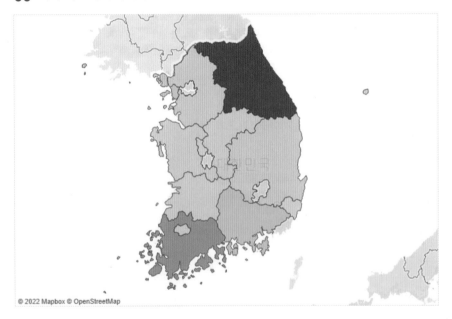

06 여기서 한발 더 나아가 시간의 흐름에 따른 변화를 살펴보기 위해 연도를 필터로 추가하겠습니다. [데이터] 패널의 [피해 시작일]을 [필터] 선반으로 드래그합니다. [필터 필드] 대화상자가 나타나면 [년]을 선택하고 [다음] 버튼을 클릭합니다.

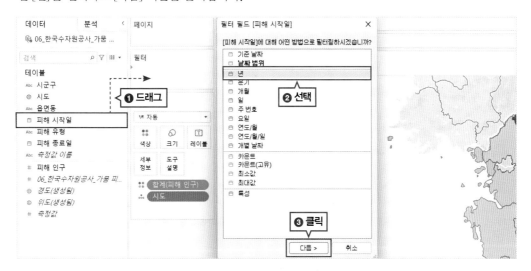

07 [필터] 대화상자에서 확인하고 싶은 연도를 필터링할 수 있습니다. 이번 실습에서는 모든 연도를 확인하겠습니다. 체크박스 목록 아래에 있는 [전체] 버튼을 클릭하고 [확인] 버튼을 클릭합니다. 이러면 [필터] 선반에 [년(피해 시작일)]이 추가됩니다.

08 하지만 연도를 선택할 수 있는 목록이 없어 연도별로 필터를 적용할 수 없습니다. 이제 필터 목록을 추가하겠습니다. [필터] 선반에서 [년(피해 시작일)]의 드롭다운 버튼을 클릭한 다음 [필터 표시]를 선택합니다. 이러면 뷰 오른쪽에 [년(피해 시작일)] 필터 목록이 추가됩니다.

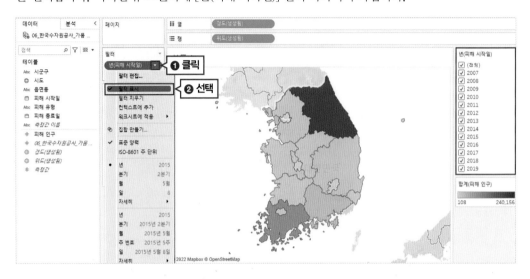

09 보는 사람의 편의를 고려해 [년(피해 시작일)] 필터 목록의 형태를 체크박스에서 슬라이드로 바꾸겠습니다. [년(피해 시작일)] 필터 목록의 드롭다운 버튼을 클릭한 다음 [단일 값(슬라이더)]를 선택합니다. 이러면 [년(피해 시작일)] 필터 목록이 슬라이드로 바뀌면서 연도별 가뭄 피해를 살펴볼 수 있는 하이라이트 지도가 완성됩니다.

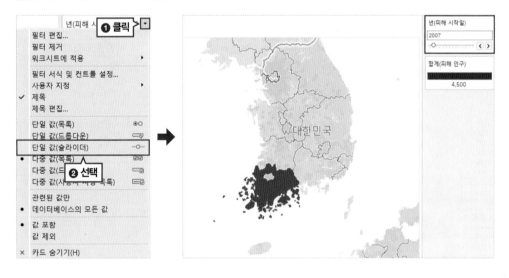

NOTE 직접 해 보기에서 만든 하이라이트 지도를 고민해 보기에서 다시 사용합니다. 알아보기 쉬운 이름으로 저장해 둡시다!

질문에 답해 보기

Q. 가뭄 피해 인구는 연도와 시도에 따라 어떤 차이를 보이는가?

A. 전체 연도(2007~2019년)를 살펴보았을 때 가뭄 피해 인구가 가장 많은 지역은 강원도이며 그 다음은 전라남도입니다. 연도별로 비교하면 전라남도에서는 2007년부터 2019년까지 총 13년 동안 한 해도 빠짐없이 가뭄 피해가 발생했으며, 강원도에서는 9년 동안 가뭄 피해가 발생했습니다.

이를 바탕으로 가뭄은 전라남도에서 가장 많이 발생했지만, 가뭄 피해 인구는 강원도가 훨씬 많다는 사실을 발견할 수 있습니다. 이런 결과는 지리적 요건이 원인일 수도 있고, 농업 종사 인구 비율에 따른 차이일 수도 있으므로 정확한 원인을 파악하려면 다양한 데이터를 기반으로 종합적으로 분석해야 합니다.

다양한 하이라이트 지도로 질문에 답해 보기

Q1. 가뭄 피해 인구는 시군구에 따라 어떤 차이를 보이는가?

지금부터는 시군구별 가뭄 피해 인구를 세부적으로 분석해 보겠습니다. 직접 해 보기에서 만들었던 연도별-시도별 가뭄 피해 인구를 보여 주는 하이라이트 지도를 바탕으로 새로운 차트를 만들겠습니다.

01 직접 해 보기에서 만들었던 하이라이트 지도를 다시 불러옵니다. [시군구]의 데이터 유형을 지리적 역할(⊕)로 바꾸기 위해 [데이터] 패널에서 [시군구]의 드롭다운 버튼을 클릭한 다음 [지리적 역할]-[시군구]를 선택합니다.

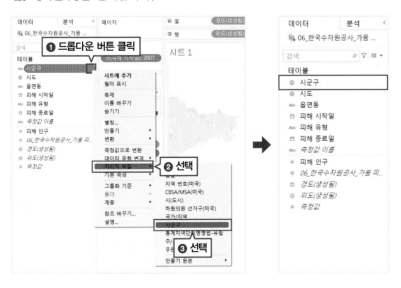

02 [데이터] 패널의 [시군구]를 [마크] 카드의 [시도] 아래로 드래그합니다. 이러면 시군구별로 구분된 하이라이트 지도가 완성됩니다.

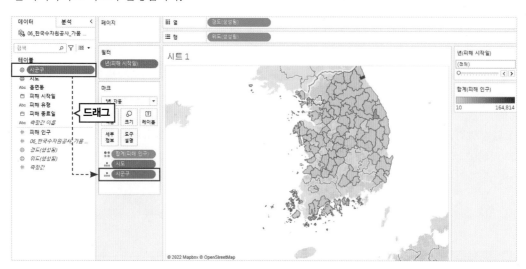

A1. 시군구까지 모두 살펴보면 강원도 중에서도 속초시의 가뭄 피해 인구가 가장 많으며, 빈도로 따지면 전라남도 완도군에서 가장 많은 가뭄 피해가 발생했다는 사실을 확인할 수 있습니다. 강원도에서는 정선군에서 가장 많은 가뭄 피해가 발생했습니다. 속초시는 13년 중 가뭄 피해가 발생한 기간이 2년 밖에 되지 않지만, 발생할 때마다 큰 가뭄 피해를 입었습니다. 전라남도에서는 남해안을 중심으로 가뭄 피해가 발생하는 것에 비해, 강원도는 내륙 지방에서 가뭄 피해가 많이 발생했습니다.

Q2. 가뭄 피해 인구는 피해 유형에 따라 지역별로 어떤 트렌드를 보이는가?

이 질문에 답하려면 가뭄 피해 인구와 더불어 피해 유형 항목도 고려해야 합니다. 이제 하이라이트 지도에서 보여 주어야 하는 항목이 2가지가 되었으므로 각 항목을 다르게 표현하는 방법을 고민해 봐야 합니다.

우선 가뭄 피해 인구는 점의 크기로, 피해 유형은 점의 색상으로 표현하면 어떨까요? 방금 만들었던 연도별–시군구별 가뭄 피해 인구를 보여 주는 하이라이트 지도를 바탕으로 세 번째 질문에 답할 때 필요한 하이라이트 지도를 만들겠습니다.

01 **Q1**에서 만들었던 하이라이트 지도를 다시 불러옵니다. 피해 인구 합계값을 파란색 점으로 표현하기 위해 [마크] 카드의 [합계(피해인구)]를 크기(⊙)로 드래그합니다. 이러면 [합계(피해인구)]의 표시 형식이 크기(⊙)로 바뀝니다.

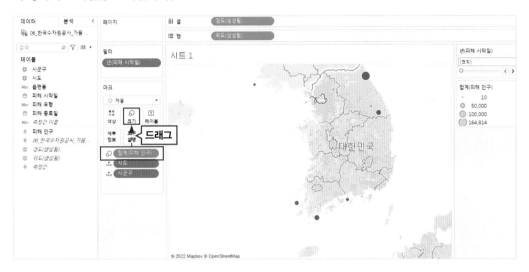

02 이제 피해 유형에 따라 점의 색상을 다르게 설정하겠습니다. [데이터] 패널의 [피해 유형]을 [마크] 카드의 색상(∷)으로 드래그합니다. 이러면 파란색이었던 점이 피해 유형에 따라 파란색, 주황색, 빨간색으로 구분되어 표현됩니다.

03 마지막으로 피해 인구수에 비례해서 점의 크기가 조절되도록 하겠습니다. [마크] 카드의 크기 (⊙)를 클릭한 다음 슬라이드를 오른쪽으로 드래그해서 점 크기를 1단계 키워 봅시다. 이제 가뭄 피해 인구는 점의 크기로, 피해 유형은 점의 색상으로 보여 주는 하이라이트 지도가 완성되었습니다.

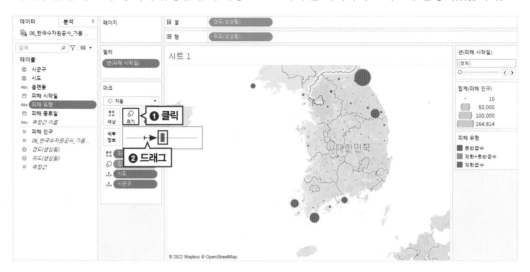

A2. 가뭄 피해 인구가 많은 지역(완도군, 속초시)에서 겪은 가뭄 피해 유형은 제한급수였습니다. 그리고 지역적으로 광범위하게 나타나는 가뭄 피해 유형은 운반급수입니다. 피해 시작 연도를 필터링해서 분석해 본 결과 2012년에는 전국적으로 운반급수에 의한 피해가 극심했다는 사실을 확인할 수 있습니다.

이를 바탕으로 제한급수는 큰 가뭄 피해를 일으키며, 운반급수로 인한 피해는 상대적으로 적은 피해를 일으키지만 전국적으로 자주 발생한다는 사실을 도출할 수 있습니다.

여기서 잠깐! **지도를 이동하고 확대하고 축소해 봅시다!**

하이라이트 지도에 마우스 커서를 가져가면 다음과 같은 [뷰] 툴바가 나타납니다. 이 [뷰] 툴바를 사용해서 지도를 확대, 축소하거나 지도상의 다른 지역으로 이동할 수 있습니다.

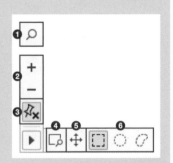

❶ **위치 검색** | 전세계 지역을 검색할 수 있습니다.

❷ **확대 및 축소** | 지도를 확대하거나 축소할 수 있습니다. 마우스 스크롤을 사용해서도 지도를 확대하거나 축소할 수 있습니다.

❸ **맵 고정** | 현재 지도 화면을 중심축으로 고정합니다. 고정된 지점을 중심으로 지도가 확대되거나 축소됩니다.

❹ **특정 영역 확대** | 드래그해서 특정 영역을 확대합니다.

❺ **뷰 이동** | 지도를 이동합니다. 지도에서 Shift 키를 누른 채로 드래그해도 지도를 이동할 수도 있습니다.

❻ **선택 도구** | 지도에 표시되는 항목값을 사각형, 원형, 올가미 형태로 선택합니다.

Q3. 가뭄 피해 기간은 시군구에 따라 어떤 차이를 보이는가?

이제 마지막 질문에 답하겠습니다. 이 질문에 답하려면 하이라이트 지도에 피해 기간을 추가해야 합니다. 원 데이터에는 피해 기간 항목이 없습니다. 하지만 피해 시작일과 피해 종료일로 피해 기간을 계산할 수 있습니다. 이번에 만들어 볼 하이라이트 지도는 지금까지 만들었던 하이라이트 지도와는 다른 항목을 사용하므로, 원 데이터를 다시 불러와 처음부터 만들어야 합니다.

01 태블로를 완전히 종료한 다음 '06_한국수자원공사_가뭄 피해 정보.csv' 파일을 다시 불러옵니다. 그런 다음 [시트 1] 탭에서 [분석]-[계산된 필드 만들기] 메뉴를 클릭합니다.

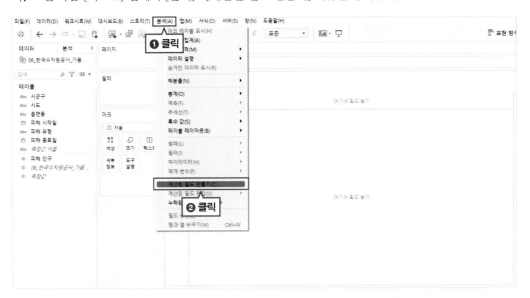

02 대화상자 제목 칸에 '피해 기간'이라고 입력합니다. 그런 다음 제목 칸 아래에 있는 [계산 에디터]에 '[피해 종료일]-[피해 시작일]'을 입력하고 [확인] 버튼을 클릭합니다. 이러면 [데이터] 패널 안에 [피해 기간]이라는 계산된 필드가 만들어집니다.

03 [시군구]와 [시도]의 데이터 유형을 지리적 역할(⊕)로 바꾸기 위해 [데이터] 패널에서 [시군구]의 드롭다운 버튼을 클릭한 다음 [지리적 역할]–[시군구]를 선택하고, [시도]의 드롭다운 버튼을 클릭한 다음 [지리적 역할]–[주/시/도]를 선택합니다.

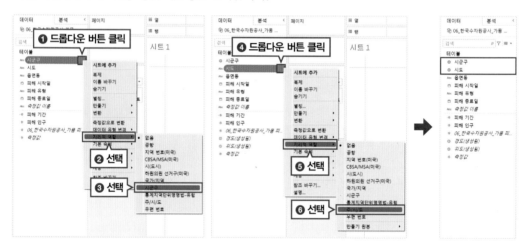

04 지도를 만들고 지도 위에 시군구와 시도를 표시하겠습니다. [데이터] 패널의 [시군구]와 [시도]를 각각 더블 클릭합니다.

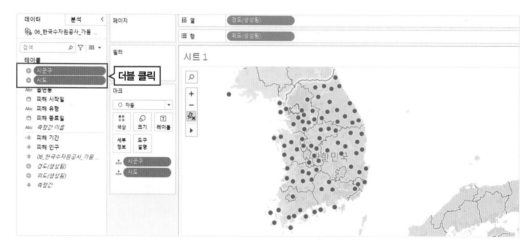

05 [데이터] 패널에서 [피해 기간]을 [마크] 카드의 색상( )으로 드래그합니다. 이러면 가뭄 피해 기간을 보여 주는 하이라이트 지도가 완성됩니다.

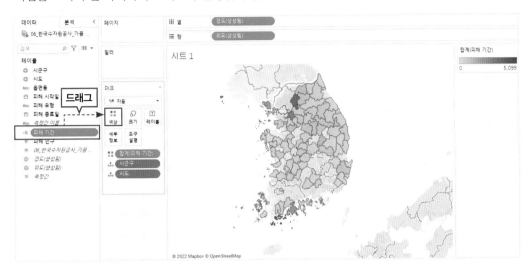

A3. 전라남도에서 가장 많은 가뭄 피해 인구를 기록한 완도군의 가뭄 피해 기간이 가장 깁니다. 반대로 강원도에서 가장 많은 가뭄 피해 인구를 기록했던 속초시는 가뭄 피해를 겪었던 기간이 그리 길지 않습니다. 오히려 경기도 가평군이 완도군 다음으로 오랜 기간 가뭄 피해를 입었습니다.

이를 바탕으로 2007년부터 2019년까지 13년 간 가장 큰 가뭄 피해를 입은 지역은 전라남도 완도군이라는 사실을 확인할 수 있습니다. 이처럼 가뭄 피해를 파악할 때는 피해 인구와 더불어 피해 기간 등 다양한 항목을 종합적으로 살펴봐야 합니다.

여기서 잠깐! **지도 배경을 바꿔봅시다!**

[맵]-[배경 맵] 메뉴를 클릭하면 지도 배경을 원하는 형태로 바꿀 수 있습니다.

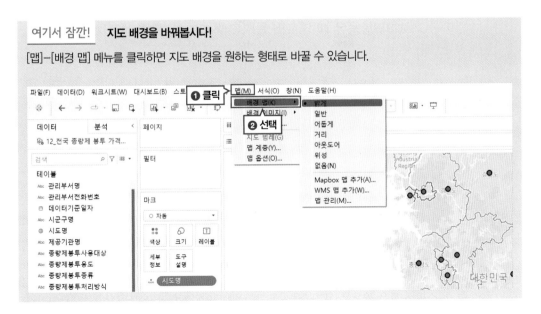

하이라이트 지도의 주요 특성

이상으로 하이라이트 지도에 대해서 알아보았습니다. 하이라이트 지도의 주요 특성을 정리하면서 지금까지 배운 내용을 복습해 봅시다.

하이라이트 지도의 사용법

- 데이터를 지리적으로 비교할 때 유용합니다.
- 시간별 지리적 데이터 변화를 확인할 때 유용합니다.

하이라이트 테이블 사용 TIP

- 시각화 효과를 극대화하려면 데이터에 맞는 지도 배경을 사용합시다.
- 고유한 경로가 있는 데이터를 표현하려면 지도에 선을 사용합시다(스파이더 지도).

하이라이트 지도는 위도와 경도 등 좌푯값을 기반으로 지역별 특성을 비교 분석할 때 유용합니다. 이제 다양한 데이터를 하이라이트 지도로 만들어 보면서 응용력을 기르면 어떨까요?

한국전력공사에서 제공하는 낙뢰 관측 정보 데이터로 하이라이트 지도를 직접 만들어 봅시다. 해당 데이터는 〈공공데이터포털〉 웹 사이트에서 내려받을 수 있습니다(data.go.kr/data/15083 360/fileData.do).

이 데이터에는 위도, 경도를 포함한 좌푯값, 낙뢰 발생일, 낙뢰 크기와 같은 다양한 항목이 있습니다. 3-6절에서 공부한 내용을 바탕으로 여러분 스스로 다양한 질문을 떠올리고 답해 보길 바랍니다.

3-7 워드 클라우드
단어 분석 중심의 시각화

워드 클라우드는 말 그대로 다양한 단어가 구름처럼 떠있는 차트입니다. 그렇다고 단어가 그저 아무렇게나 떠있는 건 아닙니다. 각 단어의 중요도에 따라 크기가 다르게 표시됩니다.

예를 들어, 워드 클라우드로 SNS 키워드 트렌드를 시각화하면 최근 업로드된 모든 SNS 게시글에 사용된 단어 중 빈도수가 높은 단어는 크게 표시되고, 반대로 빈도수가 낮은 단어는 작게 표시됩니다. 이처럼 워드 클라우드는 단어의 사용 빈도를 바탕으로 트렌드를 분석할 때 자주 사용하는 시각화 방법입니다. 지금부터 예시를 살펴보면서 워드 클라우드를 어떤 상황에서 사용하면 좋은지 알아봅시다.

알아보기   상황별 워드 클라우드 사용법

상황1   워드 클라우드는 서술형 데이터를 분석할 때 효과적입니다

대게 숫자들로 가득한 정량적 데이터를 주로 분석하지만 설문 응답 분석처럼 자신의 의견을 글로 표현하는 서술형 데이터(정성적 데이터)를 분석해야 하는 상황도 종종 있습니다.

설문 응답 분석은 고객의 서비스 만족도를 알아보기 위해 여러 기업이나 기관에서 많이 사용하는 데이터 분석 방법입니다. 설문지는 보통 만족도를 선택하는 객관식 문항과 응답자가 자신의 생각을 글로 쓰는 서술형 문항으로 구성됩니다.

5점이나 10점을 척도로 삼는 객관식 문항은 데이터 처리가 쉽고 통계 분석 결과가 비교적 명확하지만, 다양한 응답자의 의견을 담은 서술형 문항은 분석하기 어렵습니다. 특히 응답자가 수천 명이 넘어간다면 응답을 일일이 이해하고 분석하기가 매우 고될 겁니다.

이럴 때 유용한 시각화 방법이 바로 워드 클라우드입니다. 영화 리뷰 사이트 '극장에서 OTT까지'에 남겨진 자신의 영화 리뷰를 분석하고 싶어 하는 이 감독의 상황을 살펴보며 워드 클라우드를 어떻게 써야 하는지 알아봅시다.

| 영화 리뷰 사이트 '극장에서 OTT까지'에 남겨진 영화 리뷰 중 일부

리뷰어	영화 리뷰
1	과거에도 2020년에도 억울한 누명을 씌울 수 있는 것도…
2	눈물이 정말 많이 났습니다…
3	연년생 아이를 키우면서 우울해서 뛰쳐나와 영화관에서 이 영화를 보고 눈물 콧물을 다 흘리고…
4	보고 또 봐도 눈물이 나는 영화. 배우들의 연기력도 좋고 합도 잘 맞고 스토리도 참신하다…
5	9점대 영화는 아님
6	최악이었음
7	공감하기 어려운 영화적 환경과 등장 인물의 감정, 상투적인 전개에 신파까지…
8	유튜버가 재미없다고 했음
9	알바가 좀 많네

이 표는 영화 리뷰 사이트 '극장에서 OTT까지'에 남겨진 한 영화에 관한 리뷰 중 일부를 정리해 놓은 것입니다. 실제로는 4만 명이 넘는 관객이 리뷰를 등록했습니다. 이 감독은 리뷰를 참고해서 다음 영화를 멋지게 만들고 싶어 합니다. 하지만 4만 개가 넘는 리뷰를 일일이 읽고 분석하려면 아주 많은 시간이 필요하기에 핵심 내용만 빠르게 이해하고 싶어 합니다.

이와 같은 상황에 유용한 시각화 방법이 바로 워드 클라우드입니다. 워드 클라우드를 사용하기에 앞서 우선 리뷰 속 단어 중 의미 있는 단어를 추출하고 정리하는 **자연어 데이터 전처리 작업**을 진행해야 합니다. 다음은 영화 리뷰에 사용된 단어를 자연어 데이터 전처리 작업으로 정리한 것 중 일부입니다.

| 영화 리뷰에 사용된 단어의 빈도수 중 일부

단어	빈도수
감동	269
눈물	154
최고	124
연기	119
배우	69
처음	66
대박	64
스토리	50
재미	40

우선 '유튜버', '알바' 등과 같이 리뷰 분석에 큰 도움이 되지 않는 단어를 제거했습니다. 두 글자 이상의 단어만을 대상으로 삼았으며 조사와 어미를 모두 제거했습니다. 1번 언급된 단어는 큰 의미가 없으므로 2회 이상 반복되는 단어만 추출했습니다. 이 데이터를 바탕으로 만든 영화 리뷰에 사용된 단어의 빈도수를 크기와 색상으로 구분해서 보여 주는 워드 클라우드를 한번 살펴보겠습니다.

▍영화 리뷰에 사용된 단어의 빈도수를 보여 주는 워드 클라우드

리뷰에 자주 사용된 단어일수록 크고 진한 색상으로 돋보이게 표현했습니다. 많은 관객이 영화를 보고 **감동**해서 눈물을 흘렸고 최고라는 반응을 보였으면 스토리 외적으로 배우의 연기에도 많은 반응을 보였습니다.

이를 바탕으로 이 감독은 핵심 단어가 긍정적인 반응인지 부정적인 반응인지를 한 번 더 살펴보고 더 멋진 차기작을 준비하기로 했습니다. 이렇듯 워드 클라우드는 서술형 데이터를 정리해서 직관적으로 트렌드를 보여 줄 때 효과적인 시각화 방법입니다.

여기서 잠깐! **자연어 데이터 전처리 작업을 할 때는 다음 내용을 생각합시다!**

자연어 데이터 전처리 작업 간 시간을 아끼려면 전처리를 어떤 기준에 따라 진행할 것인지 미리 생각해야 합니다. 자연어 데이터 전처리는 대게 다음과 같은 기준으로 진행합니다.

1. 분석할 필요가 없는 단어(불용어) 제거하기
2. 단어의 최소 빈도수 지정하기
3. 비어 있는 값(Null 값) 제거하기
4. 추출할 자연어의 길이 정하기

1, 2번은 TIP에서 설명하며 3, 4번은 직접 해 보기에서 실습합니다. 우선은 워드 클라우드를 만들기 전에 이런 과정이 필요하다는 사실만 알아 둡시다!

워드 클라우드는 사용 빈도수가 높은 핵심 단어를 강조할 때 유용합니다

'무조건 맞춘다' 여론 조사 기업의 이 대표는 지난 2021년 5월 10일에 진행되었던 28분가량의 문재인 대통령 4주년 특별 연설을 분석해서 국정 최우선 과제를 분석하고자 합니다. 연설에서 여러 번 강조한 단어가 중요한 과제라고 생각해 다음 표와 같이 연설 중 언급된 단어들을 자연어 데이터 전처리 작업으로 정리했습니다.

▌문재인 대통령 연설에 사용된 단어의 빈도수 중 일부

단어	빈도
가운데	4
강화	5
격차	5
경제	40
계획	5
고용	6
공급망	4
과제	7
국민	20
국민들	7
국제사회	4
글로벌	5

실제로 연설 중에 사용된 단어의 개수는 총 1,403개이며 **상황1**과 마찬가지로 두 글자 이상의 단어 중 2회 이상 반복되는 단어를 대상으로 삼아 총 69개의 단어를 추출했습니다. 표는 그 중 일부만을 보여 주고 있습니다. 꽤나 잘 정리되어 있지만 표만으로는 어떤 단어가 핵심 단어인지 파악하기 어렵습니다.

이 데이터를 바탕으로 만든 워드 클라우드를 한번 살펴보겠습니다. 다음은 대통령 연설에 사용된 단어의 빈도수를 보여 주는 워드 클라우드입니다.

| 대통령 연설에 사용된 단어의 빈도수를 보여 주는 워드 클라우드

워드 클라우드를 살펴보면 직관적으로 **경제**와 **우리**라는 단어가 가장 많이 언급되었으며, 그 다음으로 정부와 국민이란 단어가 많이 사용되었다는 사실을 확인할 수 있습니다.

이를 바탕으로 이 대표는 2021년에는 코로나로 인해 힘든 시기를 겪었고 정부에서는 경제 회복을 국정 최우선 과제로 삼았다는 사실을 쉽게 파악할 수 있습니다. 이처럼 워드 클라우드는 무수한 단어 속에서 핵심 단어가 무엇인지 시각적으로 강조해 줍니다.

TIP 워드 클라우드를 사용할 때 알아 두면 좋은 내용

워드 클라우드는 서술형 데이터를 분석하고 핵심 단어를 강조하는 데 효과적이라는 사실을 배웠습니다. 지금부터는 워드 클라우드를 만들 때 유용한 2가지 팁을 알아보겠습니다.

TIP1 단어가 많다면 빈도수가 낮은 단어들은 제외합시다!

워드 클라우드를 사용해 단어 분석을 하다 보면 연설문처럼 분석해야 하는 단어가 정말 많은 데이터도 만나게 됩니다. 상황2에서 봤던 것처럼 연설문을 분석할 때는 워드 클라우드가 제격입니다. 미국 전 대통령 링컨의 게티즈버그 연설문에 사용된 모든 단어로 만든 워드 클라우드를 살펴보면서 정말 제격인지 확인해 봅시다.

| 링컨 대통령 연설에 사용된 모든 단어를 보여 주는 워드 클라우드

링컨 대통령의 연설문에는 총 181개의 단어가 사용되었는데 이 모든 단어를 하나의 워드 클라우드에 담으려고 하니 글자 크기와 색상으로 구분했음에도 자주 언급된 단어가 무엇인지 알아보기 어렵습니다.

모든 정보를 담아야 한다는 생각이 들겠지만 너무 많은 정보를 보여 주면 중요한 메시지를 제대로 전달할 수 없다는 사실 기억하죠? 중요한 메시지를 제대로 전달하려면 빈도수가 높은 단어를 추출해야 합니다. 왜냐하면 빈도수가 낮은 단어는 그만큼 중요하지 않을 가능성이 높기 때문입니다.

빈도수를 설정할 때는 여러 기준이 있지만, 가장 일반적인 기준은 최소 2회 이상 언급된 단어입니다. 그러니 최소 2회 이상 언급된 단어만을 대상으로 워드 클라우드를 다시 만들겠습니다.

| 링컨 대통령 연설에 사용된 단어 중 2회 이상 반복 사용된 단어만 보여 주는 워드 클라우드

우리는, 우리라는 단어를 가장 많이 언급되었다는 사실을 쉽게 파악할 수 있습니다. 링컨은 이 연설을 통해 국민의 화합을 강조하고자 했을 것으로 추측됩니다. 이처럼 단어의 최소 빈도수를 설정하면 모든 단어를 다 나열할 때보다 단어의 중요도를 더욱 명확하게 전달할 수 있습니다.

TIP 2 별 의미가 없는 단어는 제거합시다!

사용 빈도수는 높지만 분석에 크게 도움되지 않는 단어도 있습니다. 이처럼 별 의미가 없는 단어를
불용어라고 합니다. 대표적인 불용어로는 조사, 어미, 접사, 접속부사 등이 있으며, 상황에 따라 시각
화 목적에 맞지 않는 단어도 불용어가 될 수 있습니다.

앞서 예로 들었던 링컨 대통령 연설에 사용된 단어 중 2회 이상 반복 사용된 단어만 보여 주는 워드
클라우드를 다시 살펴봅시다. 자세히 보면 '-를', '-가', '-는', '-에서', '-들', '수도', '그러나'와 같은
불용어가 많이 있다는 사실을 발견할 수 있습니다.

이와 같은 불용어가 많으면 보는 사람에게 제대로 정제되지 않았다는 인상을 심어 주어 워드 클라우
드의 신뢰를 떨어트리게 됩니다. 그러므로 불용어를 깔끔하게 제거하는 일은 매우 중요합니다. 다음
은 링컨 대통령 연설에 사용된 단어 중 불용어를 제거한 워드 클라우드입니다.

| 링컨 대통령 연설에 사용된 단어 중 불용어를 제거한 워드 클라우드

조사, 접사, 접속부사 등 불용어를 제거했으며 어미가 다른 동사와 형용사를 기본형으로 통일했습니
다. 이렇게 하니 조사나 어미가 달라 별개로 잡혔던 단어가 모두 합쳐져서 빈도수를 더욱 정확하게
측정할 수 있게 되었습니다. 실제로 불용어가 제거된 워드 클라우드를 살펴보면 전에 보이지 않던 **국
민**, **헌신**, **내전**과 같은 단어가 추가되었습니다.

빈도수가 높은 단어를 살펴보면 **우리**, **헌신**, **선조**, **국민**, **땅**, **싸우다** 등이 있습니다. 이를 바탕으로 링
컨은 남북전쟁 시기 국민의 통합을 이끌어 내기 위해 노력했다는 사실을 알 수 있습니다. 이처럼 불
용어를 제거하고 핵심 단어만을 강조한 워드 클라우드는 잘못된 해석을 방지하고 정확한 메시지를
전달할 수 있게 도와줍니다.

뉴스에서 가장 많이 언급되는 단어는 무엇일까?

예제 파일 07_한국언론진흥재단_뉴스 빅 데이터_뉴스 토픽.csv
원 데이터 data.go.kr/data/15072751/fileData.do

지금부터 태블로를 사용해서 워드 클라우드를 만들어 봅시다. 이번 실습에서는 〈공공데이터포털〉 웹 사이트에서 제공하는 한국언론진흥재단 뉴스 빅 데이터를 사용합니다.

1단계 데이터 준비하기

다음 표는 예제 파일의 일부 데이터만을 보여 줍니다. 실제 예제 파일은 3,660개의 행으로 구성되어 있으며 키워드 열도 있습니다. 이번 실습에서는 예제 파일에 있는 모든 데이터를 활용합니다. 예제 파일에서 다루는 항목은 일자, 순위, 토픽1, 토픽2, 토픽3, 토픽4, 토픽5, 토픽6, 토픽 키워드로 총 9가지입니다.

| 한국언론진흥재단 뉴스 빅 데이터 뉴스 토픽 데이터 중 일부

일자	순위	토픽1	토픽2	토픽3	토픽4	토픽5	토픽6
2012.1.1	1	유럽	재정	위기	증시		
2012.1.1	2	새해	예산안	국회	본회의	통과	
2012.12.31	9	피죤	회장	횡령	배임	혐의	기소
2012.12.31	10	미국	한인	관광버스	추락	사망	

NOTE 예제 파일의 토픽은 1~6까지 나뉘어 있지만, 〈공공데이터포털〉 웹 사이트에서 제공하는 원 데이터는 하나의 토픽 열에 모든 토픽 내용이 담겨 있습니다. 원 데이터로 실습을 진행하는 경우 엑셀 등을 사용해 토픽을 6열로 나눠야 합니다.

2단계 데이터로 알고 싶은 내용 질문하기

데이터 시각화에 앞서 데이터를 바탕으로 답할 수 있는 질문에는 어떤 것이 있는지 고민해야 합니다.

한국언론진흥재단 뉴스 빅 데이터 뉴스 토픽 데이터로 떠올려 볼 수 있는 질문

- 2012년에 많이 언급된 토픽은 무엇인가?
- 시간의 흐름에 따라 토픽의 빈도수에 차이가 있는가?

매일 우리는 수많은 뉴스를 접합니다. 뉴스의 홍수 속에서 언급되는 주제와 단어를 파악할 수만 있다면 현재 우리 사회의 이슈를 보다 빠르게 이해할 수 있습니다. 그러므로 워드 클라우드를 만들어 보면서 뉴스 토픽과 관련된 다양한 질문에 답해 보겠습니다. 우선 '2012년에 많이 언급된 토픽은 무엇인가?'라는 질문부터 답하겠습니다.

3단계 **워드 클라우드 만들기**

01 '07_한국언론진흥재단_뉴스 빅 데이터_뉴스 토픽.csv' 파일을 불러옵니다. 본격적으로 실습을 진행하기에 앞서 자연어 데이터 전처리 작업을 해야 하므로 이번 실습은 [데이터 원본] 탭에서부터 시작합니다.

여기서 잠깐! **[데이터 원본] 탭을 살펴봅시다!**

지금까지 [데이터 원본] 탭을 거치지 않고 바로 워크시트에서 작업을 진행하다 보니 [데이터 원본] 탭이 많이 낯설 겁니다. 본격적인 실습을 진행하기에 앞서 [데이터 원본] 탭의 구성 요소를 간단하게 살펴봅시다.

❶ **패널** | 불러온 데이터 파일과 관련한 여러 정보가 표시됩니다.
❷ **캔버스** | 여러 데이터 테이블 간 관계를 설정하는 영역입니다. 데이터 파일의 시트가 테이블이 됩니다.
❸ **테이블 세부 정보** | 테이블의 이름과 필드명을 확인할 수 있는 영역입니다.
❹ **데이터 그리드** | 데이터 파일의 행과 열을 표시합니다. 한 번에 1,000개의 행을 표시합니다.

02 [데이터 원본] 탭의 데이터 그리드를 살펴보면 [토픽1]~[토픽6]이 각각의 필드로 분리되어 있습니다. [토픽1]~[토픽6]을 따로 관리하면 번거로우므로 하나의 필드로 묶어 주겠습니다. [토픽1]에서 [토픽6]까지 드래그한 다음 마우스 오른쪽 버튼을 클릭해서 '피벗'을 선택합니다. 이러면 데이터 그리드 오른쪽 끝에 [피벗 필드명]과 [피벗 필드 값]이 추가됩니다.

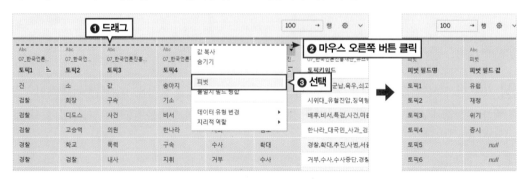

NOTE 태블로의 피벗 기능은 데이터의 방향을 바꾸는 기능입니다. 다시 말해, 피벗 기능을 사용하면 행으로 된 데이터를 열로 바꾸거나 열로 된 데이터를 행으로 바꿀 수 있습니다.

---

03 이제 본격적으로 워드 클라우드를 만들겠습니다. [시트 1] 탭으로 이동한 다음 [데이터] 패널의 [피벗 필드 값]을 [필터] 선반으로 드래그합니다. [필터] 대화상자에서 '목록에서 선택(s)'를 선택하고 [Null]을 체크 해제한 다음 [확인] 버튼을 클릭합니다.

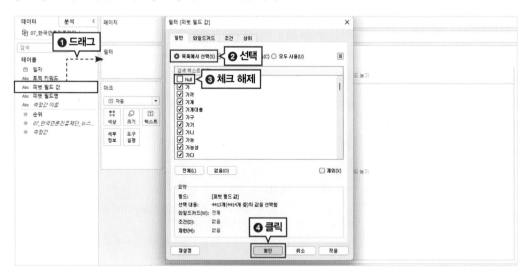

04 [피벗 필드 값]에 포함되어 있는 단어들을 뷰에 나열하기 위해 Ctrl 키를 누른 채로 [필터] 선반에서 [피벗 필드 값]을 [마크] 카드의 텍스트(T)로 드래그합니다.

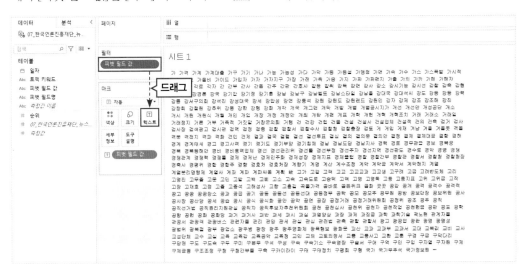

05 [데이터] 패널에서 [07_한국언론진흥재단_뉴스 빅 데이터_뉴스 토픽.csv]를 [마크] 카드의 크기(○)로 드래그합니다. 이러면 [07_한국언론진흥재단_뉴스 빅 데이터_뉴스 토픽.csv]가 [카운트(07_한국언론진흥재단_뉴스 빅 데이터_뉴스 토픽.csv)]로 바뀌면서 자동으로 트리맵 차트라는 것이 만들어집니다.

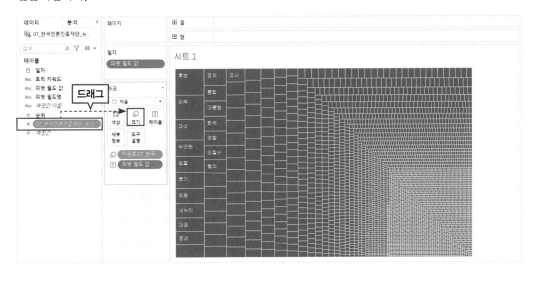

NOTE [07_한국언론진흥재단_뉴스 빅 데이터_뉴스 토픽.csv]는 이름이 길어서 [데이터] 패널에서 [07_한국언론진흥재단_뉴스…]와 같은 형식으로 표시됩니다. 전체 이름을 확인하려면 해당 필드를 선택한 다음 마우스 오른쪽 버튼을 클릭해 '설명'을 선택합시다.

06 이제 자동 생성된 트리맵 차트를 워드 클라우드로 바꾸겠습니다. [마크] 카드의 드롭다운 버튼을 클릭해서 '텍스트'를 선택합니다. 단어별 사용 빈도수에 따라 크기가 설정된 워드 클라우드가 만들어졌습니다.

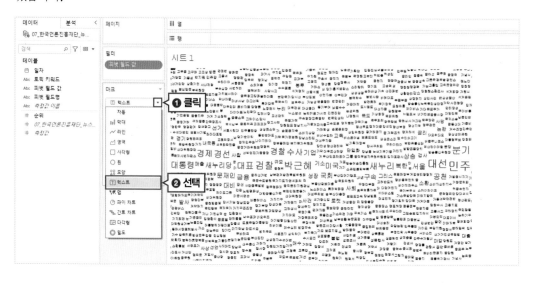

NOTE **트리맵 차트**는 전체 항목값을 하나의 직사각형으로 표현하고 개별 항목값을 작은 직사각형으로 세분화해서 보여 주는 차트로, 항목 간 비율을 분석할 때 유용합니다. 트리맵 차트를 만드는 방법은 5-3절에서 배웁니다.

---

07 단어가 너무 많아서 어떤 단어가 중요한 단어인지 알아보기 힘듭니다. 최소 빈도수를 설정해서 핵심 단어를 추출하겠습니다. [데이터] 패널에서 [07_한국언론진흥재단_뉴스 빅 데이터_뉴스 토픽.csv]를 [필터] 선반으로 드래그합니다.

08 [필터] 대화상자의 첫 번째 입력 칸에서는 최소 빈도수를, 두 번째 입력 칸에서는 최대 빈도수를 설정할 수 있습니다. 첫 번째 입력 칸에 '10'을 입력하고 [확인] 버튼을 클릭합니다. 이러면 사용 빈도 수가 최소 10회 이상인 단어만 워드 클라우드로 표현됩니다.

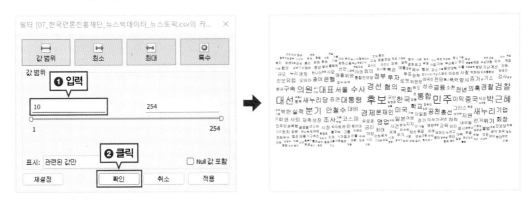

09 글자에 순차형 색상 배합을 적용하기 위해 Ctrl 키를 누른 채로 [마크] 카드의 [카운트(07_한국 언론진흥재단_뉴스 빅 데이터_뉴스 토픽.csv)]를 색상(⋮⋮)으로 드래그합니다.

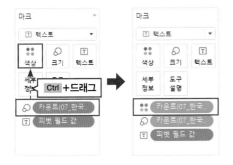

10 이제 워드 클라우드의 글자색을 바꾸겠습니다. [마크] 카드의 색상(⋮⋮)을 클릭해서 색상 편집 (색상 편집...)을 클릭합니다. [색상 편집] 대화상자에서 [색상표]의 드롭다운 버튼을 클릭하고 '주황 색−금색'을 선택한 후 [단계별 색상]을 체크한 다음 [확인] 버튼을 클릭합니다.

11 이제 글자색이 주황색 순차형 배합으로 바뀌면서 그럴 듯한 워드 클라우드가 완성되었습니다.

NOTE 직접 해 보기에서 만든 워드 클라우드를 고민해 보기에서 다시 사용합니다. 알아보기 쉬운 이름으로 저장해 둡시다!

4단계 | 질문에 답해 보기

Q. 2012년에 많이 언급된 토픽은 무엇인가?

A. 예제 파일은 2012년의 뉴스 토픽입니다. 해당 연도의 토픽으로 **후보**, **민주**, 대선, 대통령과 같은 대선 관련 단어가 많이 등장한다는 사실로 미루어 봤을 때, 대통령 선거가 있었던 해라는 사실을 쉽게 유추할 수 있습니다.

고민해 보기 **다양한 워드 클라우드로 질문에 답해 보기**

Q. 시간의 흐름에 따라 토픽의 빈도수에 차이가 있는가?

지금까지 2012년에 많이 언급된 토픽 단어가 무엇인지 워드 클라우드로 알아보았습니다. 여기서 한 단계 더 나아가 직접 해 보기에서 만들었던 워드 클라우드를 바탕으로 시간의 흐름에 따라 많이 언급된 토픽이 어떻게 변화하는지를 보여 주는 워드 클라우드를 만들겠습니다.

01 직접 해 보기에서 만들었던 워드 클라우드에 월을 추가하겠습니다. [데이터] 패널의 [일자]를 [필터] 선반으로 드래그합니다. [필터 필드] 대화상자에서 [연도/월]을 선택하고 [다음] 버튼을 클릭합니다.

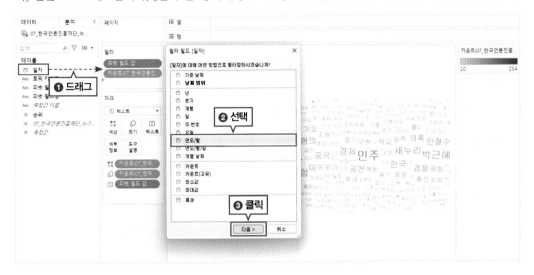

02 [필터] 대화상자의 목록에서 [전체] 버튼을 클릭하고 [확인] 버튼을 클릭합니다. 이러면 [필터] 선반에 [년월(일자)]가 추가됩니다.

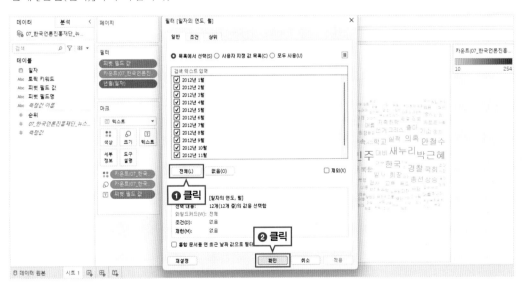

03 뷰에 [년월(일자)] 필터 목록을 추가하기 위해 [필터] 선반에서 [년월(일자)]의 드롭다운 버튼을 클릭한 다음 [필터 표시]를 선택합니다.

04 필터 목록의 표시 형식을 조금 더 직관적인 슬라이더로 바꾸기 위해 [년월(일자)] 필터 목록의 드롭다운 버튼을 클릭해서 [단일 값(슬라이더)]를 선택합니다.

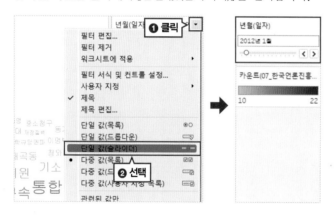

05 이제 글꼴을 바꾸겠습니다. [마크] 카드의 텍스트(T)를 클릭하고 […] 버튼을 클릭합니다.

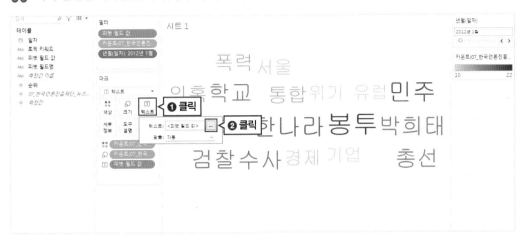

06 [레이블 편집] 대화상자의 입력 칸에서 〈피벗 필드 값〉을 드래그해서 선택하고 글꼴 선택 드롭박스에서 원하는 글꼴을 선택합니다. 이 책에서는 '나눔고딕'을 사용하겠습니다. 그런 다음 [확인] 버튼을 클릭합니다.

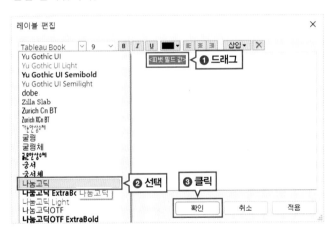

NOTE　나눔고딕은 네이버에서 무료 배포하는 글꼴로 hangeul.naver.com에서 내려받을 수 있습니다.

07 이러면 원하는 글꼴이 적용된 워드 클라우드가 완성됩니다.

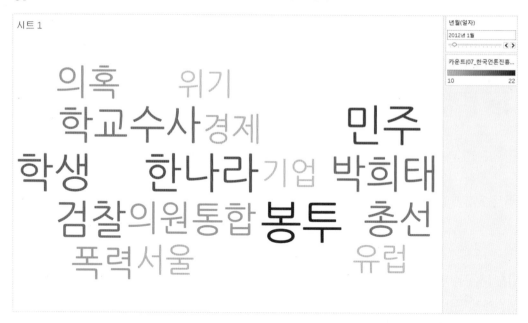

A. 지난 2012년 1월에는 **봉투**와 **민주**라는 토픽 단어가 가장 많이 언급되었습니다. 1월에는 봉투와 관련된 어떤 사건이 있었던 것으로 보입니다. [년월(일자)] 슬라이드를 오른쪽으로 1단계 옮겨 보겠습니다.

2012년 2월에는 **민주**와 **공천**이라는 토픽 단어가 많이 사용되었다는 사실로 미루어 봤을 때 대선을 앞두고 공천을 시작한 것으로 보입니다. 또한 그리스 라는 토픽 단어도 보이는 것으로 미루어 봤을 때, 이 시점에 그리스 경제 문제가 시작되었음을 짐작할 수 있습니다. 다시 말해, 시간의 흐름에 따라 자주 사용되는 토픽 단어도 변했습니다.

정리하기 워드 클라우드의 주요 특성

이상으로 워드 클라우드에 대해서 알아보았습니다. 워드 클라우드의 주요 특성을 정리하면 다음과 같습니다.

워드 클라우드의 사용법

- 서술형 데이터를 분석할 때 효과적입니다.
- 사용 빈도수가 높은 핵심 단어를 강조할 때 유용합니다.

워드 클라우드 사용 TIP

- 단어가 많다면 빈도수가 낮은 단어들은 제외합시다.
- 별 의미가 없는 단어는 제거합시다.

워드 클라우드는 서술형 데이터를 전처리해서 가장 많이 언급된 핵심 단어를 분석할 때 유용합니다. 다양한 데이터를 바탕으로 워드 클라우드를 직접 만들어 보면서 핵심 단어를 분석하는 능력을 키워 보면 어떨까요?

한국언론진흥재단에서 제공하는 뉴스 인물 분석 관련 빅 데이터를 워드 클라우드로 시각화해 봅시다. 해당 데이터는 〈공공데이터포털〉에서 내려받을 수 있습니다(data.go.kr/data/ 15072749/ fileData.do).

이 데이터에는 일자, 언론사, 제목, 소스, 인용문과 같은 다양한 항목이 있습니다. 3-7절에서 공부한 내용을 바탕으로 여러분 스스로 다양한 질문을 떠올리고 답하다 보면 자연스럽게 워드 클라우드를 더욱 효과적으로 쓸 수 있게 될 겁니다.

CHAPTER

4

데이터 시각화 끌어올리기
대시보드와 스토리 만들기

4-1 대시보드
다양한 정보를 한눈에 살펴보는 시각화 기법

대시보드라는 말을 들으면 어떤 것이 가장 먼저 떠오르나요? 아마 자동차의 대시보드가 먼저 떠오를 겁니다. 일반적으로 대시보드는 자동차의 계기판을 의미합니다. 계기판은 속도, 기어, 연료량 등 운전 중에 필요한 정보를 한눈에 알아볼 수 있도록 직관적으로 디자인되어 있습니다.

데이터 시각화에서 말하는 대시보드 역시 같은 개념으로 데이터 분석에 필요한 다양한 데이터와 차트를 쉽게 알아볼 수 있도록 한곳에 모아둔 것으로 차트 간 데이터를 유기적으로 연동할 수 있다는 장점이 있습니다.

알아보기 · 대시보드의 장점

태블로에서 제공하는 슈퍼 스토어 대시보드 샘플을 한번 살펴봅시다. [지역] 항목에서 '동남아시아'를 선택하면 왼쪽 하이라이트 지도와 오른쪽 영역 차트에는 동남아시아 지역의 데이터만 표시됩니다.

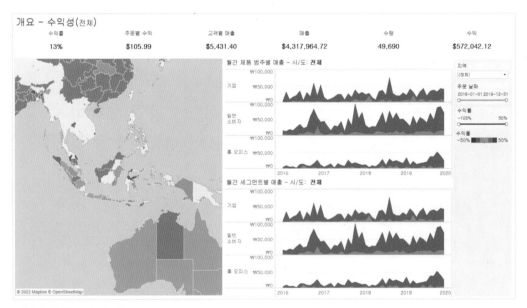

| 전체 데이터를 보여 주는 대시보드

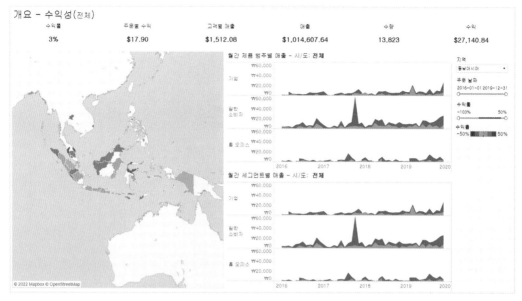

| 동남아시아 데이터만 보여 주는 대시보드

NOTE **영역 차트**는 선 차트에서 발전한 차트로 선과 가로축 사이의 공간이 색상으로 채워져 있습니다. 2개 이상의 데이터 간 시간에 따른 변화를 비교할 때 주로 사용합니다. 영역 차트를 만드는 방법은 5-1절에서 배웁니다.

그렇다면 대시보드를 사용하면 어떤 장점이 있을까요? 여러 장점이 있지만 크게 다음의 3가지로 정리할 수 있습니다.

하나, 시간과 장소에 구애받지 않고 데이터를 종합적으로 관찰하고 분석할 수 있습니다

대시보드에 접근할 수 있다면 시간과 장소에 관계 없이 데이터를 확인할 수 있으므로 보다 원활한 의사소통이 가능하고 개선 사항 등을 여러 사람과 함께 고민할 수 있습니다.

둘, 트렌드를 쉽게 발견할 수 있습니다

동남아시아 지역의 전체 수익성을 분석한다고 가정해 봅시다. 이때 앞서 살펴본 동남아시아 데이터를 보여 주는 대시보드의 하이라이트 지도를 살펴보면 인도차이나 반도 국가의 수익률이 가장 낮다는 사실을 한눈에 확인할 수 있습니다. 또한 영역 차트로 제품 범주별 수익성이 높은 주문 대비 수익성이 낮은 주문의 비율과 트렌드를 파악할 수 있습니다.

셋, 합리적인 의사결정에 도움이 됩니다

하나의 차트만으로는 문제 원인을 정확히 파악하지 못하고 잘못된 결론을 도출할 수도 있습니다. 대시보드의 여러 가지 옵션을 활용하면 인도차이나 반도 국가의 수익률이 다른 지역보다 낮은 원인을 보다 합리적으로 분석해 매출 개선 방안을 찾을 수 있습니다.

TIP 대시보드를 만들 때 알아 두면 좋은 내용

지금까지 대시보드의 정의와 장점을 알아봤습니다. 지금부터는 대시보드를 만들 때 알아 두면 좋은 4가지 TIP을 배우겠습니다.

TIP1 대시보드로 해결할 문제와 보는 사람을 명확하게 설정합시다

대시보드를 만들기 전에 대시보드로 해결할 문제가 무엇인지 생각해 봐야 합니다. 근본적인 목적에서 벗어나 단순히 시각적으로 예쁘게 보이는 대시보드를 만들면 정작 중요한 메시지를 전달하지 못할 수도 있습니다.

온라인 쇼핑몰에서 최근 배송 지연이 많이 발생하고 있어 고객 만족도가 떨어지고 있다고 가정해 봅시다. 이는 온라인 쇼핑몰에서 해결해야 할 문제가 되고 이 문제를 해결하려면 배송 지연을 최소화해서 고객 만족도를 높여야 합니다.

이처럼 해결할 문제를 명확히 설정했다면 대시보드에 사용할 데이터를 선택해야 합니다. 온라인 쇼핑몰의 배송 문제를 개선하기 위해 다음과 같은 데이터를 선택할 수 있습니다.

온라인 쇼핑몰 배송 문제 개선에 필요한 데이터

- 배송 지연, 당일 수령, 조기 배송 간 비율
- 날짜별 배송 실적 추이
- 품목별–날짜별 배송 현황

이와 같은 데이터로 온라인 쇼핑몰의 배송 관리 능력이 어떤 상태인지 구체적으로 진단할 수 있습니다. 또한 배송 지연이 유독 많은 날짜를 포착하거나, 배송 관련 문제가 가장 많이 발생하는 품목을 발견할 수 있습니다.

필요한 데이터가 준비되었다면 이제 대시보드를 보는 사람이 누구인지 구체적으로 파악해야 합니다. 대시보드를 볼 이해관계자들의 성향과 직종은 제각각일 겁니다. 그들이 데이터를 쉽게 이해하게 하려면 대시보드를 보편적이면서도 친근하게 만들어야 합니다. 온라인 쇼핑몰의 배송 현황 대시보드를 만들 때, 그 대시보드를 살펴볼 이해관계자들을 다음과 같이 정의할 수 있습니다.

온라인 쇼핑몰 배송 현황 대시보드의 이해관계자

- 회사 임직원
- 배송 직원
- 판매 직원 등

이렇게 이해관계자를 정의했다면 이해관계자들이 대시보드로 얻을 수 있는 메시지가 무엇인지 생각해 봐야합니다.

앞서 준비했던 온라인 쇼핑몰 배송 문제 개선에 필요한 데이터를 통해 이해관계자들은 배송 지연이 얼마나 심각한 수준인지, 그 원인은 무엇인지를 이해할 수 있으며 즉각적인 개선에 어느 정도 자원을 투자해야 하는지 가늠해 볼 수 있습니다. 이를 바탕으로 수요가 많은 날에 배송 직원을 늘리는 등 배송 지연을 사전에 방지할 수 있습니다.

TIP 2 가장 중요한 데이터를 위쪽이나 왼쪽 위에 배치합시다

일반적으로 사람의 시선은 위에서 아래로, 왼쪽에서 오른쪽으로 이동합니다. 대시보드를 구성할 때, 이런 시선의 이동을 고려해 강조해야 하는 데이터와 차트를 위쪽이나 왼쪽 위에 배치하는 것이 좋습니다. 태블로에서 제공하는 슈퍼 스토어 대시보드 샘플의 정시 배송 추세를 한번 살펴봅시다.

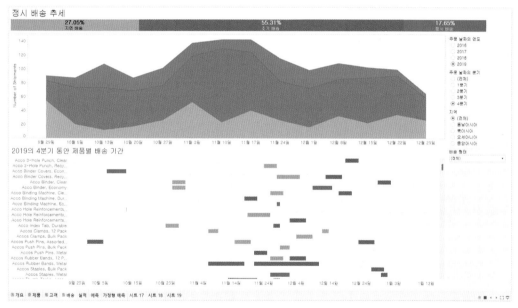

▎중요한 데이터를 위쪽에 배치한 대시보드

정시 배송 추세를 보여 주는 것이 목적인 대시보드이므로 배송 현황을 가장 위쪽에 배치했습니다. 배송 현황을 통해 보는 사람은 전체 배송 중 27%가 지연 배송, 55.3%가 조기 배송, 17.6%가 정시 배송되었다는 사실을 확인할 수 있습니다.

더 상세한 정보를 원하는 사람을 위해 시간별, 품목별 세부 정보도 함께 배치했습니다. 배송 현황 바로 밑에 배치된 영역 차트에서는 시간의 흐름에 따른 배송 데이터의 변화를, 그 밑에 배치된 간트 차트로 제품별 배송 기간을 확인할 수 있습니다.

NOTE **간트 차트**는 일정의 시작과 끝, 소요 시간을 가로 막대 형태로 보여 줍니다. 프로젝트 등의 일정 관리가 필요한 상황에 주로 사용합니다.

TIP3 간결한 디자인으로 구성합시다

차트를 만들 때와 마찬가지로 대시보드를 만들다 보면 가능한 많은 데이터를 담고 싶은 욕심이 생길 수 있습니다. 하지만 너무 많은 데이터는 보는 사람의 집중을 방해합니다. 또한 보이는 데이터가 많을수록 중요한 데이터가 눈에 띄지 않습니다. 그러므로 다음 내용을 바탕으로 대시보드를 간결하게 만들어야 합니다.

대시보드 디자인을 간결하게 만드는 3가지 방법

- 색상은 중요한 데이터에만 사용합시다.
- 일관성 있는 글꼴을 사용합시다.
- 강조하고 싶은 데이터와 차트는 크게 보여 줍시다.

TIP2의 대시보드를 다시 살펴보면 지연 배송 데이터에는 회색, 조기 배송 데이터에는 **갈색**, 정시 배송 데이터에는 파란색을 사용했다는 사실을 알 수 있습니다. 3가지 색상이 대시보드의 모든 구성 요소에 일관성 있게 적용되어 색인이 없어도 색상의 의미를 직관적으로 이해할 수 있습니다.

TIP4 관련 있는 데이터는 같은 곳에 모아 둡시다

자동차의 대시보드를 살펴보면 음향 버튼과 재생 버튼 등 비슷한 기능은 서로 모여 있다는 사실을 알 수 있습니다. 이런 버튼이 연관성 없이 이곳 저곳에 배치되어 있으면 꽤나 불편할 겁니다.

데이터 시각화의 대시보드도 마찬가지입니다. 세부 주제에 따라 관련 있는 데이터와 차트는 그룹화해 두어야 보는 사람이 데이터를 보다 쉽게 읽고 이해할 수 있습니다. 태블로에서 제공하는 슈퍼 스토어 대시보드 샘플의 고객 분석을 한번 살펴봅시다.

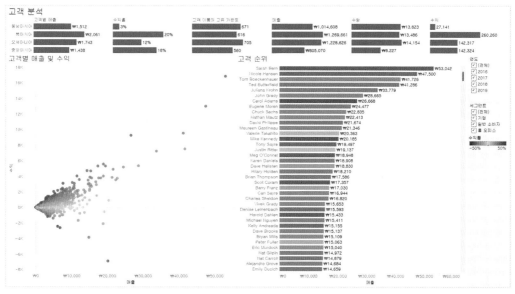

| 관련 있는 데이터를 한곳에 모아 둔 대시보드

위쪽에는 고객별 매출, 수익률 등 고객 분석과 관련된 다양한 데이터가 한 곳에 모여 있습니다. 아래쪽에는 고객별 매출 및 수익과 고객 순위를 따로 분류해 두었습니다. 이를 통해 보는 사람은 고객 분석과 관련된 데이터를 자연스럽게 확인할 수 있습니다.

직접 해 보기 **사고유형별 교통사고 현황 파악하기**

예제 파일   08_ 도로교통공단_사고유형별 교통사고 통계.csv
원 데이터   data.go.kr/tcs/dss/selectFileDataDetailView.do?publicDataPk=15070282

이제 대시보드를 만들 준비가 끝났습니다. 지금부터는 〈공공데이터포털〉 웹 사이트에서 제공하는 사고유형별 교통사고 데이터를 사용해 대시보드를 만들어 보겠습니다.

1단계   데이터 준비하기

다음 표는 예제 파일의 데이터 중 일부를 보여 줍니다. 실제 예제 파일은 18개의 행으로 구성되어 있으며 사고유형과 부상신고자수 항목도 있습니다. 이번 실습에서는 예제 파일에 있는 모든 데이터를 활용합니다. 예제 파일에서 다루는 항목은 사고유형대분류, 사고유형중분류, 사고유형, 사고건수, 사망자수, 중상자수, 경상자수, 부상신고자수로 총 8가지입니다.

| 도로교통공단 사고유형별 교통사고 통계 데이터 중 일부

사고유형대분류	사고유형중분류	사고건수	사망자수	중상자수	경상자수
차대사람	횡단중	13,147	520	6,417	6,617
차대사람	차도통행중	3,702	195	1,423	2,022
차대사람	길가장자리구역통행중	2,079	40	591	1,371
차량단독	도로이탈	199	30	113	113
차량단독	기타	3,728	130	1,285	2,213

2단계 데이터로 알고 싶은 내용 질문하기

본격적인 데이터 시각화에 앞서 데이터로 알고 싶은 내용에 관한 질문을 생각해 봅시다.

도로교통공단 사고유형별 교통사고 통계 데이터로 떠올려 볼 수 있는 질문

- 사고유형대분류별 교통사고 현황은 어떻게 되는가?
- 사고유형중분류별 교통사고 현황은 어떻게 되는가?
- 사고유형대분류별 사고건수와 사망자수는 어떤 관계가 있는가?

3장에서 배웠던 다양한 차트를 활용해서 대시보드를 만들어 보겠습니다. 이번에 만들 차트는 수평 막대 차트와 분산형 차트입니다. 대시보드를 만든 다음 이 질문들을 한 번에 답하겠습니다.

3단계 첫 번째 질문을 해결할 때 필요한 수평 막대 차트 만들기

우선 '사고유형대분류별 교통사고 현황은 어떻게 되는가?'라는 질문에 답하기 위한 차트를 만들어 봅시다. 교통사고 현황과 관련된 항목은 사고건수, 사망자수, 중상자수, 경상자수, 부상신고자수 총 5가지입니다. 사고유형대분류별 교통사고 현황을 비교해야 하므로 비교 분석에 유용한 **수평 막대 차트**를 사용하겠습니다. 그럼 막대 차트를 한번 만들어 볼까요?

01 '08_ 도로교통공단_사고유형별 교통사고 통계.csv' 파일을 불러온 다음 [시트 1] 탭으로 이동합니다. [데이터] 패널에서 Ctrl 키를 누른 채로 [경상자수], [부상신고자수], [사고건수], [사망자수], [중상자수]를 각각 클릭해 다중 선택한 후 [열] 선반으로 드래그합니다.

02 이번에는 [데이터] 패널의 [사고유형대분류]를 [행] 선반으로 드래그합니다. 그런 다음 툴바에서 내림차순 정렬(↓₮)을 클릭합니다. 이렇게 하면 사고유형대분류 항목이 내림차순으로 정렬된 막대 차트가 만들어집니다.

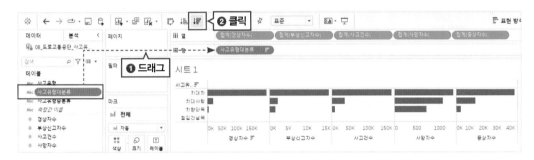

03 보는 사람에게 경각심을 주기 위해 막대 차트의 색상을 빨간색으로 바꾸겠습니다. [마크] 카드에서 색상(⋮⋮)을 클릭한 다음 '빨간색'을 선택합니다. 막대 차트의 전체 색상이 빨간색으로 바뀐 것을 확인할 수 있습니다.

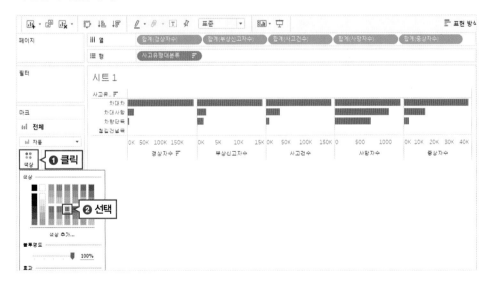

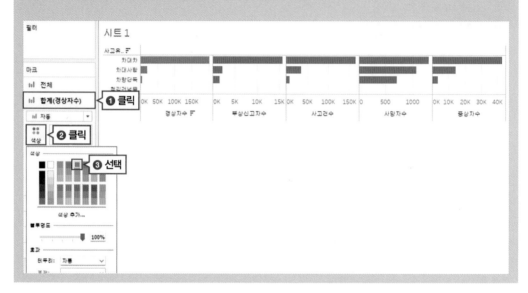
04 마지막으로 막대 차트에 정확한 수치를 추가하겠습니다. [마크] 카드에서 레이블(T)을 클릭한 다음 [마크 레이블 표시]를 체크합니다. 이제 첫 번째 수평 막대 차트가 완성되었습니다.

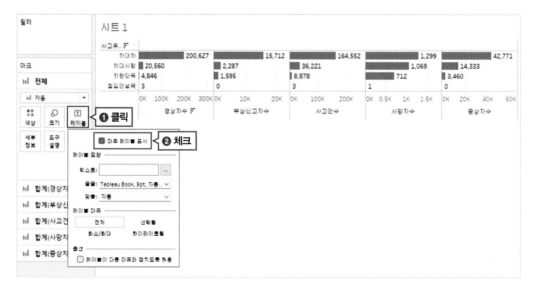

4단계 두 번째 질문을 해결할 때 필요한 수평 막대 차트 만들기

'사고유형중분류별 교통사고 현황은 어떻게 되는가?'라는 질문에 답하려면 사고유형중분류별 교통사고 현황을 비교해야 하므로 **수평 막대 차트**를 만들겠습니다.

01 동일한 통합 문서에 새 차트를 만들어야 하므로 이번에는 태블로를 종료하지 않고 새 워크시트를 만들겠습니다. [시트] 탭의 새 워크시트(⊞)를 클릭합니다.

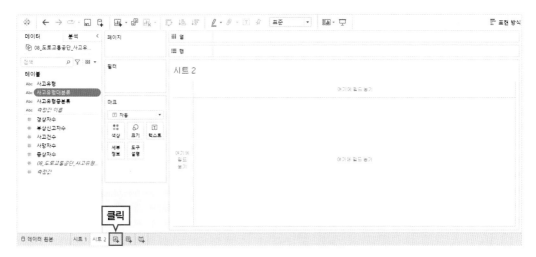

02 [데이터] 패널의 [측정값 이름]을 [필터] 선반으로 드래그합니다. [필터] 대화상자에서 [08_도로교통공단_사고유형별 교통사고 통계.csv의 카운트]를 체크 해제한 다음 [확인] 버튼을 클릭합니다.

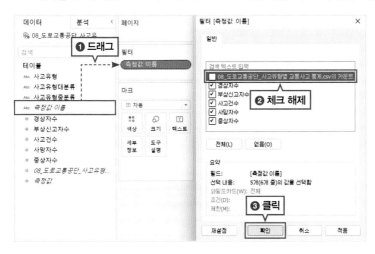

NOTE [필터] 대화상자를 종료하기 전에 [경상자수], [부상신고자수], [사고건수], [사망자수], [중상자수]가 모두 체크되어 있는지 확인합시다.

---

03 [데이터] 패널의 [측정값]을 [열] 선반으로, [사고유형중분류]를 [행] 선반으로 드래그합니다.

04 툴바에서 내림차순 정렬(▤)을 클릭해서 사고유형중분류 항목을 내림차순으로 정렬합니다.

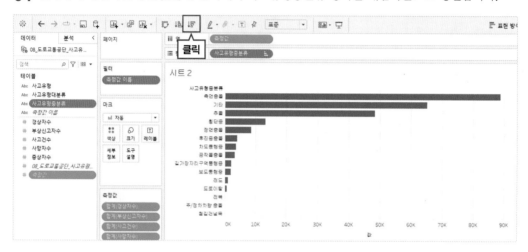

05 대시보드에 일관성 있는 색상을 적용하겠습니다. [마크] 카드의 색상(▦)을 클릭한 다음 '빨간색'을 선택해 막대 차트의 색상을 바꿉니다.

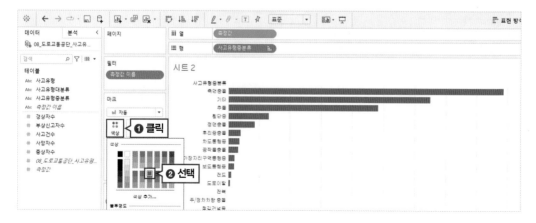

06 이제 필터 목록을 뷰에 추가하기 위해 [필터] 선반에서 [측정값 이름]의 드롭다운 버튼을 클릭한 다음 [필터 표시] 선택합니다.

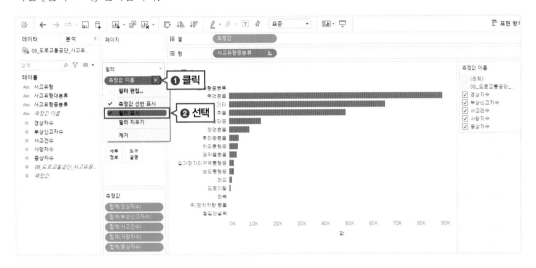

07 마지막으로 막대 차트에 정확한 수치를 추가하겠습니다. [마크] 카드의 레이블(T)을 클릭한 다음 [마크 레이블 표시]를 체크합니다. 이제 두 번째 수평 막대 차트가 완성되었습니다.

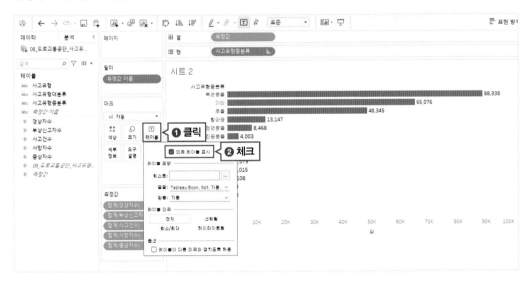

5단계 세 번째 질문을 해결할 때 필요한 분산형 차트 만들기

이제 마지막으로 '사고유형대분류별 사고건수와 사망자수는 어떤 관계가 있는가?'라는 질문에 답하기 위한 차트를 만들겠습니다. 이 질문에 답하려면 사고건수와 사망자수의 관계를 분석해야 합니다. 관계 분석에 유용한 차트는 바로 **분산형 차트**입니다. 그럼 분산형 차트를 만들어 보겠습니다.

01 [시트] 탭의 새 워크시트(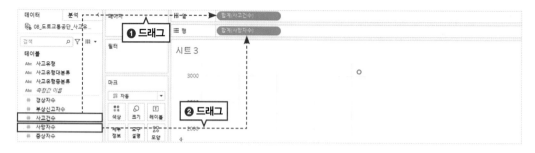)를 클릭해서 [시트 3] 탭으로 이동한 다음 [데이터] 패널의 [사고건수]를 [열] 선반으로, [사망자수]를 [행] 선반으로 드래그합니다.

02 `Ctrl` 키를 누른 채로 [행] 선반의 [합계(사고건수)]와 [열] 선반의 [합계(사망자수)]을 각각 클릭해 다중 선택합니다. 두 필드 중 아무 필드의 드롭다운 버튼을 클릭한 다음 '차원'을 선택합니다. 이제 점이 차트에 분산됩니다.

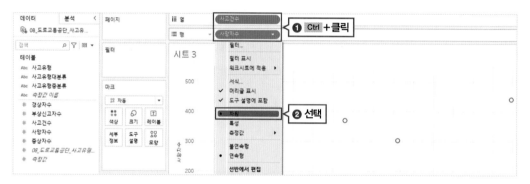

03 원을 파란색으로 가득 채우기 위해 [마크] 카드의 드롭박스에서 '원'을 선택합니다.

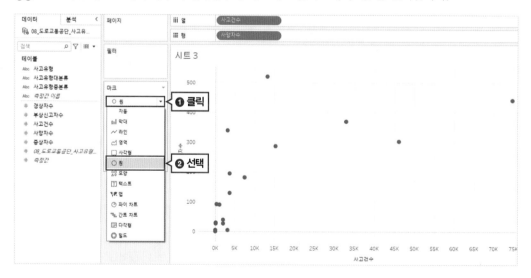

04 점의 색상을 사고유형대분류에 따라 다르게 표현하겠습니다. [데이터] 패널에서 [사고유형대분류]를 [마크] 카드의 색상( )으로 드래그합니다.

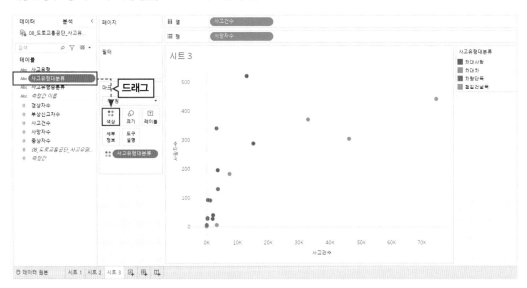

05 이제 마지막으로 분산형 차트에 추세선을 추가하겠습니다. 사이드바의 [분석] 패널에서 [추세선]을 [추세선 추가] 팝업 메뉴의 선형( )으로 드래그합니다. 세 번째 질문을 해결할 때 필요한 분산형 차트도 완성되었습니다.

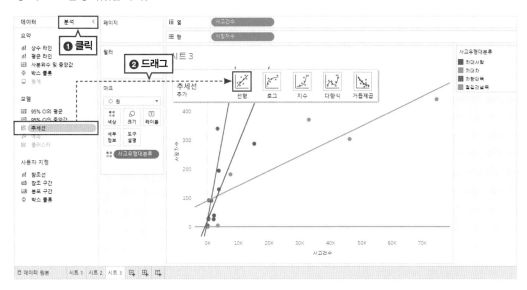

6단계 대시보드 만들기

6단계 대시보드 만들기

지금까지 만든 3가지 차트를 활용해 대시보드를 만들겠습니다.

01 [시트] 탭의 새 대시보드(⊞)를 클릭해서 [대시보드 1]을 만듭니다.

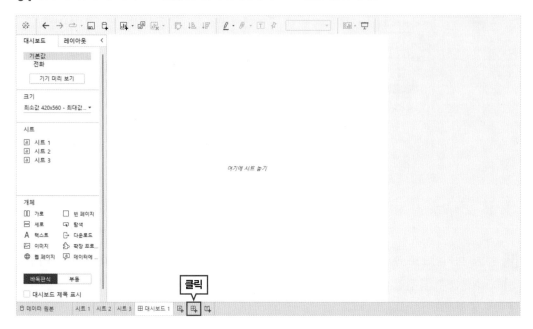

02 [대시보드] 패널에서 [크기]의 드롭다운 버튼을 클릭하고 드롭박스에서 '자동'을 선택합니다. 이렇게 설정하면 화면 해상도에 따라 대시보드의 크기가 유동적으로 변합니다.

03 [시트 1] 탭에 있는 차트를 대시보드에 추가하기 위해 [대시보드] 패널의 [시트] 목록에서 [시트 1]을 뷰로 드래그합니다.

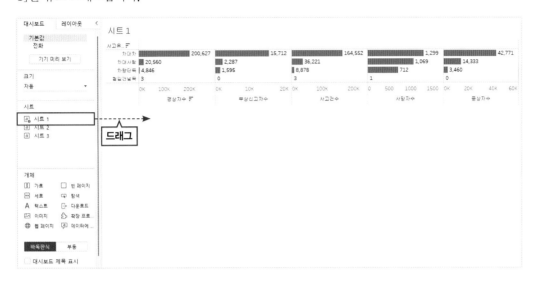

04 이번에는 [대시보드] 패널의 [시트] 목록에서 [시트 2]를 뷰 아래쪽으로 드래그합니다. 이렇게 하면 [시트 1] 아래에 [시트 2]가 배치됩니다.

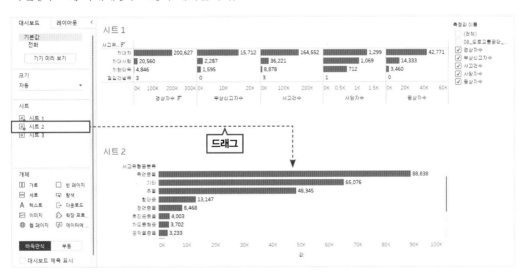

NOTE [시트 2]를 뷰로 드래그하면 드래그하는 위치에 따라 회색 음영이 나타납니다. 이 회색 음영은 지금 드래그하고 있는 시트가 위치할 곳을 미리 보여 줍니다.

05 다음으로 [대시보드] 패널의 [시트] 목록에서 [시트 3]을 뷰 오른쪽 아래로 드래그해서 [시트 2] 오른쪽에 배치합니다.

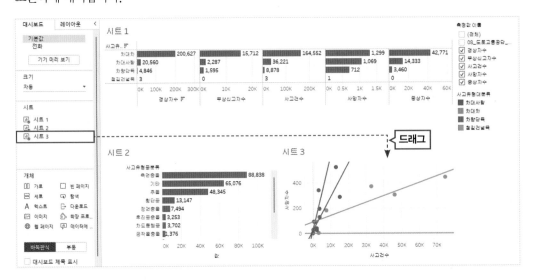

06 이제 시트의 크기를 조정해 [시트 1]과 [시트 2], [시트 3] 사이의 간격을 좁히겠습니다. 우선 뷰의 [시트 1]을 클릭합니다. 회색 테두리가 나타나면 아래쪽 테두리를 위쪽으로 드래그해서 크기를 조절합니다.

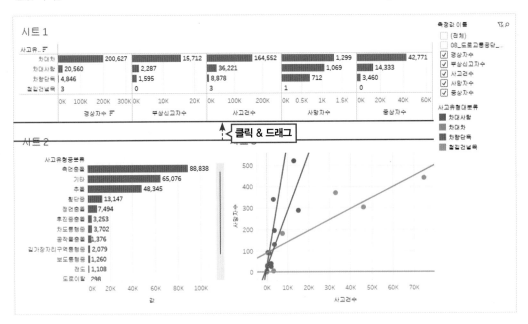

07 차트의 제목을 바꾸기 위해 [시트 1] 제목 부분을 더블 클릭합니다. [제목 편집] 대화상자가 나타나면 입력 칸에 입력되어 있는 '〈시트 이름〉'을 지우고 '사고유형대분류별 교통사고 현황 분석'이라고 입력한 다음 [확인] 버튼을 클릭합니다. 이제 [시트 1]의 제목이 바뀌었습니다.

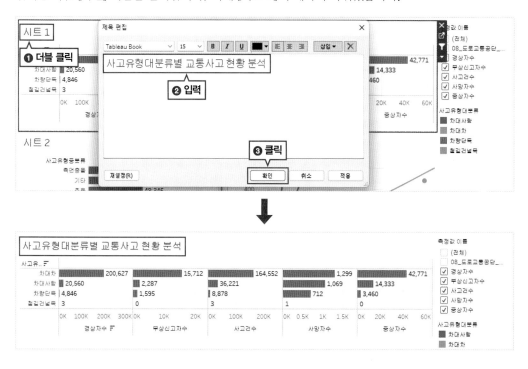

NOTE   [제목 편집] 대화상자에서 입력한 제목의 글꼴이나 크기, 스타일 등을 설정할 수 있습니다.

---

08 같은 방법으로 [시트 2]의 제목을 '사고유형중분류별 교통사고 현황 분석', [시트 3]의 제목을 '사고건수와 사망자수의 관계'라고 지어줍니다.

09 이제 차트별 제목까지 표시되는 근사한 대시보드가 완성되었습니다.

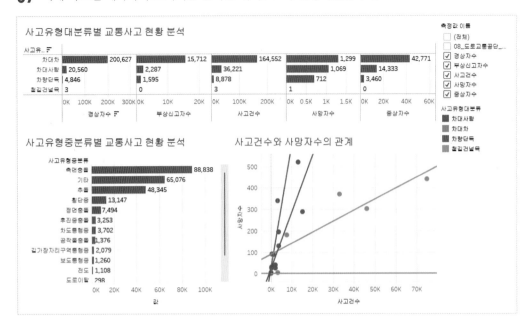

10 이제 대시보드를 한번 사용해 보겠습니다. '사고유형대분류별 교통사고 현황 분석' 차트를 클릭하면 나타나는 오른쪽 테두리에서 필터로 사용(▼)을 클릭합니다.

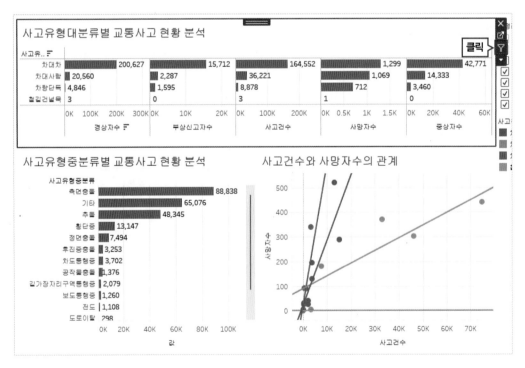

11 이제 '사고유형대분류별 교통사고 현황 분석' 차트에서 세로축의 [차대차]를 클릭해 봅시다. 이러면 나머지 차트에도 [차대차]와 관련된 데이터만 표시됩니다. 이제 질문에 답해 봅시다.

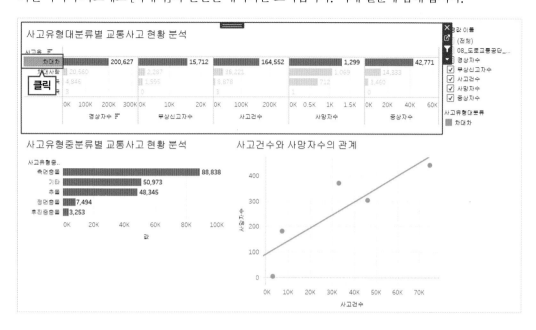

7단계 질문에 답해 보기

Q1. 사고유형대분류별 교통사고 현황은 어떻게 되는가?

A1. '사고유형대분류별 교통사고 현황 분석' 차트를 살펴보면 차대차 사고가 가장 많이 발생하며 차대사람 사고가 그 뒤를 따르고 있다는 사실을 알 수 있습니다. '사고건수와 사망자수의 관계' 차트까지 함께 살펴보면 차대차 사고는 사고건수 대비 사망자수가 비교적 낮으나, 차대사람 사고는 사고건수 대비 사망자수가 매우 높다는 사실을 확인할 수 있습니다.

Q2. 사고유형중분류별 교통사고 현황은 어떻게 되는가?

A2. 대시보드 오른쪽에 있는 [측정값 이름] 목록으로 필터링하면서 사고유형중분류별 교통사고 현황을 살펴봅시다. 사고건수, 중상자수, 경상자수, 부상신고자수는 측면충돌에서 가장 높습니다. 반면 사망자수는 측면충돌보다 기타 상황에서 가장 높습니다.

Q3. 사고유형대분류별 사고건수와 사망자수는 어떤 관계가 있는가?

A3. 차량단독 사고에서 사고건수가 증가할수록 사망자수가 급격하게 증가한다는 사실을 확인할 수 있습니다. 차대사람 사고에서 역시 사고건수와 사망자수가 함께 증가하는 패턴을 보입니다.

더 보기 좋은 대시보드 만들기

여러분의 취향과 목적에 맞게 대시보드에 다양한 부가 요소를 추가할 수 있습니다. 더 알아보기에서
는 대시보드를 더 보기 좋게 꾸미는 방법을 알아봅니다.

대시보드에 제목 추가하기

시트와 마찬가지로 대시보드 제목도 변경할 수 있습니다. 지금부터 대시보드에 제목을 추가하는 방
법을 알아보겠습니다.

01 [대시보드] 패널 가장 아래쪽에 있는 [개체]에서 [대시보드 제목 표시]를 체크해서 뷰에 '대시보
드 1'이라는 제목을 표시합니다.

02 대시보드 제목 부분을 더블 클릭합니다. [제목 편집] 대화상자가 나타나면 입력 칸에 입력되어
있는 '〈시트 이름〉'을 지우고 '사고유형별 교통사고 현황 분석'이라고 입력한 다음 [확인] 버튼을 클릭
합니다. 이제 대시보드의 이름이 바뀌었습니다.

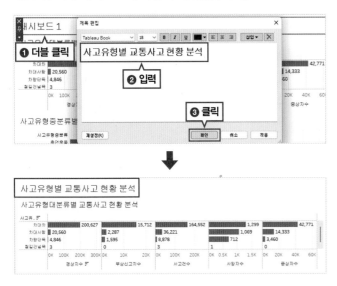

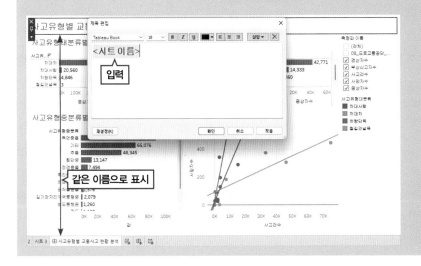

차트 글꼴 바꾸기

3장에서는 차트의 사용법과 차트를 만드는 방법을 알아보는 것에 집중하고자 차트의 글꼴을 바꾸는 방법은 따로 설명하지 않았습니다. 차트를 만드는 방법은 어느 정도 익숙해졌으니 이 자리를 빌려 차트 글꼴을 바꾸는 방법을 알아봅시다.

01 [시트 1] 탭의 [서식]–[글꼴] 메뉴를 클릭해서 사이드바에 [글꼴 서식] 패널을 엽니다.

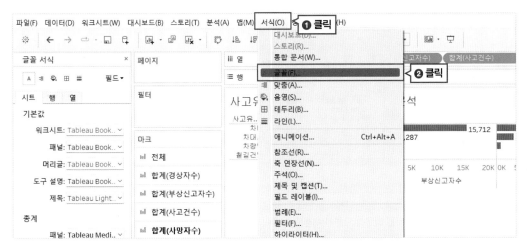

02 사이드바의 [글꼴 서식] 패널에서 다양한 요소의 글꼴을 변경할 수 있습니다. 여기서는 워크시트 글꼴을 한번 바꿔 보겠습니다. [글꼴 서식] 패널의 [기본값] 목록에서 [워크시트]의 드롭다운 버튼을 클릭하고 '나눔고딕'을 선택하면 제목과 도구 설명을 제외한 모든 글꼴이 '나눔고딕'으로 바뀝니다.

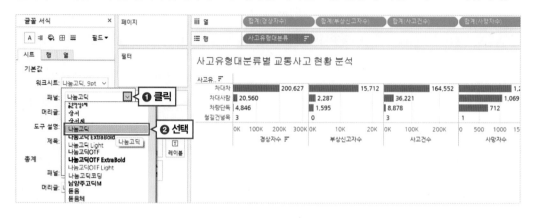

NOTE 대시보드로 이동한 다음 [서식]–[대시보드] 메뉴를 클릭하면 대시보드의 모든 제목 글꼴을 한 번에 바꿀 수 있게 도와주는 [대시보드 서식] 패널이 열립니다.

원하는 대로 차트 크기 바꾸기

대시보드에 사용되는 각 차트의 크기를 원하는 대로 설정할 수도 있습니다. 지금부터 그 방법을 알아봅시다.

01 우선 새 대시보드를 하나 만듭니다. [대시보드] 패널의 [개체] 목록에서 [부동]을 클릭한 다음, [시트] 목록에서 [시트 1]을 뷰로 드래그하면 차트가 뷰에 자유롭게 배치됩니다.

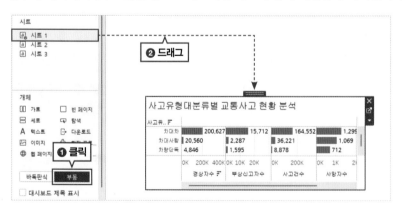

NOTE 바둑판식으로 배치된 차트는 [부동]을 선택하더라도 여전히 바둑판식으로 배치됩니다. 바둑판식으로 배치된 차트를 부동으로 바꾸려면, 차트를 마우스 오른쪽 버튼으로 클릭해서 '부동'을 선택하면 됩니다.

---

02 이 상태에서 '사고유형대분류별 교통 사고 현황 분석' 차트를 클릭하고 테두리를 드래그하면 차트 크기를 마음대로 조정할 수 있습니다.

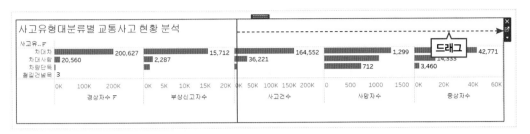

필터 목록과 범례를 차트 안에 배치하기

01 필터 목록과 범례를 차트 안에 배치할 수도 있습니다. 다시 [대시보드 1] 탭으로 돌아옵니다. [측정값 이름] 필터 목록의 드롭다운 버튼을 클릭하고 '부동'을 선택합니다. 이러면 [측정값 이름] 필터 목록이 뷰에 자유롭게 배치됩니다.

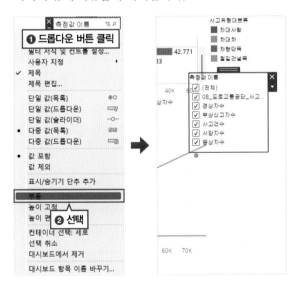

NOTE 바둑판식으로 배치된 필터 목록을 차트 옆으로 드래그하면 필터 목록이 별도의 레이아웃으로 차트 옆에 배치됩니다.

02 [측정값 이름] 필터 목록을 '사고건수와 사망자수의 관계' 차트 오른쪽 빈공간으로 드래그합니다.

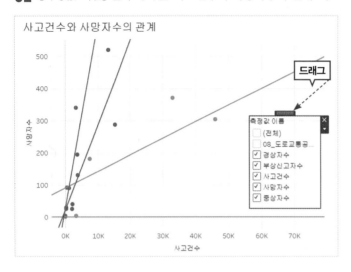

03 필터가 차지하는 공간을 줄이기 위해 [측정값 이름] 필터 목록을 마우스 오른쪽 버튼으로 클릭한 다음 [단일 값(드롭다운)]을 선택합니다.

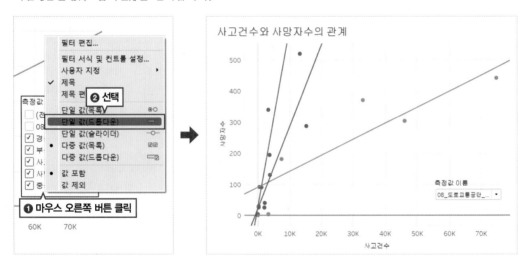

여기서 잠깐!   **대시보드를 이미지로 복사하거나 파일로 저장해 봅시다.**

여러분이 만든 근사한 대시보드를 이미지로 복사하거나 파일로 저장할 수 있습니다. 단, 이 기능은 태블로 데스크톱에서만 지원합니다.

복사하려면 [대시보드]–[이미지 복사] 메뉴를 클릭합니다.
파일로 저장하려면 [대시보드]–[이미지 내보내기] 메뉴를 클릭합니다.

대시보드의 주요 특성

지금까지 대시보드의 정의와 장점 그리고 태블로로 대시보드를 만드는 방법까지 알아보았습니다. 지금까지 배운 내용을 정리하면 다음과 같습니다.

대시보드의 장점

- 시간과 장소에 구애받지 않고 데이터를 종합적으로 관찰하고 분석할 수 있습니다.
- 트렌드를 쉽게 발견할 수 있습니다.
- 합리적인 의사결정에 도움이 됩니다.

대시보드 사용 TIP

- 대시보드로 해결할 문제와 보는 사람을 명확하게 설정합시다.
- 가장 중요한 데이터를 위쪽이나 왼쪽 위에 배치합시다.
- 간결한 디자인으로 구성합시다.
- 관련 있는 데이터는 같은 곳에 모아 둡시다.

대시보드는 여러 개의 차트를 한곳에 모아서 보여 주며, 유기적인 상호작용이 가능하도록 도와주는 시각화 방법입니다. 이번 절에서는 꽤 많은 시각화 기법을 배웠습니다. 다양한 데이터로 대시보드를 만들어 보면서 배운 내용을 복습합시다.

도로교통공단에서 제공하는 가해운전자 연령층별 교통사고 데이터로 대시보드를 만들어 보면 어떨까요? 〈공공데이터포털〉 웹 사이트에서 해당 데이터를 내려받을 수 있습니다(data.go.kr/data/15070199/fileData.do).

이 데이터에는 가해자연령층, 발생월, 사고건수, 사망자수, 중상자수, 경상자수 등과 같은 다양한 항목이 있습니다. 4-1절에서 배운 내용을 바탕으로 여러분 스스로 다양한 질문들을 떠올리고 답해 보길 바랍니다.

NOTE 4-1절에서 실습한 파일을 4-2절에서 다시 사용합니다. 파일을 지우지 말고 꼭 저장해 둡시다.

4-2 태블로 스토리
설득력 있는 메시지를 전달하는 기법

데이터를 멋지게 시각화했다면 이제 다른 사람에게 보여 주어야 합니다. **데이터 스토리텔링**은 다양한 차트나 대시보드를 정해진 순서에 따라 보여줌으로써 메시지를 이야기 형태로 전달하는 기법을 말합니다.

파워포인트로 발표할 때를 떠올려 봅시다. 개연성과 설득력이 있는 발표를 하기 위해 우선 각 슬라이드에 넣을 내용과 자료를 구상합니다. 슬라이드의 순서를 신중히 정하고 나서 슬라이드 쇼를 시작해 다른 사람 앞에서 발표합니다. 이 모든 과정이 사실은 데이터 스토리텔링을 진행하는 과정입니다.

알아보기 태블로 스토리의 장점

태블로에서도 **스토리**라는 기능으로 데이터 스토리텔링 과정을 지원합니다. 태블로 스토리는 태블로로 만들었던 다양한 차트와 대시보드를 바탕으로 데이터 속 메시지를 전달하는 기능입니다. 스토리 역시 파워포인트와 마찬가지로 순차적으로 메시지를 보여 줍니다. 그렇다면 왜 태블로의 스토리를 사용하는 걸까요?

태블로 스토리만의 장점은 데이터 스토리텔링을 하면서 **차트와 상호작용이 가능**하다는 것에 있습니다. 필터링으로 원하는 데이터만을 보여 주거나, 전달할 데이터를 강조해서 보여 주거나, 차트를 원하는 방식으로 정렬할 수 있습니다. 이 모든 과정은 데이터 스토리텔링을 진행하는 와중에 실시간으로 이루어지기에 보는 사람의 질문에 더욱 유기적으로 대처할 수 있습니다.

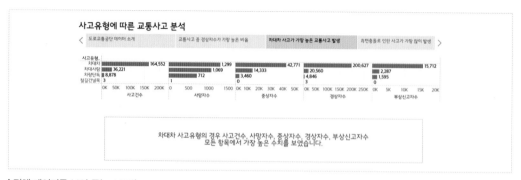

전체 데이터를 보여 주는 스토리

| 차대차 사고만을 보여 주는 스토리

TIP **7가지 데이터 스토리텔링 표현 방법**

지금까지 스토리의 정의와 장점을 알아보았습니다. 지금부터는 데이터 속 메시지를 설득력 있게 전달하는 7가지 스토리텔링 표현 방법을 알아보겠습니다. 7가지 방법은 태블로에서 권장하는 방법입니다.

방법1 시간대별 변화

시간대별 변화는 시간의 흐름에 따른 데이터의 변화를 강조하는 스토리텔링 표현 방법입니다.

예를 들어, 1990년대, 2010년대로 시간이 지날수록 세계의 비만 인구가 점차 증가하는지 혹은 감소하는지 알아볼 때, 하이라이트 지도로 세계의 비만 유병률 트렌드를 비교할 수 있습니다. 처음에는 1990년 지도를 보여 주고 다음으로 2010년 지도를 보여 줍니다. 이러면 보는 사람은 10년 사이 북아프리카와 서남아시아의 비만 유병률이 크게 증가했다는 사실을 쉽게 파악할 수 있습니다.

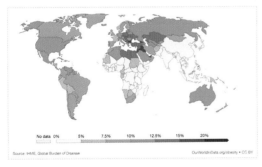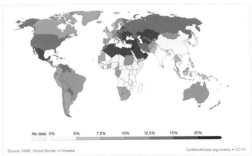

| 1990년 비만 유병률과 2010년 비만 유병률

NOTE 비만 유병률은 만 19세 이상 인구 중 체질량지수가 25kg/m^2 이상인 인구의 비율을 보여 주는 지표입니다.

드릴다운은 범죄 수사를 할 때와 같이 주목할 만한 큰 항목부터 시작해 세부 항목을 하나씩 살펴보는 스토리텔링 표현 방법입니다.

드릴다운으로 미국 드라마 〈모던 패밀리〉의 시청률 분석을 발표해 보겠습니다. 먼저 시즌별로 분석해 가장 저조한 시즌1(시즌10)의 시청률을 보여 준 다음 시청률이 가장 저조한 시즌 중에서도 가장 저조한 에피소드(E21)의 시청률을 세부적으로 보여 줍니다. 이렇게 데이터를 파고들면 하나의 에피소드가 해당 시즌과 전체 시즌 시청률에 어떤 영향을 미치는지를 설명할 수 있습니다.

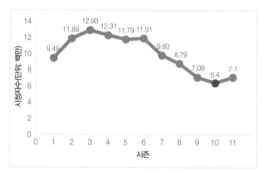 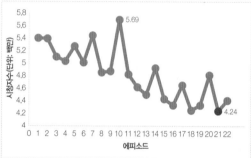

❘ 미국 드라마 〈모던 패밀리〉 시즌별 시청자수와 시즌 10의 에피소드별 시청자수

방법3   축소

축소는 다른 사람이 공감할 만한 소소한 내용에서부터 시작해 그것이 어떻게 큰 문제와 연결되는지를 점진적으로 설명하는 스토리텔링 표현 방법입니다.

예를 들어, 공공 자전거 공급 현황을 설명할 때 사람이 너무 많아서 자전거를 빌리지 못한 경험을 먼저 제시하면 다른 사람의 공감을 이끌어 낼 수 있습니다. 그런 다음 자전거의 수요와 공급이 지역별, 날씨별, 시간별로 어떻게 다른지를 차트로 보여 주고, 공급망 관리가 시민들의 만족도와 경제적 효과에 미치는 영향을 점진적으로 소개합니다. 이러면 보는 사람은 공급망 확대가 자신의 삶에 어떤 영향을 미치는지 확인할 수 있습니다.

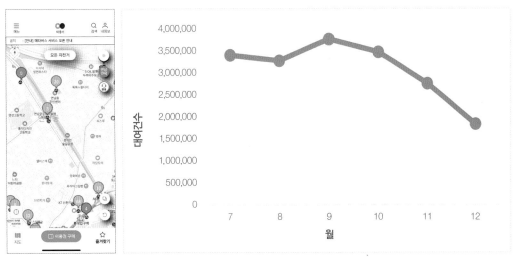

┃ 출퇴근 시간 때 대여 가능한 공공 자전거 현황과 공공자전거 월별 대여 건수

방법4 | 대조

대조는 보여 주려는 데이터를 다른 데이터와 비교해서 다른 사람의 이해와 공감을 이끌어 내는 스토리텔링 표현 방법입니다.

대조로 자사와 경쟁사 제품을 비교해야 한다고 가정해 봅시다. 경쟁사의 제품과 어떤 부분이 비슷한지 먼저 소개하고 다른 부분을 뒤이어 소개합니다. 그런 다음 제품의 판매량을 비교해서 보여 줍니다. 이때 비슷한 부분은 초록색 배경으로, 다른 부분은 빨간색 배경을 사용합니다. 이러면 보는 사람에게 우리 제품의 어떤 부분을 더욱 집중해서 개선하거나 발전해야 하는지를 명확하게 보여 줄 수 있습니다.

┃ 자사와 경쟁사의 스마트폰 주요 사양 비교

구분	자사의 스마트폰	타사의 스마트폰
시장 가격	95만 원	95만 원
저장공간	64GB/128GB/256GB	128GB/256GB
디스플레이 크기	6.1 인치	6.2 인치
전면 카메라	1200만 화소	1000만 화소
OS	aOS 14	메가드로이드 11
화면 재생률	120Hz	60 Hz
무게	171g	164g

방법5 **교차**

교차는 특정 항목의 수치가 다른 항목의 수치를 넘어서면서 발생하는 변화를 강조할 때 사용하는 스토리텔링 표현 방법입니다.

예를 들어, 경제 성장률과 소비자 물가 트렌드를 비교 분석할 때, 경제 성장률 트렌드를 먼저 보여 주고 소비자 물가 트렌드를 보여 줄 수 있습니다. 이러면 경제 성장률이 전년 대비 대폭 감소했으나 소비자 물가는 반대로 상승했다는 사실을 바탕으로 국가 경제 성장률이 우리의 삶에 어떤 영향을 미치는지 정확하게 설명할 수 있습니다.

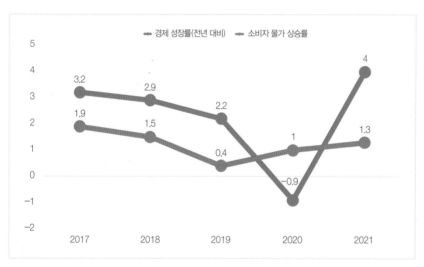

┃ 경제 성장률과 소비자 물가 상승률 트렌드

방법6 **요소**

요소는 전달하려는 메시지를 카테고리로 나누어서 설명하는 스토리텔링 표현 방법입니다.

기후 변화가 우리 사회에 미치는 악영향을 발표한다고 가정해 봅시다. 먼저 기후가 어떻게 변화하고 있는지를 먼저 제시하고 스포츠 경기 우천 취소율과 산불 피해를 보여 줍니다. 그외에도 건강, 여가, 문화 유산, 야생 동물 등의 카테고리로 구분해서 악영향을 설명합니다. 이러면 서로 다른 관심 분야를 가진 사람에게 기후 변화의 악영향이 얼마나 큰지 제대로 전달할 수 있습니다.

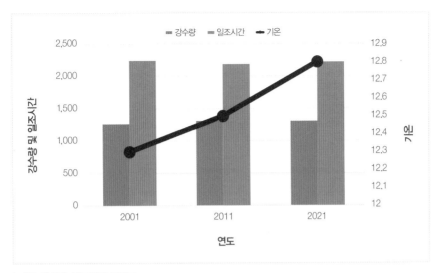

▮ 기온, 강수량, 일조시간 트렌드

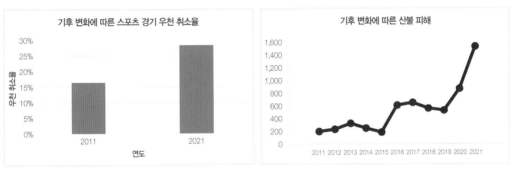

▮ 기후 변화에 따른 스포츠 경기 우천 취소율과 산불 피해

방법7 | 이상값

이상값은 비정상적이거나 상대적으로 확연한 차이를 보이는 항목값의 특성을 강조하는 스토리 표현 방법입니다.

예를 들어, 전 세계의 기아 문제가 가장 심한 국가를 소개하고 심각성을 일깨워야 한다면 전 세계 평균 수치에 비해 영양 결핍률이 얼마나 심각한지를 강조할 수 있습니다. 그런 다음 5세 미만 아동의 사망률이 국가별로 얼마나 차이 나는지 보여 줍니다. 이러면 생각하는 것 이상으로 굶주림 문제가 심각하다는 사실을 보는 사람에게 강렬하게 전달할 수 있습니다.

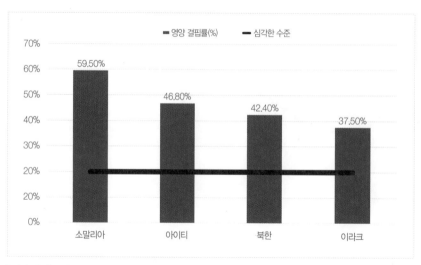

━ 영양 결핍률(%) ━ 심각한 수준

| 기아 문제를 겪는 국가들의 영양 결핍률

사고유형별 교통사고 현황 발표하기

데이터 스토리텔링의 정의부터, 상황에 따른 데이터 스토리텔링 표현 방법, 그리고 태블로에서 제공하는 스토리 기능까지 알아보았습니다. 지금부터는 태블로 스토리를 만들어 보겠습니다.

1단계 | 데이터 준비하기

이번 실습은 4–1절 직접 해 보기에서 만들었던 대시보드를 바탕으로 진행합니다.

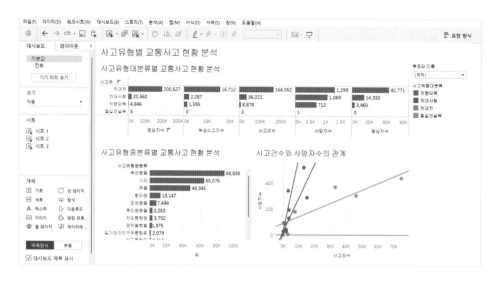

2단계 목적에 맞는 스토리텔링 표현 방법 정하기

앞서 언급한 7가지의 스토리텔링 표현 방법 중 본 실습에 적합한 방법을 선택해야 합니다. 우선 앞서 4-1절에서 다루었던 질문을 바탕으로 이번 스토리텔링의 목적을 생각해 봅시다.

도로교통공단 사고유형별 교통사고 통계 데이터로 떠올려 볼 수 있는 질문

- 사고유형대분류별 교통사고 현황은 어떻게 되는가?
- 사고유형중분류별 교통사고 현황은 어떻게 되는가?
- 사고유형대분류별 사고건수와 사망자수는 어떤 관계가 있는가?

이 3가지 질문은 사고유형별 교통사고 현황 분석과 밀접하게 관련되어 있습니다. 그러므로 이 질문을 모아서 사고유형별 교통사고 현황을 분석하고 발표해 봅시다. 우선 전체 교통사고에서 경상자, 중상사, 사망자 비율을 보여 주고, 사고유형대분류, 사고유형중분류별 교통사고 분석으로 좁혀 들어가면 어떨까요? 이럴 때는 **드릴다운** 스토리텔링 표현 방법이 적합합니다.

3단계 경상자, 중상사, 사망자 비율을 보여 주는 파이 차트 만들기

본격적으로 발표를 진행하기에 앞서 경상자, 중상사, 사망자 비율을 보여 주는 파이 차트를 하나 더 만들어야 합니다.

01 앞서 4-1절 **직접 해 보기**에서 만들었던 대시보드를 불러온 다음 [시트] 탭의 새 워크시트(📊)를 클릭해서 [시트 4]를 만듭니다.

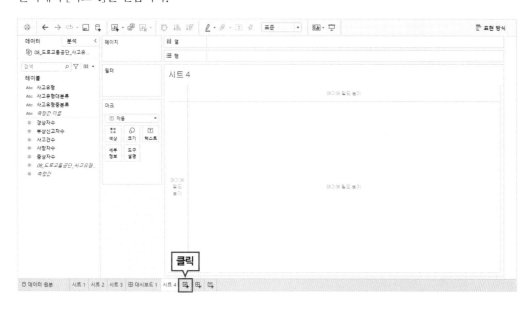

02 경상자, 중상사, 사망자수만 차트에 표시될 수 있도록 필터를 설정하겠습니다. [데이터] 패널의 [측정값 이름]을 [필터] 선반으로 드래그합니다. [필터] 대화상자가 나타나면 [08_도로교통공단_사고유형별 교통사고 통계.csv의 카운트], [부상신고자수], [사고건수]의 체크를 해제한 다음 [확인] 버튼을 클릭합니다.

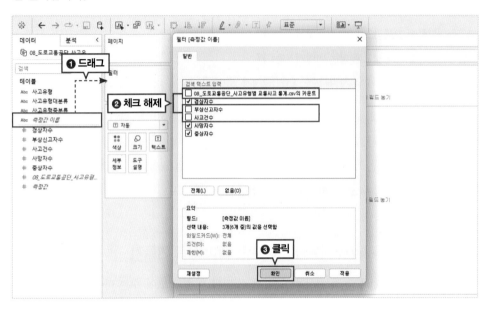

03 본격적으로 차트를 만들기 위해 [데이터] 패널에서 [측정값]을 [마크] 카드의 색상(⊞)과 크기(◎)로 각각 드래그합니다. 이러면 뷰에 점이 생깁니다.

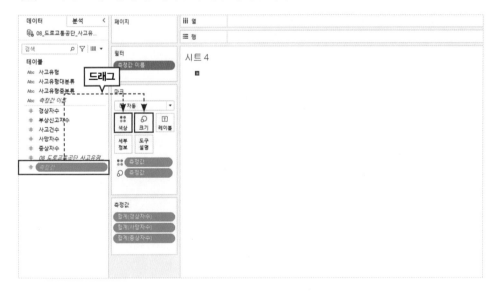

04 파이 차트로 바꾸기 위해 [마크] 카드의 드롭다운 버튼을 클릭해서 '파이 차트'를 선택합니다. 그런 다음 툴바의 드롭박스에서 '전체 보기'를 선택해 파이 차트를 뷰에 가득 채웁니다.

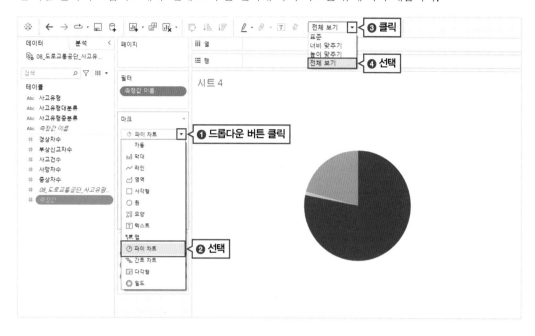

05 이제 파이 차트에 수치를 표시하겠습니다. Ctrl 키를 누른 채로 [데이터] 패널에서 [측정값 이름]과 [측정값]을 각각 클릭해 다중 선택합니다. 그런 다음 [마크] 카드의 레이블(T)로 드래그합니다.

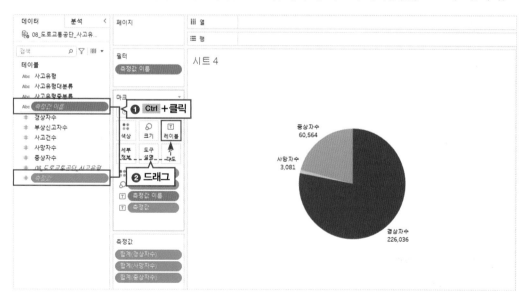

06 이제 조각을 큰 순서대로 시계방향으로 나열하기 위해 툴바의 내림차순 정렬(▮) 클릭합니다.

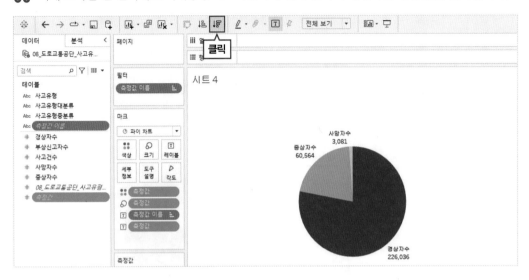

07 마지막으로 4–1절에서 만들었던 차트와 통일성을 유지하기 위해 색상을 바꾸겠습니다. [마크] 카드의 색상(⠿)을 클릭해서 색상 편집(색상 편집...)을 클릭합니다. [색상 편집] 대화상자에서 [색상표]의 드롭다운 버튼을 클릭하고 '주황색–금색'을 선택합니다. [색상 편집] 팝업 창의 [확인] 버튼을 클릭합니다.

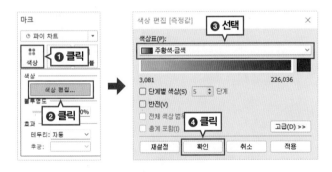

08 이제 경상자, 중상사, 사망자 비율을 보여 주는 파이 차트가 완성되었습니다.

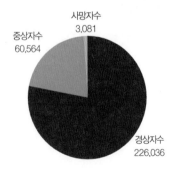

스토리 만들기

01 이제부터 **3단계**에서 만들었던 차트와 4-1절 **직접 해 보기**에서 만들었던 차트를 활용해 스토리를 만들겠습니다. [시트] 탭의 새 스토리(📖)를 클릭해 [스토리 1] 탭을 만듭니다.

02 대시보드를 만들 때와 마찬가지로 스토리의 크기를 설정해야 합니다. [스토리] 패널에서 [크기]의 드롭다운 버튼을 클릭하고 첫 번째 드롭박스에서 '자동'을 선택합니다.

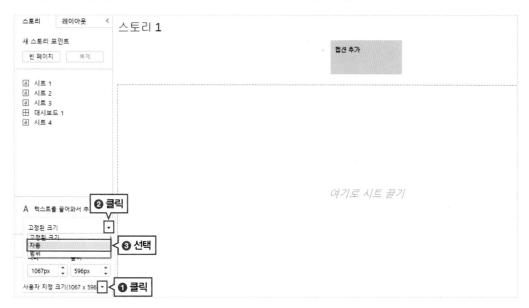

03 이제 경상자, 중상사, 사망자 비율을 보여 주는 파이 차트를 스토리에 추가하겠습니다. [스토리] 패널의 [시트 4]를 뷰로 드래그합니다. 이러면 [시트 4]가 뷰에 표시되면서 첫 번째 스토리 포인트가 만들어집니다.

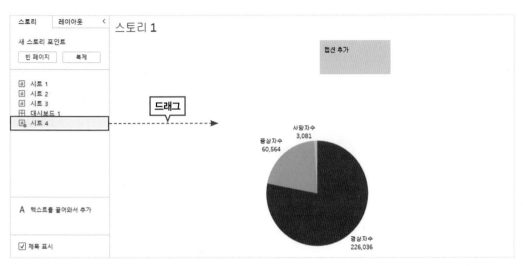

> **NOTE** 스토리 포인트는 파워포인트의 슬라이드와 같은 역할을 합니다. 각 스토리 포인트는 하나의 차트를 보여 줍니다. 위에 있는 회색 캡션을 클릭하면 해당 스토리 포인트로 이동합니다.

04 이제 차트의 핵심 메시지를 스토리 포인트의 캡션으로 보여 주기 위해 뷰 위쪽에 있는 탐색기의 캡션 상자를 클릭한 다음 '교통사고 사상자 중 경상자가 가장 많다!'라고 입력합니다.

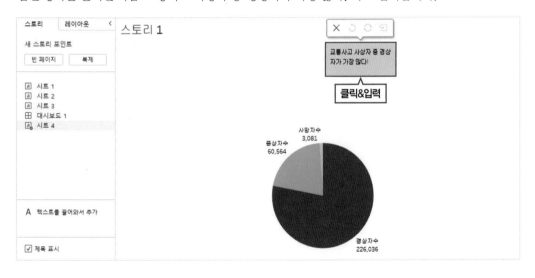

> **NOTE** 캡션 상자가 있는 곳을 탐색기라고 부릅니다.

05 캡션 상자의 크기를 조절해 캡션을 한 줄로 보여 주겠습니다. 탐색기에서 캡션 상자의 오른쪽 테두리를 드래그해서 크기를 키웁니다.

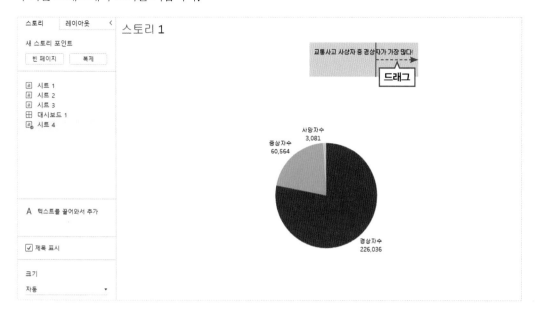

NOTE 캡션 상자의 위쪽 테두리는 선택할 수 없습니다. 다시 말해, 캡션 상자의 위쪽 테두리로는 캡션 상자 크기를 조절할 수 없습니다.

06 이제 스토리 포인트의 제목을 짓겠습니다. 뷰 왼쪽 위에 있는 제목 부분을 더블 클릭합니다. [제목 편집] 대화상자에서 입력 칸에 입력되어 있는 '〈시트 이름〉'을 지우고 '사고유형별 교통사고 분석'이라고 입력한 다음 [확인] 버튼을 클릭합니다. 이러면 스토리 포인트의 제목이 바뀝니다.

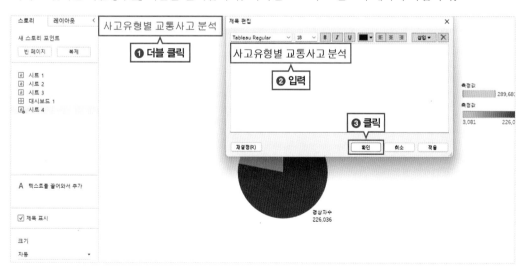

07 스토리 포인트에 데이터 스토리텔링용 설명 문구를 추가하기 위해 [스토리] 패널의 [텍스트를 끌어와서 추가]를 뷰로 드래그합니다.

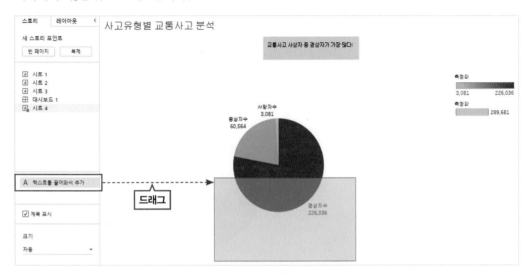

08 [설명 편집] 대화상자가 나타나면 '교통사고 사상자 중 경상자의 비율은 70%으로 가장 높습니다!'라고 입력한 다음 [확인] 버튼을 클릭합니다. 이렇게 하면 드래그했던 위치에 텍스트 상자가 만들어집니다.

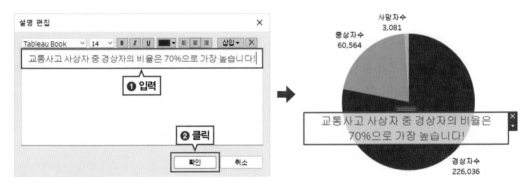

09 텍스트 상자를 파이 차트 아래에 배치하고 크기를 조정하겠습니다. 텍스트 상자의 이동(▬) 을 아래쪽으로 드래그합니다. 그런 다음 텍스트 상자 오른쪽 테두리를 드래그해서 크기를 조절합니다. 이제 그럴듯한 첫 번째 스토리 포인트가 만들어졌습니다.

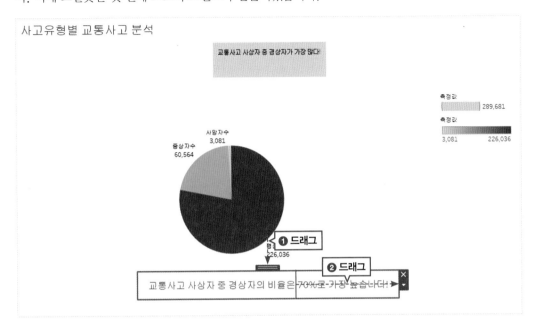

10 이제 새로운 스토리 포인트를 추가하기 위해 [스토리] 패널에서 [시트 1]을 탐색기의 캡션 상자 오른쪽으로 드래그합니다.

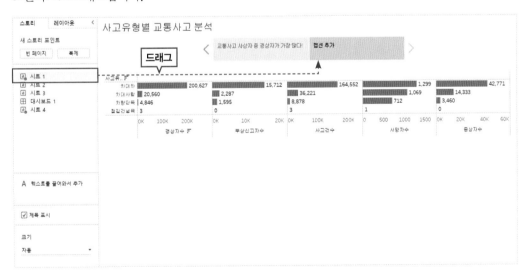

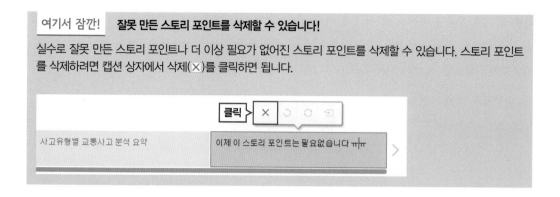
11 두 번째 스토리 포인트의 캡션을 입력하고 크기를 조정하겠습니다. 탐색기의 캡션 상자를 클릭한 다음 '교통사고 발생 원인 중 차대차가 가장 많다!'라고 입력합니다. 그리고 나서 캡션 상자 오른쪽 테두리를 드래그해서 크기를 키웁니다.

NOTE 하나의 캡션 상자 크기를 조절하면 탐색기에 있는 모든 캡션 상자의 크기도 조절됩니다.

12 차트의 메시지를 추가하겠습니다. [스토리] 패널의 [텍스트를 끌어와서 추가]를 뷰로 드래그합니다. [설명 편집] 대화상자에서 '차대차 사고는 사고건수, 사망자수, 중상자수, 경상자수, 부상신고자수 모든 항목에서 가장 많이 발생한 사고 유형입니다!'라고 입력한 다음 [확인] 버튼을 클릭합니다.

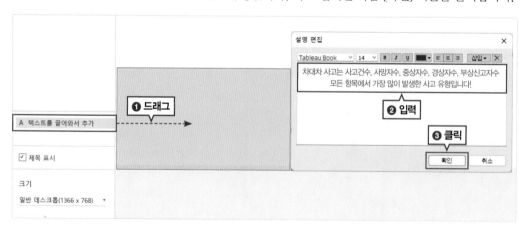

13 텍스트 상자의 크기와 위치를 조정하기 위해 텍스트 상자의 이동(▬)을 뷰 가운데로 드래그하고 오른쪽 테두리를 드래그해서 크기를 조절합니다. 이제 두 번째 스토리 포인트도 만들어졌습니다.

14 이제 세 번째 스토리 포인트도 추가하기 위해 [스토리] 패널에서 [시트 2]를 탐색기의 캡션 상자 오른쪽 끝으로 드래그하고 캡션 상자를 클릭해 '교통사고 발생 유형 중 측면충돌이 가장 많다!'라고 입력합니다.

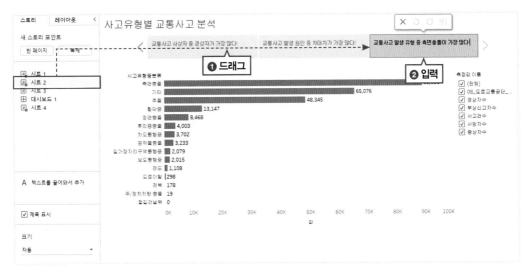

15 차트의 메시지를 추가하기 위해 [스토리] 패널의 [텍스트를 끌어와서 추가]를 뷰로 드래그하고 [설명 편집] 대화상자에서 '측면충돌 사고는 사고건수, 중상자수, 경상자수, 부상신고자수에서 가장 많이 발생한 사고 유형입니다!'라고 입력한 다음 [확인] 버튼을 클릭합니다.

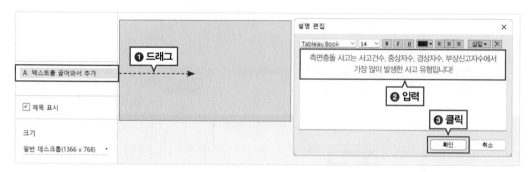

16 차트 메시지의 가독성을 높이기 위해 텍스트 상자를 뷰 가운데로 이동시키고 적당한 크기로 키웁니다. 이제 세 번째 데이터 포인트도 만들어졌습니다.

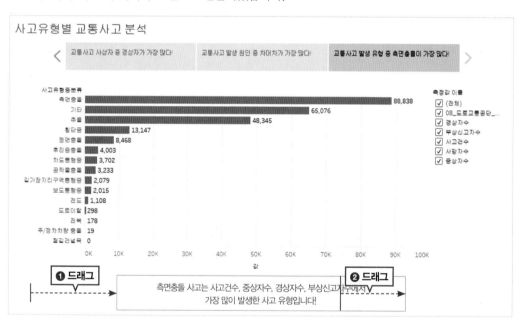

17 지금까지 했던 과정을 떠올리면서 [시트 3]으로 네 번째 데이터 포인트를 스스로 만들어 봅시다. 캡션 상자에는 '차량단독사고는 사망자와 밀접한 관계가 있다!'라고 입력하고, 텍스트 상자에는 '차량단독사고는 사고건수가 증가할수록 사망자수도 급격히 증가하는 경향을 보입니다!'라고 입력합니다. 이때 텍스트 상자는 차트를 가려서는 안 된다는 사실을 명심합시다. 다 만들었다면 아래의 그림과 비교해 봅시다.

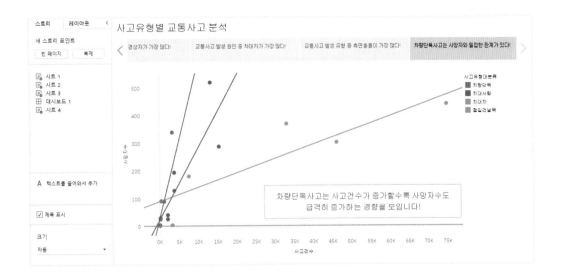

18 이제 그럴듯한 스토리가 완성되었습니다. 스토리를 확인해 봅시다. 툴바의 프레젠테이션 모드 (모)를 클릭합니다. 이러면 스토리가 전체화면으로 표시됩니다.

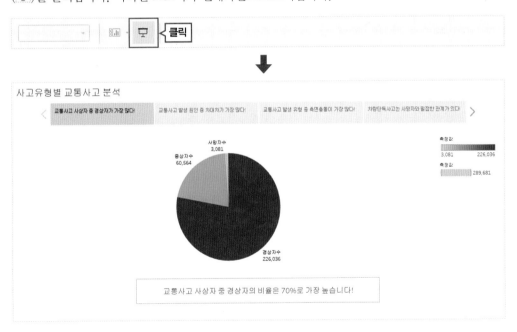

NOTE **F7** 키를 눌러서 프레젠테이션 모드를 시작할 수 있습니다.

---

19 캡션을 클릭해서 다른 스토리 포인트로 이동할 수 있으며, 항목을 클릭해서 하이라이트할 수 있습니다. 프레젠테이션 모드를 종료하려면 `Esc` 키를 누르거나 프레젠테이션 모드 끝내기(🖵)를 클릭합니다.

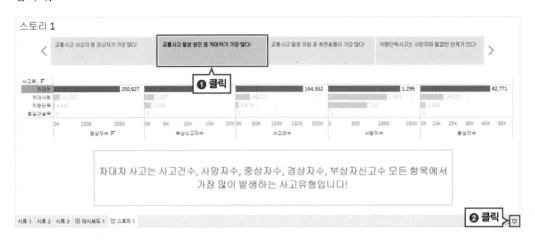

NOTE 프레젠테이션 모드에서 키보드의 `←` 키나 `→` 키를 누르면 다른 스토리 포인트로 이동할 수 있을 뿐만 아니라 시트로도 이동할 수 있습니다.

5단계 | 스토리로 발표하기

마지막으로 완성된 드릴다운 스토리로 사고유형별 교통사고 분석을 발표하겠습니다.

첫 번째 스토리 포인트: 교통사고 경상자, 중상사, 사망자 비율

우선 파이 차트로 사고유형에 관계없이 전체 교통사고 사상사 중 경상자가 70% 이상을 차지한다는 사실을 전달합니다. 이제 교통사고 사상자를, 세부적으로 사망, 중상, 경상자로 나누고 여기에 더해 사고건수와 부상신고자수를 얘기합니다.

두 번째, 세 번째 스토리 포인트: 사고유형별 교통사고 현황

다음으로 수평 막대 차트로 차대차 사고가 가장 많이 일어난다는 메시지를 전달합니다. 이제 슬라이드를 넘겨 사고유형을 세분화해서 측면충돌이 가장 많이 발생한다는 메시지를 곧바로 전달합니다.

네 번째 스토리 포인트: 사고건수와 사망자수의 관계

마지막으로 사고건수와 사망자수의 관계를 사고유형별로 분석해 차량단독사고는 사고가 났을 때 사망할 확률이 높다는 사실을 전달합니다. 이렇게 하면 교통사고 중 차대차의 측면충돌로 인해 경상을 입는 사람이 많은 이유와 차량단독 사고가 날 때 사망할 확률이 높은 이유를 보는 사람들과 함께 심도 깊게 분석하고 토론할 수 있습니다.

더 보기 좋은 태블로 스토리 만들기

직접 해 보기에서 만든 스토리에 다양한 요소를 추가하면 목적에 맞으면서도 더 보기 좋은 스토리를 만들 수 있습니다. 더 알아보기에서는 스토리를 더 보기 좋게 만드는 4가지 방법을 알아봅니다.

스토리에 대시보드를 추가해서 발표 정리하기

스토리에 사용된 차트를 모두 모은 대시보드를 스토리 포인트로 추가하면, 스토리의 메시지를 요약해서 전달할 수 있습니다. 대시보드도 시트를 추가할 때와 동일한 방법으로 스토리에 추가할 수 있습니다. 직접 해 보기에서 만든 스토리에 대시보드를 추가해 보겠습니다.

01 [스토리] 패널에서 [대시보드 1]을 탐색기의 캡션 상자 오른쪽 끝으로 드래그해서 스토리 포인트를 추가한 다음 캡션 상자를 클릭해 '사고유형별 교통사고 분석 요약'이라고 입력합니다.

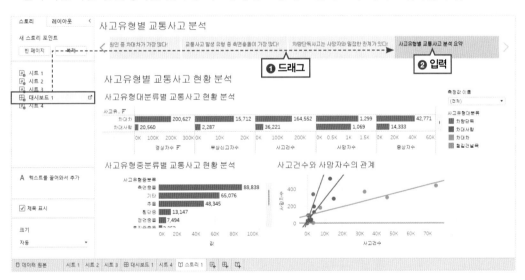

02 스토리와 대시보드에 각각 제목이 있어서 다소 혼란스럽습니다. 대시보드의 제목을 제거하겠습니다. [대시보드 1] 탭을 클릭해 '사고유형별 교통사고 현황 분석' 대시보드로 이동한 다음 [대시보드] 패널의 [대시보드 제목 표시]를 체크 해제합니다.

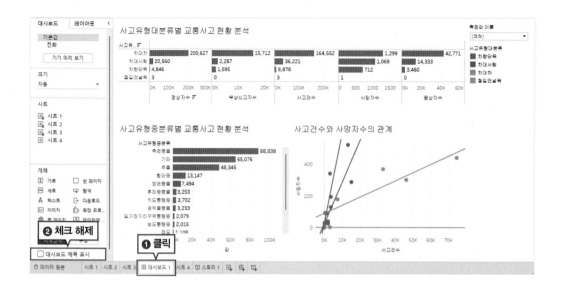

03 다시 [스토리 1] 탭을 클릭해 '사고유형별 교통사고 분석' 스토리로 돌아옵니다. 스토리에도 대시보드의 제목이 제거되었습니다.

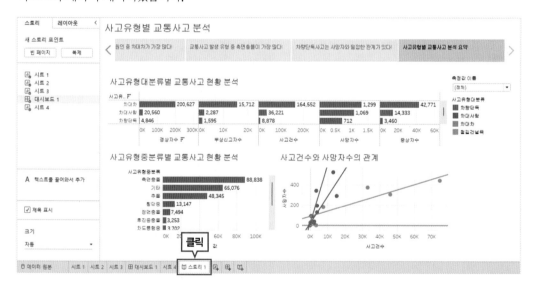

스토리에 웹 사이트를 포함시켜 데이터 출처 보여 주기

첫 번째 스토리 포인트에 원 데이터 출처를 추가해서 설명할 수 있습니다. 직접 타이핑할 수도 있지만 스토리에 데이터 출처 웹 사이트를 포함할 수도 있습니다. **직접 해 보기**에서 만든 스토리의 원 데이터는 〈공공데이터포털〉 웹 사이트에서 얻은 것이니 해당 웹 사이트를 스토리에 포함시키겠습니다.

01 [시트] 탭에서 새 대시보드(⊞)를 클릭해서 빈 대시보드를 만들고 [대시보드] 패널 아래쪽에 있는 [개체] 목록에서 [웹 페이지]를 뷰로 드래그합니다.

NOTE   [대시보드] 패널의 [개체] 목록에서는 웹 페이지뿐만 아니라 이미지 파일, 텍스트 등도 추가할 수 있습니다. 스토리 곳곳에 이미지와 텍스트로만 이루어진 대시보드를 배치해 전달하고자 하는 메시지를 강조하거나 분위기를 환기할 수도 있습니다. 이미지와 텍스트를 추가하는 방법은 5장에서 다룹니다.

02 [URL 편집] 대화상자가 나타나면 입력 칸에 다음의 원 데이터 출처 URL을 입력한 다음 [확인] 버튼을 클릭합니다. 이러면 웹 사이트 화면이 대시보드에 표시됩니다.

→ data.go.kr/tcs/dss/selectFileDataDetailView.do?publicDataPk=15070282

03 표시되는 웹 사이트의 크기를 키우기 위해 [대시보드] 패널에서 [크기]의 드롭다운 버튼을 클릭한 다음 '자동'을 선택합니다.

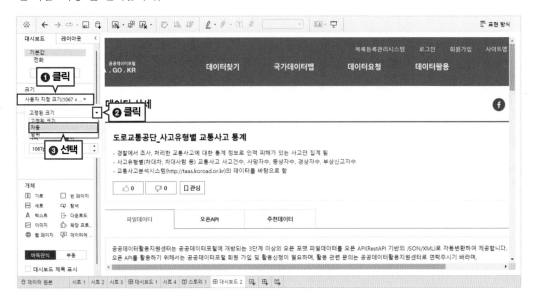

04 이제 스토리에 웹 사이트를 추가하겠습니다. [스토리 1] 탭으로 이동하고 [스토리] 패널의 [대시보드 2]를 탐색기 캡션 상자 왼쪽 앞으로 드래그합니다. 그런 다음 캡션 상자를 클릭해서 '원 데이터 설명'이라고 입력합니다. 이제 스토리에 데이터 출처 웹 사이트가 추가되었습니다.

캡션 상자를 다른 모양으로 바꿔서 시선을 데이터에 집중시키기

다른 사람이 스토리를 직접 클릭해서 원하는 데이터를 확인할 수 있게 만들 때는 캡션 상자를 사용하면 편리합니다. 하지만, 스토리 포인트의 순서가 중요하고 다른 사람을 발표 내용에 더욱 집중시키고 싶다면 캡션 상자의 모양을 숫자, 점, 화살표로 바꾸면 됩니다.

01 캡션 상자를 숫자로 바꾸겠습니다. 사이드바의 [레이아웃] 탭을 클릭한 다음 '숫자'를 선택합니다.

02 탐색기 양쪽 끝에 화살표가 표시되는 것이 거슬린다면 [레이아웃] 패널의 [화살표 표시]를 체크 해제합니다.

스토리 글꼴 바꾸기

차트와 마찬가지로 스토리의 글꼴도 바꿀 수 있습니다. 글꼴을 바꿔서 더 멋진 스토리를 만들어 봅시다.

01 [서식]–[스토리] 메뉴를 클릭해서 [스토리 서식] 패널을 엽니다.

02 제목 글꼴을 바꾸기 위해 [스토리 서식] 패널 [제목] 목록의 글꼴 드롭박스에서 원하는 글꼴을 선택합니다. 이 책에서는 '나눔고딕'을 사용하겠습니다. 이제 스토리 제목 글꼴이 바뀌었습니다.

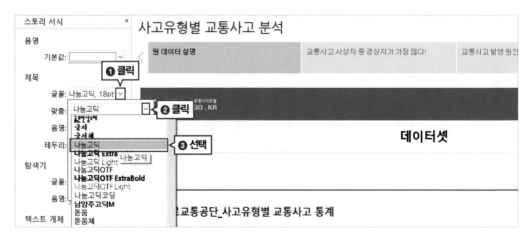

NOTE 차트에 사용된 글꼴은 워크시트에서 변경해야 합니다. 바꾸는 방법이 기억이 나지 않는다면 213쪽을 다시 살펴봅시다.

태블로 스토리의 주요 특성

이상으로 태블로 스토리 기능에 대해서 알아보았습니다. 스토리의 장점과 설득력 있는 데이터 스토리텔링 표현 방법 7가지를 정리하면 다음과 같습니다.

태블로 스토리의 장점

- 차트와 상호작용이 가능합니다.
- 태블로에서 만든 차트와 실시간으로 연동됩니다.

7가지 데이터 스토리텔링 방법

- **시간대별 변화:** 시간의 흐름에 따른 데이터 트렌드 설명
- **드릴다운:** 큰 항목 설명 후 세부 항목 설명
- **축소:** 공감할 만한 내용 제시 후 그것이 어떻게 큰 문제와 연결되는지 설명
- **대조:** 보여 주고자 하는 데이터와 다른 데이터를 비교해서 설명
- **교차:** 항목의 수치가 다른 항목의 수치를 넘어서면서 발생하는 변화를 설명
- **요소:** 메시지를 카테고리로 나누어서 설명
- **이상값:** 비정상적이거나 확연한 차이를 보이는 항목값의 특성을 설명

스토리는 지금까지 만들었던 다양한 차트와 대시보드를 다른 사람에게 효과적으로 전달할 때 거쳐야 하는 마지막 관문입니다. 다양한 데이터로 스토리를 만들어 보면서 데이터 스토리텔링을 익혀 봅시다.

한국환경공단에서 제공하는 공공하수처리시설 현황 데이터로 데이터 스토리텔링을 해보면 어떨까요? 〈공공데이터포털〉 웹 사이트에서 해당 데이터를 내려받을 수 있습니다(data.go.kr/data/3073222/fileData.do).

이 데이터에는 시도, 시설명, 소재지, 시설용량, 고도, 유입하수량 등 다양한 항목이 있습니다. 7가지 데이터 스토리텔링 표현 방법을 적용해서 다른 사람을 설득하는 스토리를 만들어 보길 바랍니다.

CHAPTER

5

데이터 시각화 적용하기
데이터 시각화로 사례 분석하기

5-1

서울특별시 공공 자전거 현황 분석
사람들은 언제 어디서 자전거를 타고 싶어 할까?

사례 속 시각화 요소: #영역 차트 #막대 차트

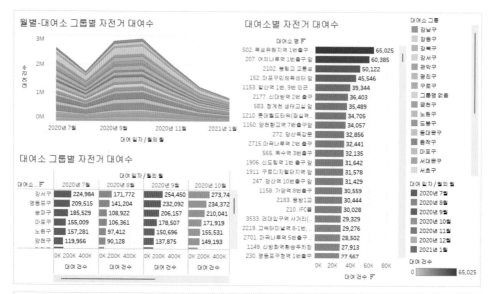

서울시 공공자전거 현황 분석

‹ • • • • • ›

서울시의 야심작 따릉이!
사람들은 언제 어디서 자전거를 타고 싶어 할까?

효율적인 공공자전거 대여 서비스를 제공하려면 정확한 수요 예측이 필요합니다. 5-1절에서는 서울특별시에서 제공하는 공공자전거 대여소별 이용정보 데이터를 영역 차트와 막대 차트로 시각화하면서 서울특별시 공공자전거 대여 현황을 분석합니다.

공공자전거 대여 서비스와 따릉이

우리는 집과 사무실을 공유하고, 자전거와 자동차를 빌려 탑니다. 이처럼 하나의 제품이나 공간을 다른 사람과 나눠 쓰면서 불필요한 재화 소유를 줄이는 경제 활동 방식을 공유경제라고 합니다. 공유경제 중 가장 유명한 성공 사례는 공공자전거 대여 서비스입니다.

공공자전거 대여 서비스는 2007년 파리의 벨리제로부터 시작되었습니다. 사람들의 교통 편의성을 크게 높여 주는 서비스이므로 전 세계의 많은 도시에 도입되었습니다. 우리나라에도 2008년 창원시의 누비자를 시작으로 이듬해 대전광역시의 타슈, 순천시의 온누리 등 다양한 공공자전거 대여 서비스가 도입되었습니다. 이런 흐름에 맞춰 서울특별시도 2015년에 따릉이라는 이름의 공공자전거 대여 서비스를 시작했습니다.

┃ 파리의 벨리제와 서울특별시의 따릉이

공공자전거 대여 서비스를 효과적으로 운영하려면 사람들이 대기시간 없이 자전거를 이용할 수 있도록 충분한 자전거를 확보하는 일이 중요합니다. 하지만 무작정 자전거수를 늘리기에는 관리와 예산상의 문제가 있습니다. 따라서 도시 곳곳의 공공자전거를 안정적으로 제공하려면 적절한 수요를 예측해야 합니다. 조금 더 구체적으로 말하면 계절, 날씨, 시간대별로 필요한 자전거수를 살펴봐야 합니다. 자전거 수요를 정확하게 예측할 수 있다면 공공자전거의 편의성을 높일 수 있으며 예산을 효율적으로 집행할 수 있습니다.

서울특별시는 공공자전거에 부착된 GPS로 위치 정보를 수집하고 있습니다. 이렇게 수집된 데이터는 공공데이터로 모든 사람에게 공개되어 있습니다. 〈서울 열린데이터광장〉 웹 사이트에서 대여 건수, 대여 일자, 이동 정보 등 서울시 공공자전거와 관련된 여러 데이터를 획득할 수 있습니다.

〈서울 열린데이터광장〉웹 사이트 시작화면(data.seoul.go.kr)

질문하기 | **공공자전거 이용정보로 무엇을 알 수 있을까?**

예제 파일 　10_서울시_공공자전거 대여소별 이용정보.csv
원 데이터 　data.seoul.go.kr/dataList/OA-15248/F/1/datasetView.do

본격적인 시각화에 앞서 〈서울 열린데이터광장〉 웹 사이트에서 제공하는 공공자전거 대여소별 이용
정보 데이터를 준비하고 질문을 떠올려 봅시다.

1단계 　데이터 준비하기

다음은 예제 파일 속 데이터의 일부를 보여 주는 표입니다. 실제 예제 파일 속 데이터는 총 14,754개
의 행으로 구성되어 있습니다. 예제 파일에서 다루는 항목은 표에 있는 4가지이며 이번 실습에서는 이
4가지 항목을 모두 사용합니다. 데이터에서 다루는 시기는 2020년 7월부터 2021년 1월까지입니다.

│ 공공자전거 대여소별 이용정보 데이터 중 일부

대여소 그룹	대여소 이름	대여 일자/월	대여 건수
강남구	2301. 현대고등학교 건너편	202007	3,997
강남구	2302. 교보타워 버스정류장	202007	1,250
중랑구	1479. 면목 홈플러스 2	202101	187
중랑구	1480. 용마지구대 옆	202101	207

이제 데이터는 준비되었습니다. 14,754개의 방대한 공공자전거 데이터로 어떤 궁금증을 해결할 수 있을까요? 여러 질문을 떠올릴 수 있지만, 여기서는 다음의 3가지 질문에 답하겠습니다.

공공자전거 대여소별 이용정보 데이터로 떠올려 볼 수 있는 질문

- 자전거 대여수는 월별로 어떤 차이를 보이는가?
- 자전거 대여수는 대여소 그룹별로 어떤 차이를 보이는가?
- 자전거 대여수가 가장 많은 대여소는 어디인가?

이 질문들에 답하려면 어떤 차트를 사용해야 할까요?

첫 번째 질문에 답하려면 2020년 7월부터 2021년 1월까지 수집된 자전거 이용 데이터를 바탕으로 시간의 흐름에 따른 자전거 대여수의 변화를 항목(대여소 그룹)별로 살펴봐야 합니다. 3-2절에서 이럴 때 유용한 선 차트를 배웠었죠? 이번에는 한 발짝 더 나아가 선 차트를 변형한 영역 차트를 사용하겠습니다. **영역 차트**를 사용하면 전체 자전거 대여수와 대여소 그룹별 대여수를 동시에 파악할 수 있습니다.

두 번째 질문에 답하려면 대여소 그룹을 비교해야 합니다. 예제 파일을 살펴보면 총 26개의 대여소 그룹 데이터가 있습니다. 이처럼 많은 데이터를 한정된 공간에서 비교할 때는 어떤 차트가 유용할까요? 바로 3-1절에서 배웠던 **수평 막대 차트**입니다. 두 번째 질문은 수평 막대 차트로 답하겠습니다.

세 번째 질문에 답하려면 대여소 간 대여수를 비교해야 합니다. 대여소는 대여소 그룹보다 훨씬 많은 2,229개의 데이터로 이루어져 있습니다. 이 질문 역시 두 번째 질문과 마찬가지로 **수평 막대 차트**를 사용해서 답해 보겠습니다.

답해 보기 서울특별시 공공자전거 대여 현황은 어떤가?

1단계 첫 번째 질문에 답해 보기

지금부터 영역 차트를 만들면서 '자전거 대여수는 월별로 어떤 차이를 보이는가?'라는 질문에 답하겠습니다.

월별-대여소 그룹별 자전거 대여수 영역 차트 만들기

01 '10_서울시_공공자전거 대여소별 이용정보.csv' 파일을 불러온 다음 [시트 1] 탭으로 이동합니다. [데이터] 패널에서 [대여 일자 / 월]의 드롭다운 버튼을 클릭한 다음 [데이터 유형 변경]-[날짜]를 선택합니다.

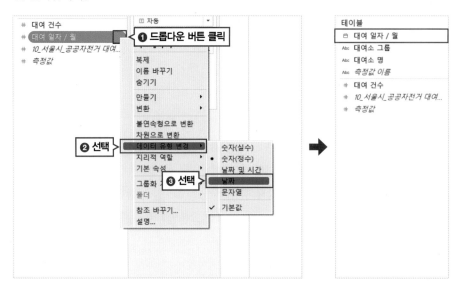

02 이제부터 본격적으로 선 차트를 만들겠습니다. [데이터] 패널의 [대여 일자 / 월]을 [열] 선반으로, [대여 건수]를 [행] 선반으로 드래그합니다.

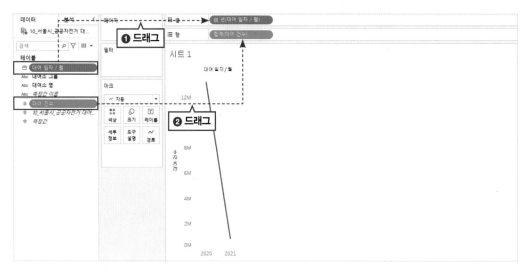

03 그런데 뭔가 이상합니다. [대여 일자 / 월]에는 분명히 월이라고 써있는데 선 차트의 가로축은 연도로 표시됩니다. 이 문제를 해결하겠습니다. [열] 선반에 있는 [년(대여 일자 / 월)]의 드롭다운 버튼을 클릭해서 [월 2015년 5월]을 선택합니다. 이러면 대여 일자가 월로 표시됩니다.

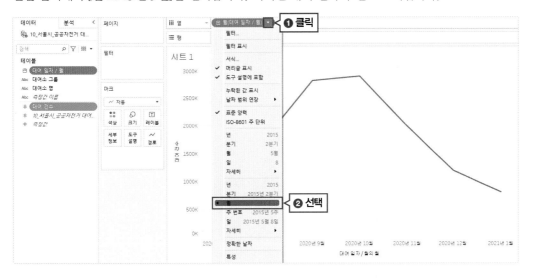

NOTE [년(대여 일자 / 월)]의 드롭다운 버튼을 클릭하면 '월'이라는 항목이 2개가 있습니다. '월 5월'은 연도 표시 없이 월만 표시하는 형식이며, '월 2015년 5월'은 연도까지 같이 표시하는 형식입니다.

04 이제 선 차트를 영역 차트로 바꾸기 위해 [마크] 카드의 드롭다운 버튼을 클릭해서 '영역'을 선택합니다.

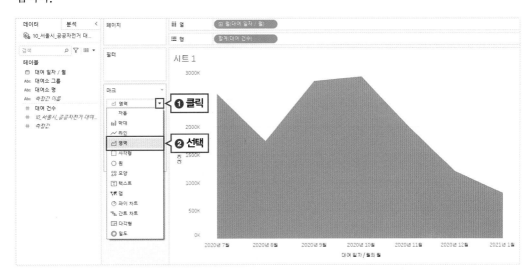

NOTE 툴바에 있는 표현 방식(표현 방식)에서 영역 차트(연속성)을 클릭해도 영역 차트가 만들어집니다.

05 마지막으로 대여소 그룹별 대여 건수를 영역 차트 안에 추가하겠습니다. [데이터] 패널에서 [대여소 그룹]을 [마크] 카드의 색상(▦)으로 드래그합니다. 이러면 필드가 너무 많으니 필드수를 줄이라는 [경고] 대화상자가 나타납니다. 당황하지 말고 [모든 멤버 추가] 버튼을 클릭합니다. 그런 다음 시트의 제목을 '월별-대여소 그룹별 자전거 대여수'라고 지어줍니다.

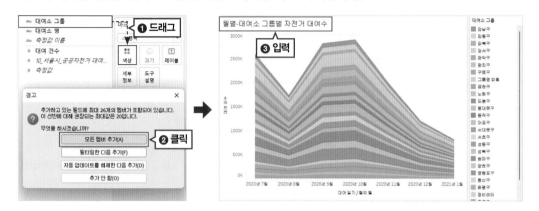

월별-대여소 그룹별 자전거 대여수 영역 차트가 완성되었습니다. 지금까지 만든 차트의 특징을 살펴보고 이를 바탕으로 첫 번째 질문에 답하겠습니다.

- 가로축은 2020년 7월부터 2021년 1월까지의 월수를 순차적으로 보여 줍니다.
- 세로축은 월별 총 자전거 대여수 합계를 보여 줍니다.
- 순차형 배합을 적용해 대여소 그룹마다 서로 다른 색상을 사용했습니다. 이를 통해 대여소 그룹별 트렌드도 파악할 수 있습니다.

Q1. 자전거 대여수는 월별로 어떤 차이를 보이는가?

A1. 우선 월별로 자전거 대여수에 급격한 차이가 있다는 사실을 알 수 있습니다. 대여수는 9월과 10월, 계절로는 가을에 가장 많고 그 다음으로 여름인 7월에 많습니다. 추운 겨울인 12월과 1월의 대여수가 가장 낮습니다. 흥미롭게도 8월에 일시적으로 자전거 대여수가 감소한다는 사실도 확인할 수 있습니다. 무더위에는 사람들이 자전거를 타고 싶어 하지 않는다고 짐작할 수 있습니다. 분석 내용을 정리하면 다음과 같은 결론을 내릴 수 있습니다.

"사람들은 너무 춥거나 더운 계절에는 자전거를 타지 않고, 선선한 가을에 자전거를 많이 탄다."

2단계 두 번째 질문에 답해 보기

지금까지 첫 번째 질문에 답해 보았습니다. 이제부터는 '자전거 대여수는 대여소 그룹별로 어떤 차이를 보이는가?'라는 질문에 답해 보겠습니다. 이 질문에 답하기 앞서 대여소 그룹별 자전거 대여수를 보여 주는 수평 막대 차트를 만들어야 합니다.

대여소 그룹별 자전거 대여수 수평 막대 차트 만들기

01 새 워크시트를 만듭니다. [데이터] 패널의 [대여 일자 / 월]과 [대여 건수]를 [열] 선반으로, [대여소 그룹]을 [행] 선반으로 드래그합니다.

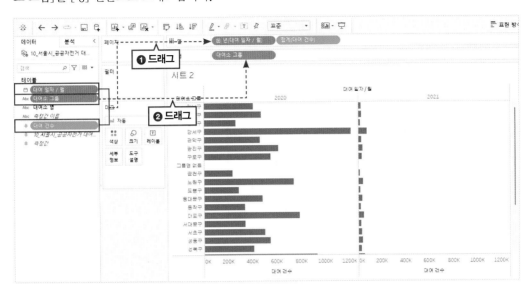

02 영역 차트를 만들 때와 마찬가지로 대여 건수가 연도로 표시됩니다. 연도를 월로 바꾸기 위해 [열] 선반에 있는 [년(대여 일자 / 월)]의 드롭다운 버튼을 클릭한 다음 [월 2015년 5월]을 선택합니다.

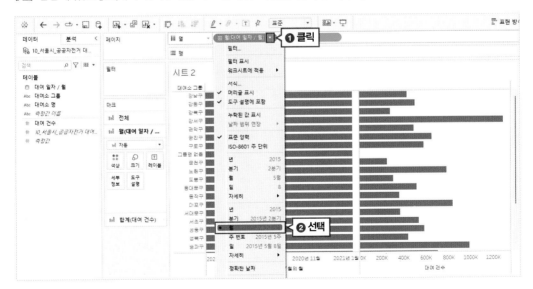

03 근데 모양이 조금 이상합니다. 보기 좋은 수평 막대 차트가 될 수 있게 모양을 바꾸겠습니다. 툴바의 표현 방식(표현 방식)을 클릭한 다음 가로 막대(≡)를 클릭합니다. 그런 다음 툴바의 내림차순 정렬(↓F)을 클릭합니다.

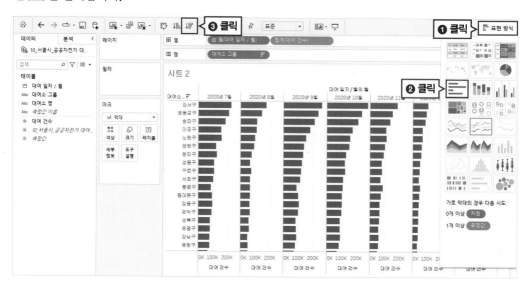

04 월별로 대여 건수를 쉽게 비교할 수 있도록 색상을 추가하겠습니다. **Ctrl** 키를 누른 채로 [열] 선반에서 [월(대여 일자 / 월)]을 [마크] 카드의 색상(⠿)으로 드래그합니다.

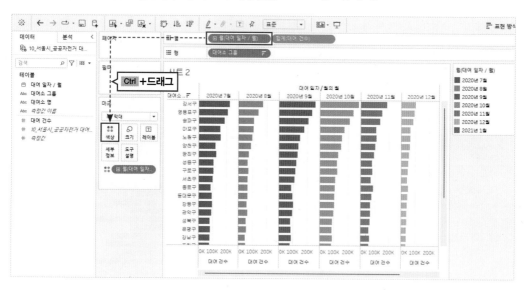

05 이제 마지막으로 막대에 수치를 표시하고, 시트 제목을 짓겠습니다. [데이터] 패널에서 [대여 건수]를 [마크] 카드의 레이블(T)로 드래그합니다. 제목은 '대여소 그룹별 자전거 대여수'라고 지어줍니다.

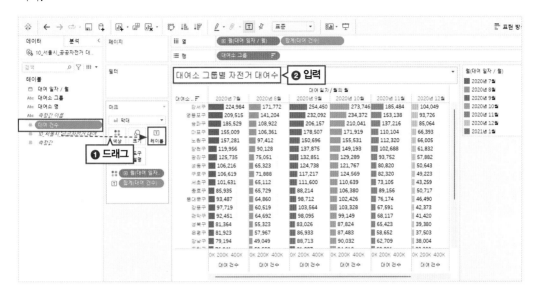

대여소 그룹별 자전거 대여수를 보여 주는 그럴듯한 수평 막대 차트가 만들어졌습니다. 우리가 지금까지 한 일을 한번 정리해 볼까요?

- 가로축은 자전거 대여수를 보여 줍니다.
- 세로축은 대여소 그룹의 일부를 보여 줍니다.
- 대여수를 내림차순으로 정렬해서 대여수가 많은 대여소 그룹을 바로 확인할 수 있도록 했습니다.
- 월별 대여수를 서로 다른 색상으로 표현해서 월별 대여수 트렌드를 확인할 수 있게 했습니다.
- 막대에 대여수를 표시해서 정확한 수치를 확인할 수 있게 했습니다.

Q2. 자전거 대여수는 대여소 그룹별로 어떤 차이를 보이는가?

A2. 자전거 대여수는 대여소 그룹별로 확연한 차이가 있습니다. 자전거 대여수가 가장 많은 대여소 그룹은 강서구이며, 영등포구와 송파구가 그 뒤를 따르고 있습니다. 이와는 반대로 금천구, 강북구, 도봉구는 상대적으로 자전거 대여수가 적습니다.

강서구는 비교적 한강과 인접하고 있어서 한강 자전거 도로를 통해 도심으로 이동하기 편리한 지리적 이점이 있습니다. 이런 연유로 다른 지역에 비해 자전거 대여수가 높은 것으로 예측됩니다. 분석 내용을 정리하면 다음과 같은 결론을 내릴 수 있습니다.

"강서구의 자전거 대여수가 많은 이유는 한강에 인접한 지역적 특성에 따른 것으로 추측된다."

3단계 세 번째 질문에 답해 보기

이제 마지막 질문인 '자전거 대여수가 가장 많은 대여소는 어디인가?'에 답해 봅시다. 이 질문은 앞서 답한 두 번째 질문과 비슷한 유형이므로 수평 막대 차트를 만들어서 질문에 답하겠습니다.

대여소별 자전거 대여수 수평 막대 차트 만들기

01 새 워크시트를 만들고 [데이터] 패널의 [대여 건수]를 [열] 선반으로 드래그합니다. 그런 다음 [대여소 명]을 [행] 선반으로 드래그하면 [경고] 대화상자가 뜹니다. 첫 번째 질문에 답하기 위한 영역 차트를 만들 때와 마찬가지로 [모든 멤버 추가] 버튼을 클릭합니다.

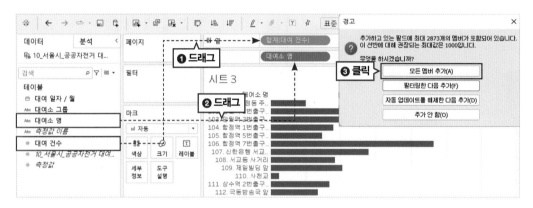

02 막대에 순차형 색상 배합을 적용하기 위해 [데이터] 패널의 [대여 건수]를 [마크] 카드의 색상( )으로 드래그합니다. 그런 다음 내림차순 정렬( )을 클릭해 차트를 정렬합니다.

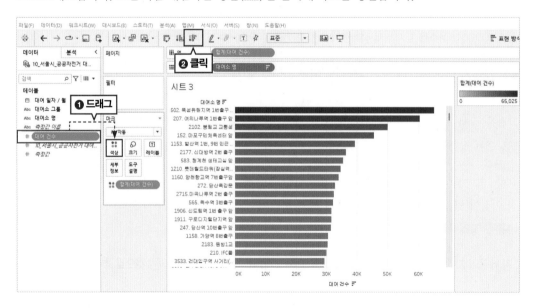

03 마지막으로 막대에 수치를 표시하고 시트 제목을 짓겠습니다. [데이터] 패널에서 [대여 건수]를 [마크] 카드의 레이블(**T**)로 드래그합니다. 그런 다음 제목을 '대여소별 자전거 대여수'라고 지어줍니다.

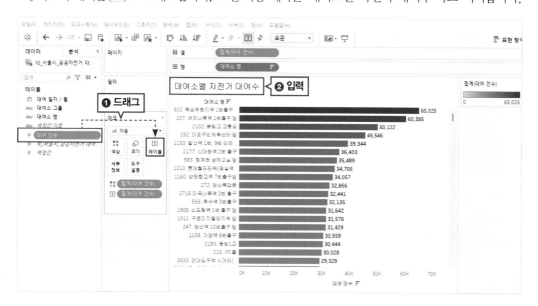

이제 마지막 질문에 답할 때 필요한 수평 막대 차트가 완성되었습니다. 이 차트의 특징을 다음과 같이 정리할 수 있습니다.

- 가로축은 자전거 대여수를 보여 줍니다.
- 대여수를 내림차순으로 정렬해서 대여수가 가장 많은 대여소를 쉽게 확인할 수 있게 했습니다.
- 세로축은 대여수가 높은 대여소의 일부를 보여 줍니다. 나머지 대여소의 자전거 대여수는 스크롤을 내려서 확인할 수 있습니다.
- 막대에 순차형 배합을 적용해 대여수가 많을수록 짙은 파랑색을 띠도록 했습니다.
- 막대에 대여수를 표시해서 정확한 수치를 확인할 수 있게 했습니다.

Q3. 자전거 대여수가 가장 많은 대여소는 어디인가?

A3. 내림차순으로 정렬된 막대를 살펴보면 가장 위에 있는 2개의 막대가 짙은 파란색으로 표시된다는 사실을 알 수 있습니다. 자전거 대여수가 가장 많은 곳은 '뚝섬유원지역1번출구앞' 대여소이며 그다음으로 많은 대여수를 기록한 곳은 '여의나루역1번출구앞' 대여소입니다.

뚝섬 한강공원은 뚝섬 유원지를 개편해서 만들어진 공원으로 총 18.6km에 달하는 자전거 도로가 마련되어 있습니다. 이 자전거 도로를 따라가다 보면 뚝섬의 경치와 더불어 각종 문화시설을 만끽할수 있습니다. 뚝섬유원지역 1번 출구 근처에 공공자전거 대여소가 있다 보니 뚝섬 유원지를 방문하는 사람은 자전거를 자연스럽게 대여합니다. '뚝섬유원지역1번출구앞' 대여소는 이러한 지역적 이점을 바탕으로 가장 많은 공공자전거 대여수를 기록한 것으로 보입니다. 분석 내용을 정리하면 다음과 같은 결론을 내릴 수 있습니다.

"자전거 대여수가 가장 많은 대여소는 뚝섬 한강공원에 위치한 자전거 대여소다."

보여 주기 | 공공자전거 수요 예측 지원하기

1단계 | 대시보드의 목적 고민하기

지금까지 서울특별시 공공자전거 대여 현황에 관한 여러 가지 질문에 답해 보았습니다. 다음으로 할 일은 이렇게 얻어 낸 답을 다른 사람에게 설득력 있게 전달하는 것입니다. 우선 다른 사람들이 관심 있어 하는 정보를 직접 확인할 수 있게 대시보드로 배포해 봅시다. 본격적으로 대시보드를 제작하기 전에 다음 항목을 우선 생각해 봐야 합니다.

1. 목표 정하기

서울특별시 공공자전거의 수요에 영향을 주는 요인을 전달해서 공공자전거 이해관계자들이 정확한 공공자전거 수요를 예측할 수 있도록 도와줍니다.

2. 보는 사람 예측하기

- 서울특별시 교통행정과
- 공공자전거 정책관계자
- 공공자전거를 공급하는 자전거 회사
- 공공자전거 앱 개발자 등

3. 전달할 메시지 정하기

- 계절에 따라 자전거 대여수는 급격하게 변화한다.
- 너무 덥거나 너무 추운 날씨에는 자전거 대여수가 감소한다.
- 여가 활동을 즐길 수 있는 대여소에서 높은 자전거 대여수를 보인다.

4. 활용 방안 고민하기

공공자전거 이해관계자들은 대시보드로 매일 변화하는 자전거 대여 현황을 파악할 수 있습니다. 이를 바탕으로 자전거를 적시 적소에 알맞게 공급해서 시민들의 교통 편의성을 높일 수 있습니다.

01 지금부터 앞서 살펴본 4가지 항목을 바탕으로 서울특별시 공공자전거 현황을 보여 주는 대시보드를 만들겠습니다. 답해 보기에서 만들었던 차트를 다시 활용합니다. 새 대시보드를 만듭니다. [대시보드] 패널에서 [크기]의 드롭다운 버튼을 클릭하고 '자동'을 선택합니다.

02 [시트 1] 탭의 '월별-대여소 그룹별 자전거 대여수' 차트를 왼쪽 위에, [시트 2] 탭의 '대여소 그룹별 자전거 대여수' 차트를 왼쪽 아래에, [시트 3] 탭의 '대여소별 자전거 대여수' 차트를 오른쪽에 배치하겠습니다. 우선 [대시보드] 패널의 [시트 1]을 뷰로 드래그합니다.

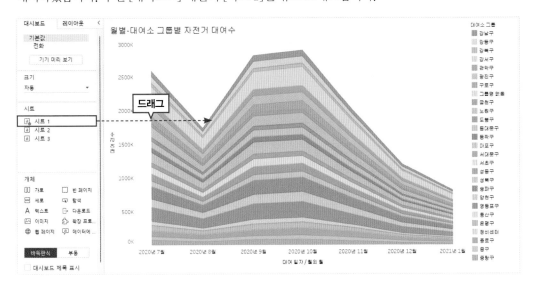

03 [대시보드] 패널의 [시트 2]를 뷰에 있는 '월별−대여소 그룹별 자전거 대여수' 차트 아래쪽으로 드래그합니다.

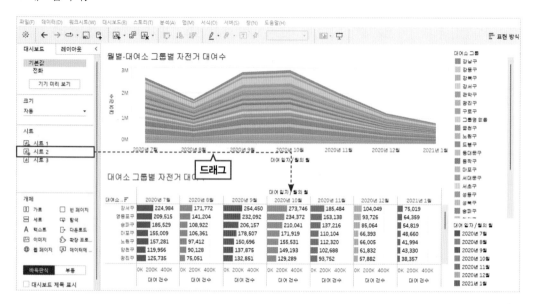

04 마지막 차트를 추가하겠습니다. [대시보드] 패널의 [시트 3]을 뷰에 있는 '월별−대여소 그룹별 자전거 대여수'와 '대여소 그룹별 자전거 대여수' 차트 오른쪽으로 드래그합니다.

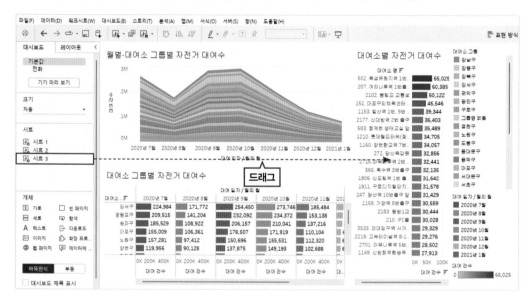

05 이제 차트를 서로 연동하겠습니다. '대여소 그룹별 자전거 대여수' 차트를 클릭하면 나타나는 오른쪽 테두리의 필터로 사용(⧩)을 클릭합니다. 이제 '대여소 그룹별 자전거 대여수' 차트의 특정 대여소 그룹을 선택하면 나머지 차트도 선택한 대여소 그룹에 맞는 정보만을 표시합니다.

06 마지막으로 차트의 크기를 보기 좋게 조절하기 위해 '대여소별 자전거 대여수' 차트의 왼쪽 테두리를 대시보드의 1/2 정도 부분까지 드래그합니다.

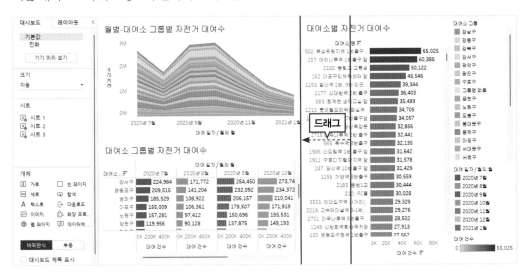

이제 정말 그럴듯한 대시보드가 완성되었습니다. 이 대시보드는 어떤 특징을 가지고 있을까요?

- 월별 자전거 대여수를 가장 먼저 볼 수 있도록 왼쪽 위에 배치했습니다.
- 대여소 그룹별 자전거 대여수 차트를 필터로 지정했습니다. 이 차트의 특정 항목을 클릭해 원하는 월의 대여소 그룹별 자전거 대여수를 확인할 수 있습니다.
- 항목이 가장 많은 수직 막대 차트를 오른쪽에 세로로 길게 배치해서 가독성을 높였습니다.

공공자전거 대여수에 영향을 미치는 원인 전달하기

이제 앞서 만든 차트들과 분석 결과를 다른 사람에게 발표하는 일만 남았습니다. 어떤 데이터 스토리텔링 표현 방법이 효과적일까요? 공공자전거 대여 서비스는 많은 사람이 이용해 봤을 것입니다. 그러므로 청중의 관심사를 시작으로 그것이 어떻게 큰 문제와 연결되는지를 점진적으로 설명하는 스토리텔링 표현 방법인 **축소**를 적용할 수 있습니다. 그럼 스토리를 한번 만들어 볼까요?

1단계 스토리 만들기

01 우선 스토리의 표지를 만들겠습니다. 새 대시보드를 만듭니다. [대시보드] 패널에서 [크기]의 드롭다운 버튼을 클릭한 다음 '자동'을 선택합니다. 이러면 대시보드를 스토리에 추가할 때 대시보드의 크기가 스토리의 크기에 맞게 조정됩니다.

02 표지에 사용할 이미지를 추가하기 위해 [대시보드] 패널 [개체] 목록에서 [부동]을 클릭한 다음 같은 목록에 있는 [이미지]를 뷰로 드래그합니다.

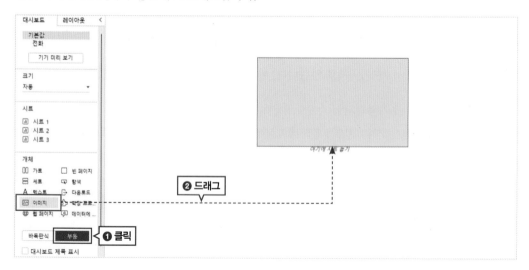

03 [이미지 개체 편집] 대화상자가 나타나면 [선택] 버튼을 클릭한 다음 예제로 제공되는 '따릉이 사진.png' 파일을 불러오고 [확인] 버튼을 클릭합니다. 이러면 [이미지]를 드래그했던 위치에 이미지가 추가됩니다.

04 이제 표지에서 보여 줄 핵심 문구를 작성하겠습니다. [대시보드] 패널에서 [개체] 목록의 [텍스트]를 뷰에 있는 이미지 아래쪽으로 드래그합니다.

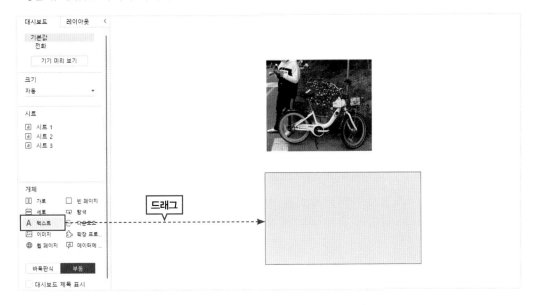

05 [텍스트 편집] 대화상자가 나타나면 글꼴 크기를 20pt로 설정한 다음 '서울시의 야심작 따릉이! Enter 사람들은 언제 어디서 자전거를 타고 싶어 할까?'라고 입력합니다. 따릉이의 핵심 색상인 초록색으로 '따릉이'를 강조하기 위해 '따릉이' 글자를 드래그한 다음 색상 선택 드롭박스에서 '초록색'을 클릭합니다. 마지막으로 [확인] 버튼을 클릭합니다.

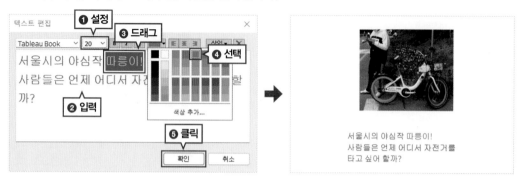

06 이제 이미지와 글자 크기를 조절하고 적당한 위치로 옮기겠습니다. 이미지의 테두리로 이미지 크기를 적당하게 조절합니다. 그런 다음 이동(▬)을 드래그해서 적당한 위치로 이미지를 옮깁니다. 글자도 같은 방식으로 크기와 위치를 조정합니다. 이러면 그럴듯한 표지가 만들어집니다.

07 이제 본격적으로 스토리를 만들겠습니다. 우선 새 스토리를 만듭니다. 그런 다음 [스토리 패널]에서 [크기]의 드롭다운 버튼을 클릭하고 드롭박스에서 '자동'을 선택합니다. 이러면 스토리의 크기가 바뀝니다.

08 발표를 위한 스토리이므로 깔끔하게 보일 수 있도록 캡션 상자를 점으로 바꾸겠습니다. 사이드 바의 [레이아웃] 패널에서 [탐색기 스타일] 목록의 '점'을 클릭합니다.

09 표지를 스토리에 추가하기 위해 [스토리] 패널의 [대시보드 2]를 뷰로 드래그합니다.

10 이제 나머지 스토리 포인트도 만들겠습니다. [시트 1] 탭 '월별-대여소 그룹별 자전거 대여수', [시트 2] 탭 '대여소 그룹별 자전거 대여수', [시트 3] 탭 '대여소별 자전거 대여수' 순서로 스토리 포인트를 만들겠습니다. 우선 [스토리] 패널에서 [시트 1]을 탐색기의 점 오른쪽으로 드래그합니다.

11 같은 방법으로 [시트 2]와 [시트 3]을 가장 오른쪽에 있는 점 끝으로 드래그합니다.

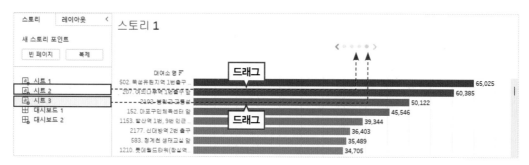

12 마지막으로 스토리의 이름을 '서울시 공공자전거 현황 분석'이라고 지어줍니다. 이제 발표를 위한 스토리가 완성되었습니다.

첫 번째 스토리 포인트: 사례 소개

- 첫 번째 스토리 포인트에서 서울특별시 공공자전거 대여 서비스인 따릉이를 사진과 함께 소개합니다. 그런 다음 '사람들은 언제 어디서 자전거를 타고 싶어 할까?'라는 질문을 던집니다.

- 이제 다른 사람은 질문을 바탕으로 다음 스토리 포인트에서 '언제'와 '어디서'에 관련한 데이터가 나올 것이라고 추측할 수 있습니다. 그러므로 다음 스토리 포인트에서 날짜와 장소에 관한 데이터를 자연스럽게 풀어낼 수 있습니다.

- 이런 구성은 딱딱한 데이터 수치를 먼저 얘기할 때보다 호기심을 자극해 다른 사람이 발표에 집중할 수 있게 도와줍니다.

두 번째 스토리 포인트: 월별-대여소 그룹별 자전거 대여수

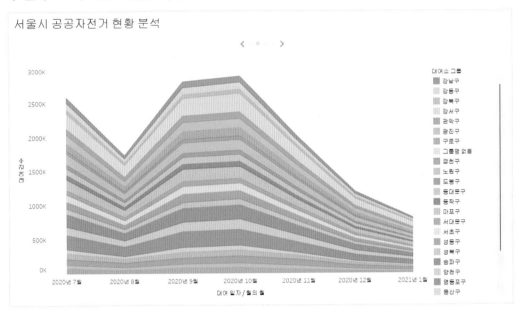

- 우선 월별-대여소 그룹별 자전거 대여수 영역 차트를 보여 주면서 사람들이 '언제' 자전거를 타고 싶어 하는지 설명합니다.

- 그런 다음 월별 트렌드를 보여 주고 다른 사람이 공감할 수 있도록 월을 계절로 묶어서 설명합니다.

- 계절별 자전거 대여수 트렌드를 설명하면서 '가을은 자전거의 계절입니다'라는 대사를 말할 수 있습니다. 발표 시작 전에 결과를 미리 알려주는 방법도 고려할 수 있습니다.

- 이러면 다른 사람은 자신이 알고 있는 계절의 특성을 떠올리면서 가을에 자전거 대여수가 가장 많다는 사실을 자연스럽게 받아들입니다.

세 번째 스토리 포인트: 대여소 그룹별 자전거 대여수

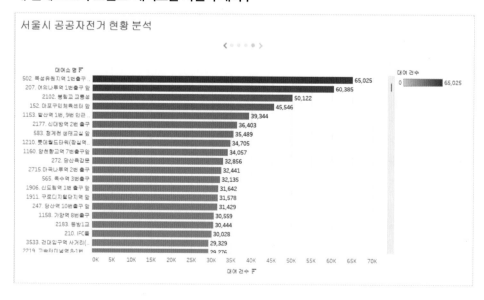

- 이제 대여소 그룹별 자전거 대여수 수평 막대 차트를 보여 주면서 사람들이 '어디서' 자전거를 타고 싶어 하는지 설명합니다.
- 자전거 대여수가 많은 곳은 한강공원과 인접하다는 지리적 특성을 설명하면서 한강에서 여가를 보낼 때 무엇을 하는지 다른 사람에게 물어볼 수도 있습니다.
- 설명을 바탕으로 '강서구의 한강공원은 자전거 명소입니다'라는 대사를 사용할 수 있습니다.
- 이러면 여가 생활을 누리려고 자전거를 대여하는 사람이 많다는 사실을 다른 사람에게 실감나게 전달할 수 있습니다.

네 번째 스토리 포인트: 대여소별 자전거 대여수

- 마지막으로 대여소별 자전거 대여수 수평 막대 차트를 보여 주면서 사람들이 '어디서' 자전거를 타고 싶어 하는지 구체적으로 설명합니다.
- 세 번째 데이터 스토리에서 네 번째 데이터 스토리로 넘어오기 전에 '그런데 말입니다. 정말 그럴까요?'와 같은 대사로 다른 사람의 궁금증을 유발할 수 있습니다.
- 그런 다음 대여수가 많은 대여소는 모두 한강공원에 있다는 사실을 설명하면 다른 사람에게 전달하려는 메시지를 더욱 각인시킬 수 있습니다.
- 마지막으로 '뚝섬한강공원의 자전거 도로는 라이딩 추천 코스입니다'라는 말을 하면서 사람들은 여가 생활을 마음껏 누릴 수 있는 지역에서 자전거를 대여한다는 사실을 전달합니다.

지금까지 공공자전거 대여소별 이용정보 데이터를 바탕으로 서울특별시 공공 자전거 현황을 시각화하고 다른 사람에게 전달하는 방법을 알아보았습니다. 이 발표를 듣고 다른 사람은 어떤 메시지를 기억할까요? 모르긴 몰라도 아마 이런 메시지를 기억할 겁니다.

"사람들은 좋은 날씨와 계절에 여가 생활을 즐기려 공공자전거를 많이 대여한다."

5-2

서울특별시 대기오염도 현황 분석
서울특별시 (초)미세먼지의 농도는 얼마나 높을까?

사례 속 시각화 요소: #선 차트 #히트맵 차트

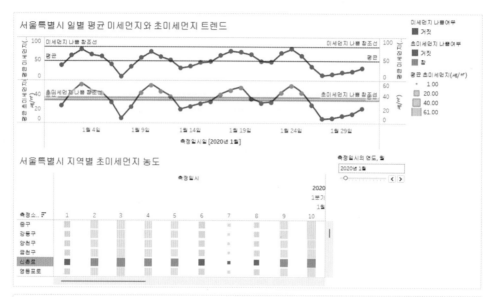

서울특별시 대기오염도 현황 분석

< ● ● ● ● ● ● >

서울특별시의 대기는 안녕할까요!?

매년 봄마다 우리나라는 미세먼지로 큰 피해를 입고 있습니다. 실제로 미세먼지는 얼마나 심각한 문제를 일으키는 걸까요? 서울특별시에서 제공하는 일별 평균 대기오염도 데이터를 선 차트와 히트맵 차트로 시각화해 보면서 알아봅시다.

대기오염과 대기오염도

대기오염은 대기상에서 발생하는 환경오염을 뜻하며 심각한 환경 문제 중 하나입니다. 공장의 매연이나 자동차의 배기가스 그리고 장작, 석탄 등을 태우면서 발생하는 오염물질 등 대기오염을 일으키는 대부분의 물질은 인간이 만듭니다. 그로 인한 피해는 호흡기 및 순환계의 질병 등으로 인간에게 되돌아옵니다.

| 심각한 질병을 일으키는 대기오염

대기오염을 줄이려면 어떻게 해야 할까요? 오염물질을 대량으로 발생시키는 시설과 공장에 대한 단속을 강화하고 가솔린과 디젤 자동차 대신 전기 자동차를 타도록 적극 지원해서 대기오염을 직접적으로 줄일 수 있습니다.

실제로 중앙정부와 지방자치단체에서 대기오염을 줄이기 위한 다양한 정책을 내고 있습니다. 서울특별시는 지난 2003년부터 수송 분야 대기질 개선 정책을 시행하고 있습니다. 이런 노력 덕분인지 요즘은 초미세먼지의 연평균 농도가 서서히 감소하는 추세라고 합니다. 정말 감소하고 있는 걸까요? 지금부터 서울특별시 대기오염도 현황을 분석해 보겠습니다.

일별 평균 대기오염도로 무엇을 알 수 있을까?

예제 파일　11_서울시_일별 평균 대기오염도.csv

원 데이터　data.seoul.go.kr/dataList/OA-2218/S/1/datasetView.do

〈서울 열린데이터광장〉웹 사이트에서 제공하는 일별 평균 대기오염도 데이터를 준비하고 이 데이터로 풀 수 있는 궁금증에는 어떤 것이 있는지 떠올려 봅시다.

1단계 데이터 준비하기

예제 파일에는 원 데이터에 있는 파일 중 2020년에 해당하는 데이터만을 추출해서 담았으며, 다음 표는 예제 파일의 일부분만을 보여 줍니다. 실제 예제 파일에는 총 18,174행의 데이터와 8가지 항목이 담겨 있습니다. 이번 실습에서는 8가지 항목 중 측정일시, 측정소명, 미세먼지($\mu g/m^3$), 초미세먼지($\mu g/m^3$) 총 4가지 항목을 사용합니다.

| 일별 평균 대기오염도 데이터 중 일부

측정일시	측정소명	미세먼지($\mu g/m^3$)	초미세먼지($\mu g/m^3$)	이산화탄소농도
1/1/2020	강남구	30	22	0.7
1/1/2020	강동구	35	27	0.5
31/12/2020	홍릉로	5	3	0.5
31/12/2020	화랑로	30	13	0.3

2단계 데이터로 알고 싶은 내용 질문하기

데이터를 본격적으로 시각화하기 전에 일별 평균 대기오염도 데이터를 바탕으로 알아 내고 싶은 정보가 무엇인지 생각해 봅시다.

일별 평균 대기오염도 데이터로 떠올려 볼 수 있는 질문

- 미세먼지와 초미세먼지는 일별로 어떤 트렌드를 보이는가?
- 일 년 중 미세먼지와 초미세먼지가 나쁨 단계를 넘어서는 날이 얼마나 있는가?
- 초미세먼지는 서울특별시 내 지역별로 어떤 차이가 있는가?

이 질문들에 답하려면 어떤 차트를 사용하는 것이 좋을까요?

첫 번째 질문에 답하려면 시간의 흐름에 따른 미세먼지와 초미세먼지 농도 변화를 분석해야 합니다. 이처럼 시간의 흐름에 따른 항목값의 변화를 분석할 때 유용한 차트는 무엇일까요? 바로 3-2절에서 배웠던 선 차트입니다. 첫 번째 질문은 **선 차트**로 답하겠습니다.

두 번째 질문에 답하려면 나쁨 단계의 기준치를 정하고 미세먼지와 초미세먼지 농도가 그 기준치를 넘어서는 날을 살펴 봐야합니다. 첫 번째 질문 해결용 선 차트에 **나쁨 단계를 넘어서는 날**을 강조하면 이 질문에 쉽게 답할 수 있습니다.

세 번째 질문에 답하려면 서울특별시 내 수많은 지역의 일별 초미세먼지를 직관적으로 비교해야 합니다. 막대 차트 등으로 비교할 수 있겠지만 항목이 한 두개가 아니므로 하이라이트 테이블을 사용하겠습니다. 다만, 3-5절에서 배웠던 것처럼 모든 수치를 표시하면 가독성이 떨어질 수 있으므로 하이라이트 테이블에서 수치를 제거한 **히트맵 차트**를 사용하겠습니다.

답해 보기 서울특별시의 (초)미세먼지 현황은 어떤가?

1단계 첫 번째 질문에 답해 보기

지금부터 선 차트를 만들면서 '미세먼지와 초미세먼지는 일별로 어떤 트렌드를 보이는가?'라는 질문에 답해 보겠습니다.

서울특별시 일별 평균 미세먼지와 초미세먼지 트렌드 선 차트 만들기

01 먼저 일별 미세먼지 트렌드를 보여 주는 선 차트를 만들겠습니다. '11_서울시_일별 평균 대기오염도.csv' 파일을 불러온 다음 [시트 1] 탭으로 이동합니다. [데이터] 패널의 [측정일시]를 [열] 선반으로, [미세먼지($\mu g/m^3$)]를 [행] 선반으로 드래그합니다.

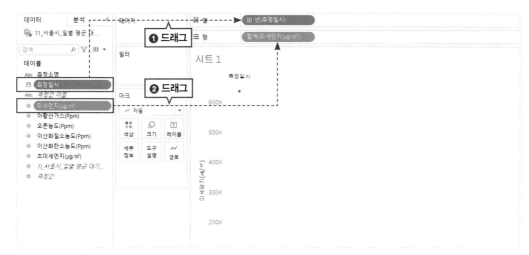

02 5-1절에서 영역 차트를 만들 때와 마찬가지로 측정일시가 연도로 표시되었습니다. 연도를 일자로 바꾸겠습니다. [열] 선반에서 [년(측정일시)]의 드롭다운 버튼을 클릭한 다음 [일 2015년 5월 8일]을 선택합니다. 이러면 일별 미세먼지 트렌드를 보여 주는 선 차트가 만들어집니다.

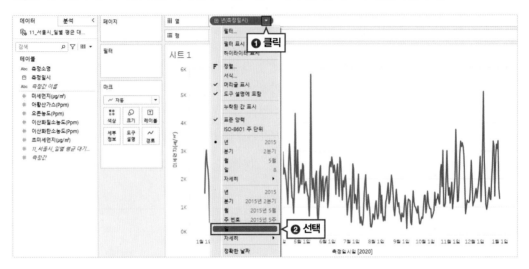

03 분산형 차트를 활용해 선 차트의 뾰족한 부분을 강조하겠습니다. [데이터] 패널에서 [미세먼지($\mu g/m^3$)]를 [행] 선반의 [합계(미세먼지($\mu g/m^3$))] 오른쪽으로 드래그합니다. 이러면 [행] 선반에 2개의 [합계(미세먼지($\mu g/m^3$))]가 놓이게 되고, [마크] 카드에 [합계(미세먼지($\mu g/m^3$))]라는 세부 카드가 2개 만들어집니다.

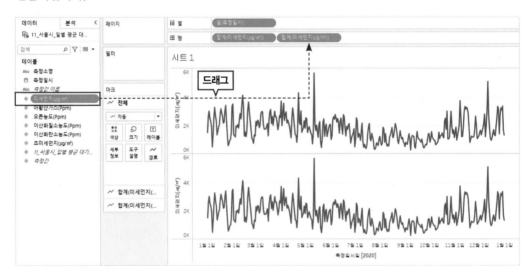

04 선 차트 아래에 분산형 차트를 만들기 위해 [마크] 카드에서 두 번째 [합계(미세먼지($\mu g/m^3$))] 세부 카드의 드롭다운 버튼을 클릭하고 '원'을 선택합니다.

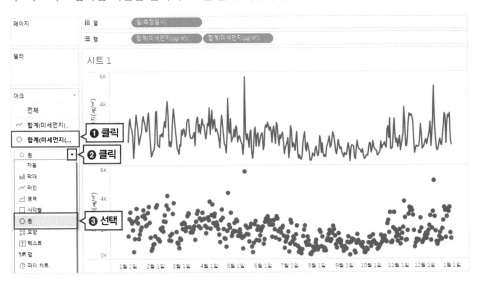

05 이제 선 차트와 분산형 차트를 합치겠습니다. [행] 선반에서 두 번째 [합계(미세먼지($\mu g/m^3$))]의 드롭다운 버튼을 클릭해서 [이중 축]을 선택합니다.

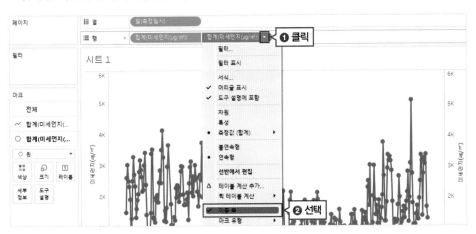

여기서 잠깐! **이중 축을 활용하면 더욱 풍부한 데이터 시각화를 할 수 있습니다!**

이중 축은 2개의 차트를 하나로 합치는 기능입니다. 여기서는 선 차트와 분산형 차트를 합쳤지만, 하나의 차트에 2개의 선을 보여 주거나 막대 차트와 선 차트를 동시에 보여 주거나 영역 차트와 선 차트를 결합해서 영역 차트의 테두리를 꾸며 주는 등 다양한 방식으로 활용할 수 있습니다. 이중 축으로 합쳐진 필드는 다음과 같이 선반에서 서로 이어진 형태로 표시됩니다.

| 합계(미세먼지($\mu g/m^3$)) | 합계(미세먼지($\mu g/m^3$)) |

06 원과 선이 모두 같은 색이라서 구별이 잘 되지 않습니다. 선의 색상을 바꾸겠습니다. [마크] 카드에서 [전체] 세부 카드 바로 아래에 있는 [합계(미세먼지($\mu g/m^3$))] 세부 카드의 색상($\blacksquare$)을 클릭한 다음 '회색'을 선택합니다.

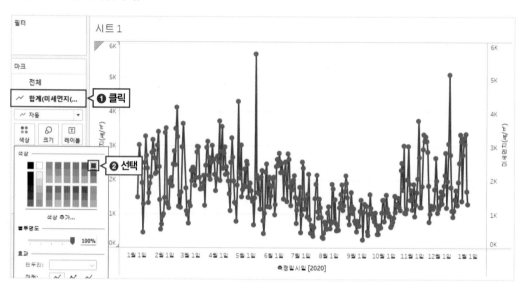

07 이제 미세먼지의 평균 농도를 보여 주는 참조선을 추가하겠습니다. 사이드바의 [분석] 패널에서 [사용자 지정] 목록의 [참조선]을 [참조선 추가] 팝업 메뉴의 테이블($\llap{\text{▥}}$) 아래에 있는 두 번째 타원(▭)으로 드래그합니다.

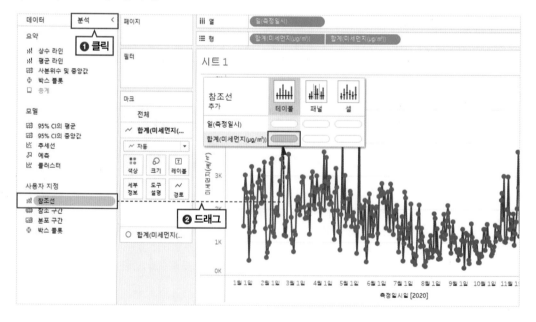

08 [참조선, 구간, 또는 플롯 편집] 대화상자가 나타나면 아무런 설정을 건드리지 않고 그냥 [확인] 버튼을 클릭합니다. 이러면 미세먼지 평균치를 보여 주는 참조선이 추가되면서 일별 미세먼지 트렌드를 보여 주는 선 차트가 만들어집니다.

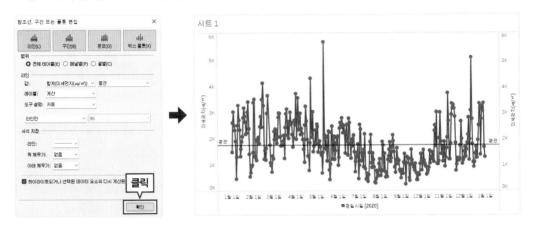

09 일별 초미세먼지 트렌드를 보여 주는 선 차트도 만들겠습니다. 일별 미세먼지 트렌드를 보여 주는 차트와 비슷한 방법으로 만들 수 있습니다. 사이드바의 [데이터] 패널에서 [초미세먼지(μg/㎥)]를 [행] 선반의 [합계(미세먼지(μg/㎥))] 오른쪽으로 2번 드래그합니다.

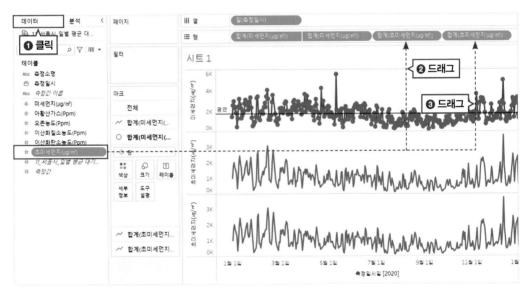

10 분산형 차트를 만들기 위해 [마크] 카드 가장 아래쪽에 있는 [합계(초미세먼지(µg/㎥))] 세부 카드의 드롭다운 버튼을 클릭하고 '원'을 선택합니다.

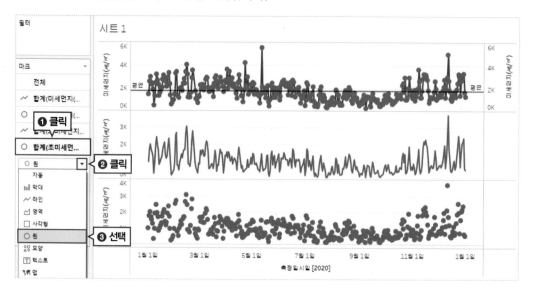

11 이제 두 차트를 합치겠습니다. [행] 선반 오른쪽 끝에 있는 [합계(초미세먼지(µg/㎥))]의 드롭다운 버튼을 클릭해서 [이중 축]을 선택합니다.

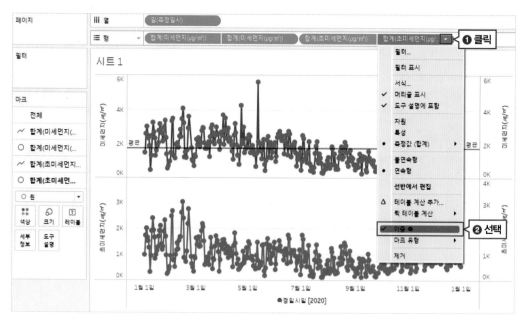

12 다음으로 선의 색상을 바꾸겠습니다. 세부 카드 중 네 번째에 위치한 [합계(초미세먼지(μg/m³))] 세부 카드의 색상($\vdots$)을 클릭하고 '회색'을 선택합니다.

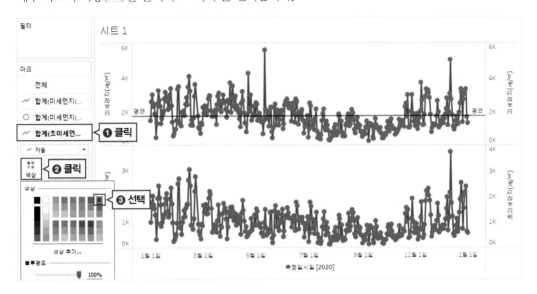

13 초미세먼지의 평균 농도를 보여 주는 참조선도 추가하기 위해 [분석] 패널에서 [참조선]을 [참조선 추가 팝업] 메뉴의 테이블(illi) 아래에 있는 세 번째 타원( )으로 드래그합니다.

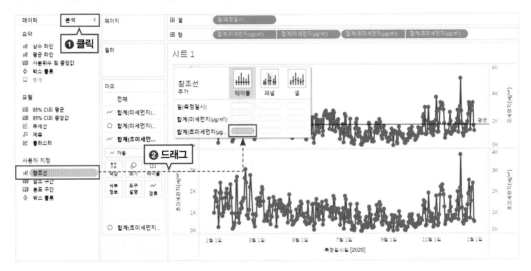

14 [참조선, 구간, 또는 플롯 편집] 대화상자가 나타나면 [확인] 버튼을 클릭합니다. 이러면 초미세먼지 평균치 참조선이 추가되면서 일별 초미세먼지 트렌드를 보여 주는 선 차트도 만들어집니다.

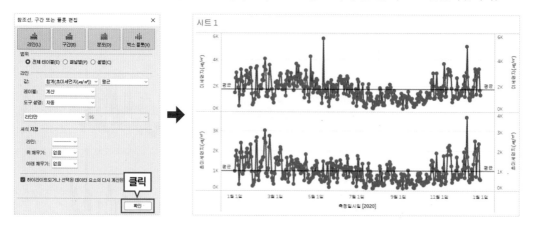

15 아직 끝나지 않았습니다. [행] 선반에 있는 필드의 측정값을 '평균'으로 바꾸어야 합니다. `Shift` 키를 누른 채로 [행] 선반의 가장 왼쪽에 있는 [합계(미세먼지(μg/㎥))]를 클릭한 다음 가장 오른쪽에 있는 [합계(초미세먼지(μg/㎥))]를 클릭합니다. 이러면 [행] 선반에 있는 4개의 필드가 다중 선택됩니다. 그리고 나서 드롭다운 버튼을 클릭한 다음 [측정값]−[평균]을 선택합니다.

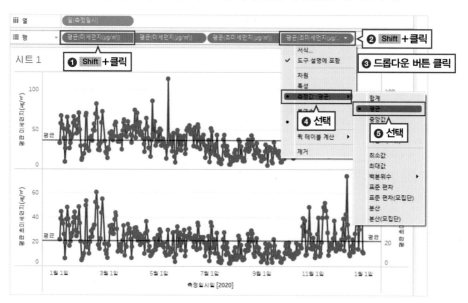

여기서 잠깐! **측정값을 평균으로 바꾸는 이유를 알아봅시다.**

예제 파일을 살펴보면 일별─측정소별 미세먼지 농도와 초미세먼지 농도가 있습니다. 이 값을 단순히 일별로 합계 처리하면 어떻게 될까요? 일별로 모든 측정소의 (초)미세먼지 농도가 합산되어 가장 미세먼지 농도가 짙은 날에는 6,000㎍/㎥이라는 엄청난 수치가 표시됩니다.

지금 이 차트로 살펴보고자 하는 건 서울특별시의 (초)미세농도이므로 측정소별 (초)미세먼지 농도를 합계가 아닌 '평균'으로 표시해야 원하는 결과를 얻을 수 있습니다.

16 마지막으로 시트 제목을 '서울특별시 일별 평균 미세먼지와 초미세먼지 트렌드'라고 지어서 선 차트를 완성합시다.

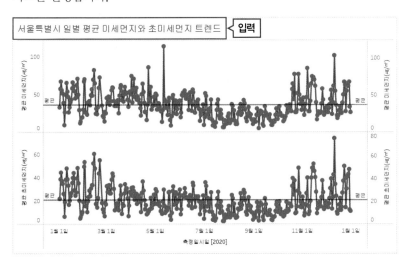

여기서 잠깐! **중복된 세로축을 제거할 수도 있습니다!**

방금 만든 서울시 일별 평균 미세먼지와 초미세먼지 트렌드를 보여 주는 선 차트를 살펴보면 세로축이 2개가 있다는 사실을 알 수 있습니다. 가로가 긴 차트를 보여 줄 때 보는 사람의 편의성을 높이려고 세로축을 양쪽에 배치하는 경우도 있습니다. 하지만 불가피한 이유로 차트의 크기를 줄여야 한다면 세로축을 제거하면 좋습니다. 중복된 세로축을 제거하려면 세로축을 마우스 오른쪽 버튼으로 클릭하고 [머리글 표시]를 선택하면 됩니다.

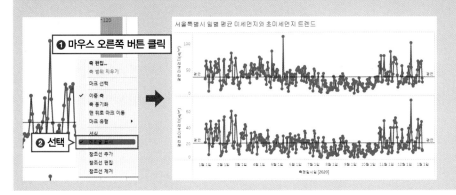

서울특별시 일별 평균 미세먼지와 초미세먼지 트렌드를 보여 주는 선 차트의 특징을 알아보며 지금까지 실습한 내용을 복습해 봅시다.

- 미세먼지와 초미세먼지의 트렌드를 보여 주는 차트를 위아래로 배치했습니다.
- 가로축은 2020년 1월 1일부터 2020년 12월 31일까지의 일자를 보여 줍니다.
- 세로축은 일별 평균 미세먼지와 초미세먼지 농도를 보여 줍니다.
- 일 년 간 미세먼지와 초미세먼지 농도의 평균값이 얼마였는지 확인할 수 있게 평균 참조선을 추가했습니다.

Q1. 미세먼지와 초미세먼지는 일별로 어떤 트렌드를 보이는가?

A1. (초)미세먼지 농도는 다른 계절보다 여름에 상대적으로 옅습니다. 왜 여름이 되면 (초)미세먼지 농도가 옅어지는 걸까요? 우선 여름에는 대기 흐름이 빨라지므로 공장과 차량에서 발생하는 미세먼지가 한반도 밖으로 빠르게 밀려납니다. 또한 여름에 자주 내리는 비가 대기 중 미세먼지를 제거하는 역할도 합니다. 여름철에는 난방을 거의 하지 않으므로 화력발전소에서 발생하는 매연도 자연스럽게 감소합니다. 분석 내용을 정리하면 다음과 같은 결론을 내릴 수 있습니다.

"서울특별시의 대기가 가장 깨끗해지는 계절은 여름입니다."

2단계 **두 번째 질문에 답해 보기**

두 번째 질문에 답하려면 미세먼지와 초미세먼지 농도가 아주 짙은 날을 살펴봐야 합니다. 첫 번째 질문에 답하면서 미세먼지와 초미세먼지의 연간 트렌드는 이미 파악했습니다. 그러므로 앞서 만든 선 차트에서 '나쁨' 단계를 넘어서는 수치를 강조하기만 하면 '일 년 중 미세먼지와 초미세먼지가 나쁨 단계를 넘어서는 날이 얼마나 있는가?'라는 질문에 쉽게 답할 수 있습니다. 그럼 이제 수치를 강조해 볼까요?

NOTE 미세먼지 농도가 $81\mu g/m^3$, 초미세먼지 농도가 $36\mu g/m^3$을 넘어설 때, '나쁨' 단계가 됩니다.

나쁨 단계를 넘어서는 일수까지 추가한 선 차트 만들기

01 나쁨 단계를 넘어서는 수치를 강조하려면 우선 나쁨 단계의 수치를 지정해야 합니다. [시트 1] 탭에서 [분석]-[계산된 필드 만들기] 메뉴를 클릭합니다. 이러면 계산된 필드를 만들 수 있는 대화상 자가 나타납니다.

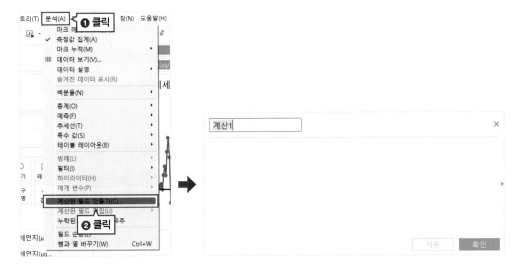

02 계산된 필드를 만들 수 있는 대화상자의 제목 입력 칸에 '미세먼지 나쁨여부'를, 그 밑에 있는 계산 에디터에 'avg([미세먼지(μg/㎥)])>81'을 입력한 다음 [확인] 버튼을 클릭합니다. 이러면 [데이터] 패널에 [미세먼지 나쁨여부]가 만들어집니다.

NOTE avg( )는 평균값을 구하는 태블로 함수입니다. 'avg([미세먼지(μg/㎥)])>81'라고 입력하면 일별로 미세먼지 농도의 평균값이 81을 초과하는 경우 '참'으로, 81 이하인 경우 '거짓'으로 반환합니다.

---

03 이제 초미세먼지 나쁨 단계의 수치를 지정하겠습니다. 방법은 동일합니다. [분석]−[계산된 필드 만들기] 메뉴를 클릭하고 계산된 필드를 만들 수 있는 대화상자의 제목 입력 칸에 '초미세먼지 나쁨여부'를, 계산 에디터에 'avg([초미세먼지(㎍/㎥)])>36'을 입력한 다음 [확인] 버튼을 클릭합니다. 이제 [데이터] 패널에 [초미세먼지 나쁨여부]도 추가되었습니다.

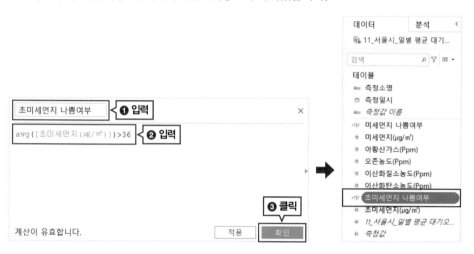

04 이제 미세먼지 농도가 나쁨 단계를 넘어서는 원을 주황색으로 강조하겠습니다. [데이터] 패널에서 [미세먼지 나쁨여부]를 [마크] 카드 세 번째에 위치한 [합계(미세먼지(㎍/㎥))] 세부 카드의 색상(⋮⋮)으로 드래그합니다.

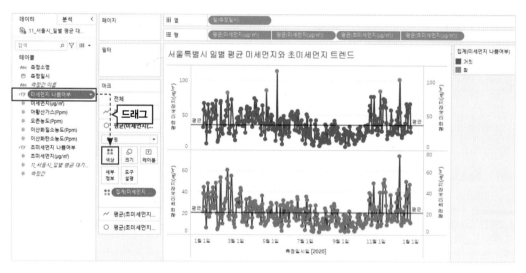

05 초미세먼지 농도가 나쁨 단계를 넘어서는 원도 주황색으로 강조하기 위해 [데이터] 패널에서 [미세먼지 나쁨여부]를 [마크] 카드 다섯 번째에 위치한 [합계(초미세먼지(㎍/㎥))] 세부 카드의 색상(⁙)으로 드래그합니다.

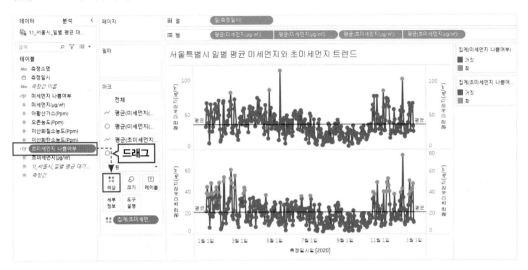

06 조금 더 보기 좋은 차트를 만들기 위해 연간 (초)미세먼지의 평균 수치처럼 미세먼지 나쁨 단계를 참조선으로 추가하면 어떨까요? 그렇게 하려면 우선 매개 변수라는 것을 만들어야 합니다. [데이터] 패널의 검색 창 옆에 있는 드롭다운 버튼을 클릭하고 [매개 변수 만들기]를 선택합니다. 이렇게 하면 [매개 변수 만들기] 대화상자가 나타납니다.

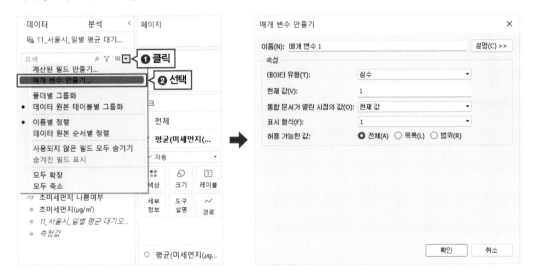

07 [매개 변수 만들기] 대화상자의 [이름]에 '미세먼지 나쁨 참조선'을, [현재 값]에 '81'을 입력하고 [확인] 버튼을 클릭합니다. 이러면 [데이터] 패널에 [매개 변수] 목록과 [미세먼지 나쁨 참조선]이 추가됩니다.

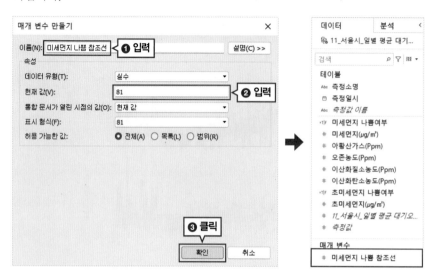

08 초미세먼지 매개 변수도 만들겠습니다. [데이터] 패널의 드롭다운 버튼을 클릭하고 [매개 변수 만들기]를 선택합니다. [매개 변수 만들기] 대화상자의 [이름]에 '초미세먼지 나쁨 참조선'을 [현재 값]에 '36'을 입력하고 [확인] 버튼을 클릭합니다.

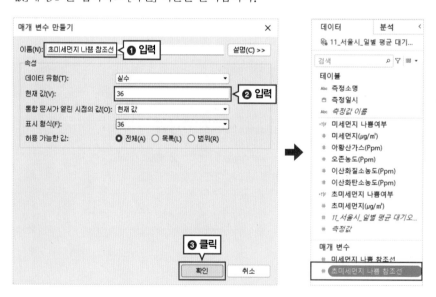

09 이제 미세먼지 나쁨 단계 기준치를 보여 주는 참조선을 추가하겠습니다. 앞서 평균치 참조선을 추가할 때와는 방식이 조금 다릅니다. 우선 미세먼지 선 차트부터 시작하겠습니다. 미세먼지 선 차트 왼쪽에 있는 세로축을 마우스 오른쪽 버튼으로 클릭한 다음 [참조선 추가]를 선택합니다. 이러면 [참조선, 구간 또는 플롯 추가] 대화상자가 나타납니다.

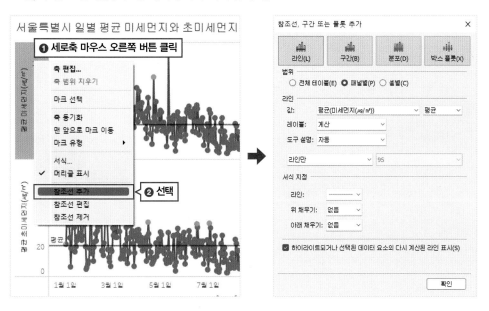

10 [참조선, 구간 또는 플롯 추가] 대화상자의 [값] 드롭박스에서 '미세먼지 나쁨 참조선 (매개 변수)'를 선택한 다음 [확인] 버튼을 클릭합니다. 이러면 미세먼지 선 차트에 미세먼지 나쁨 단계 기준치를 보여 주는 참조선이 추가됩니다.

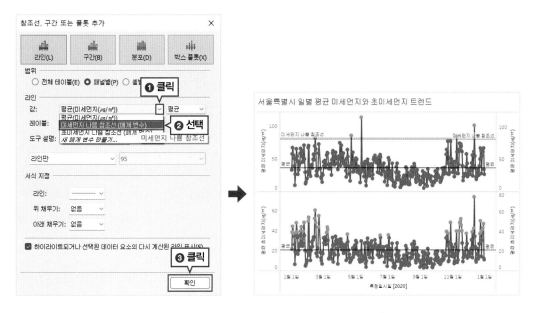

11 초미세먼지 나쁨 단계 기준치를 보여 주는 참조선을 추가하기 위해 초미세먼지 선 차트 왼쪽에 있는 세로축을 마우스 오른쪽 버튼으로 클릭한 다음 '참조선 추가'를 선택합니다. [참조선, 구간 또는 플롯 추가] 대화상자의 [값] 드롭박스에서 '초미세먼지 나쁨 참조선 (매개 변수)'를 선택한 다음 [확인] 버튼을 클릭합니다.

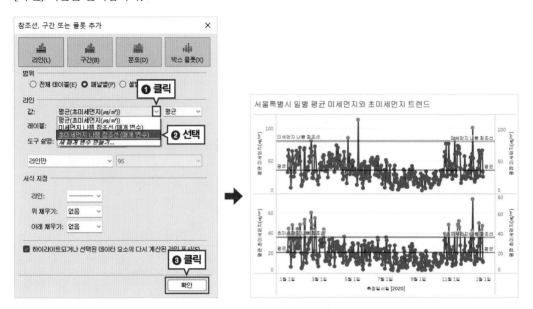

나쁨 단계를 넘어서는 일수까지 추가한 선 차트가 완성되었습니다. 이 차트는 어떤 특징을 가지고 있을까요? 한번 살펴봅시다.

- 미세먼지 선 차트에 미세먼지 나쁨 단계 기준치를 보여 주는 참조선을 추가했으며 나쁨 단계를 넘어서는 원은 주황색을 띠도록 만들었습니다.
- 초미세먼지 선 차트에도 나쁨 단계 기준치를 보여 주는 참조선을 추가하고 나쁨 단계를 넘어서는 원은 주황색을 띠도록 만들었습니다.

Q2. 일 년 중 미세먼지와 초미세먼지가 나쁨 단계를 넘어서는 날이 얼마나 있는가?

A2. 미세먼지 선 차트를 살펴보면 나쁨 단계를 넘어서는 일수가 일 년 중 총 5일이라는 사실을 알 수 있습니다. 초미세먼지는 총 43일입니다. 이를 바탕으로 서울특별시는 미세먼지보다 초미세먼지로 인한 대기오염이 상대적으로 더 심각하다는 사실을 알 수 있습니다.

그나마 다행인 소식은 서울특별시의 초미세먼지 나쁨 단계를 넘어서는 일수가 매년 감소하고 있다는 사실입니다. 실제로 2021년에는 나쁨 단계 일수가 역대 가장 적은 35일을 기록했습니다. 분석 내용을 정리하면 다음과 같은 결론을 내릴 수 있습니다.

"서울특별시는 미세먼지보다 초미세먼지로 인한 대기오염이 더 심각합니다."

3단계 | 세 번째 질문에 답해 보기

영역 차트를 만들면서 마지막 질문인 '초미세먼지는 서울특별시 내 지역별로 어떤 차이가 있는가?'
에 답해 보겠습니다.

서울특별시 지역별 초미세먼지 농도 히트맵 차트 만들기

01 새 워크시트를 만듭니다. [데이터] 패널에서 [측정일시]를 [열] 선반으로 4번 드래그합니다. 드
래그할 때마다 년, 분기, 월, 일 순으로 데이터 형식이 자동으로 결정됩니다. 그런 다음 [데이터] 패널
에서 [측정소명]을 [행] 선반으로 드래그합니다.

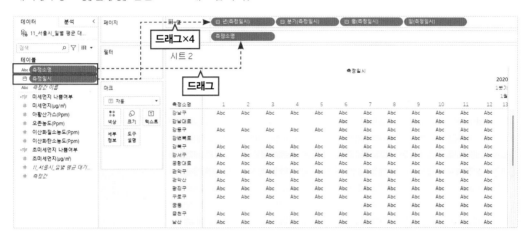

02 [데이터] 패널의 [초미세먼지($\mu g/m^3$)]를 [마크] 카드의 크기(◎)로 드래그합니다. 이러면 히트맵
차트가 만들어집니다.

03 초미세먼지 농도의 측정값을 평균값으로 바꾸기 위해 [마크] 카드에서 [합계(초미세먼지(μg/m³))]의 드롭다운 버튼을 클릭하고 [측정값]-[평균]을 선택합니다.

04 이제 초미세먼지 농도가 나쁨 단계를 넘어서는 사각형을 강조하겠습니다. [데이터] 패널에서 [초미세먼지 나쁨여부]를 [마크] 카드의 색상(▦)으로 드래그합니다. [필터] 대화상자가 나타나면 [거짓], [참]을 체크한 다음 [확인] 버튼을 클릭합니다.

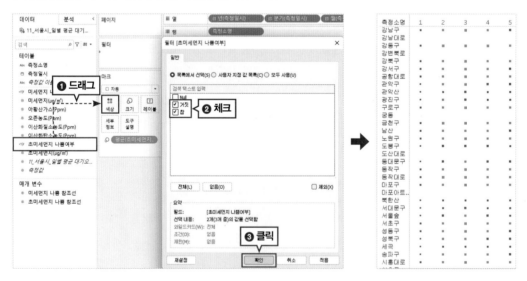

NOTE [필터] 대화상자가 나타나지 않는다면 당황하지 말고 [데이터] 패널의 [초미세먼지 나쁨여부]를 [필터] 선반으로 드래그합시다.

05 사각형 크기가 조금 작아 보입니다. 사각형 크기를 키우겠습니다. [마크] 카드의 크기(⊘)를 클릭한 다음 슬라이드를 오른쪽으로 1단계 드래그합니다.

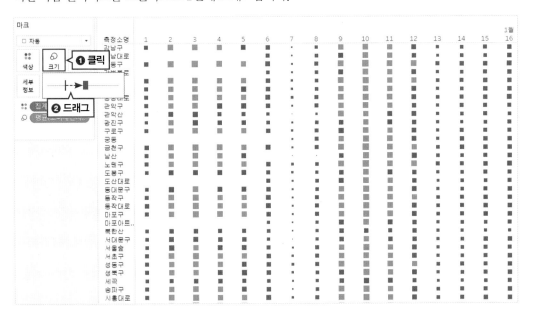

06 모든 일수가 표시되다 보니 가독성이 다소 떨어집니다. 월별로 볼 수 있도록 필터 목록을 추가하겠습니다. 우선 [데이터] 패널에서 [측정일시]를 [필터] 선반으로 드래그합니다. [필터 필드] 대화상자에서 '연도/월'을 선택하고 [다음] 버튼을 클릭합니다. [필터] 대화상자가 나타나면 [전체] 버튼과 [확인] 버튼을 순서대로 클릭합니다.

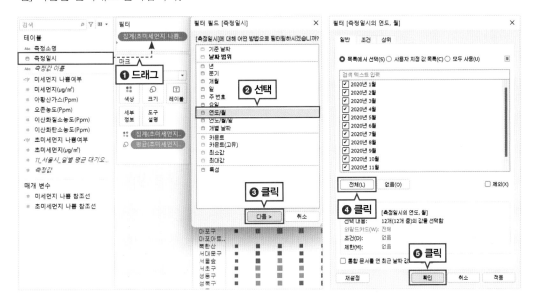

07 이제 [년월(측정일시)] 필터 목록을 뷰에 표시하기 위해 [필터] 선반에서 [년월(측정일시)]의 드롭다운 버튼을 클릭해서 [필터 표시]를 선택합니다.

08 조금 더 편하게 월을 선택할 수 있도록 [년월(측정일시)]의 드롭다운 버튼을 클릭하고 [단일 값 (슬라이더)]를 선택해 필터 목록의 형식을 슬라이더로 바꿉니다.

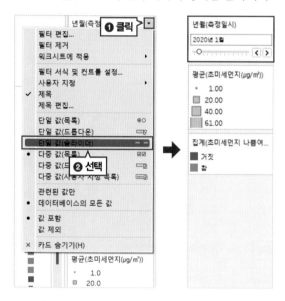

09 툴바의 내림차순 정렬(📊)을 클릭합니다. 그런 다음 시트 제목을 '서울특별시 지역별 초미세먼지 농도'라고 지어줍니다.

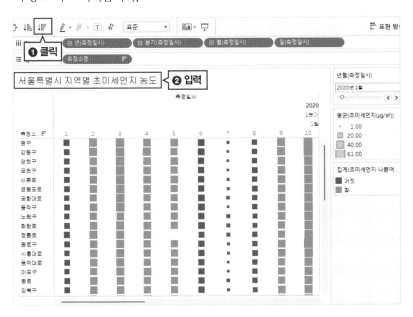

이제 세 번째 질문에 답할 때 필요한 히트맵 차트까지 완성했습니다. 이 차트로 정말 질문에 답할 수 있을까요? 차트의 특징을 한번 살펴봅시다.

- 가로축은 2020년 1월의 날짜를 일별로 보여 줍니다.
- 세로축은 서울특별시 초미세먼지 측정소가 있는 지역을 보여 줍니다.
- 일별 평균 초미세먼지 농도가 짙을수록 사각형 크기가 커지고 농도가 옅을수록 크기가 작아집니다.
- 초미세먼지 농도가 나쁨 단계를 넘어서는 사각형은 주황색을 띠도록 만들었습니다.
- 원하는 월을 선택해서 볼 수 있도록 월별 필터 슬라이드를 추가했습니다.

Q3. 초미세먼지는 서울특별시 내 지역별로 어떤 차이가 있는가?

A3. 청계천로는 일 년 중 총 69일이 초미세먼지 나쁨 단계를 넘어섰습니다. 이는 서울특별시 내 지역 중 가장 많은 일수입니다. 중구가 62일로 그 뒤를 따르고 있습니다. 반대로 북한산은 총 19일로 서울특별시 내 지역 중 가장 적은 일수를 보입니다. 이러한 사실을 바탕으로 초미세먼지 농도는 서울특별시 내 지역별로 뚜렷한 차이를 보인다는 결론을 유추할 수 있습니다.

이렇게 서울특별시 내 지역별로 초미세먼지 나쁨 단계를 넘어서는 일수가 차이 나는 이유는 무엇일까요? 서울특별시의 초미세먼지 농도에 가장 큰 영향을 주는 요인은 중국발 미세먼지입니다. 두 번째로 큰 요인은 경기 남부 산업단지에서 발생하는 미세먼지입니다. 이 밖에도 서울특별시의 수많은 교통수단으로부터 발생하는 매연도 초미세먼지 농도를 높이는데 일조하고 있습니다. 실제로 북한산,

관악산 등과 같이 녹지 비율이 높은 지역의 초미세먼지 농도는 낮습니다. 분석 내용을 정리하면 다음과 같은 결론을 내릴 수 있습니다.

"서울특별시 내 지역별 초미세먼지 농도는 뚜렷한 차이를 보이며 특히 도심 지역과 녹지 비율이 높은 지역의 차이가 큽니다."

보여 주기 **(초)미세먼지 방지 대책 지원하기**

1단계 **대시보드의 목적 고민하기**

지금까지 서울특별시 대기오염도 현황에 관한 여러 가지 궁금증을 해결해 보았습니다. 지금부터 해야 할 일은 이렇게 얻어 낸 정보를 다른 사람에게 쉽게 전달하는 방법을 고민하는 것입니다. 5-1절에서처럼 대시보드를 먼저 만들겠습니다. 그전에 다음 항목을 살펴보면서 어떻게 하면 좋은 대시보드를 만들 수 있을지 고민해 봅시다.

1. 목표 정하기

서울시의 대기오염도를 이해하고 (초)미세먼지 방지 대책을 마련합니다.

2. 보는 사람 예측하기

- 서울특별시 정책관계자
- 정책 연구원
- 서울특별시 시민
- 미세먼지를 발생시키는 제조업체

3. 전달할 메시지 정하기

- 미세먼지 농도는 계절에 따라 뚜렷한 차이를 보입니다.
- 서울특별시는 미세먼지보다 초미세먼지로 인한 대기오염이 더 심각합니다.
- 서울특별시 내 지역별 초미세먼지 나쁨 단계를 넘어서는 일수가 뚜렷하게 차이납니다.

4. 활용 방안 고민하기

서울특별시 시민은 이 대시보드를 확인하면서 공기청정기를 가동하거나, 외출을 자제하거나, 마스크를 착용하는 등 실생활에서 미세먼지로 인한 피해를 막을 수 있습니다. 정책관계자들은 지역 맞춤형 미세먼지 방지 대책을 세울 수 있습니다.

01 지금부터 앞서 살펴본 4가지 항목을 바탕으로 서울특별시 대기오염도 현황을 보여 주는 대시보드를 만들겠습니다. 새 대시보드를 만들고 [대시보드] 패널 [크기]를 '자동'으로 설정합니다. 그런 다음 [데이터] 패널의 [시트 1]을 뷰로 드래그합니다.

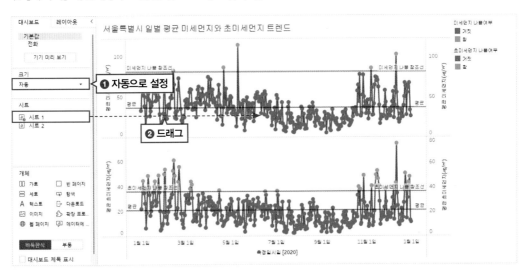

02 [데이터] 패널의 [시트 2]를 뷰에 있는 '서울특별시 일별 평균 미세먼지와 초미세먼지 트렌드' 차트 아래쪽으로 드래그합니다.

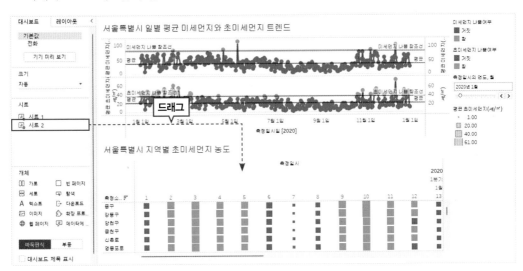

03 이제 차트를 서로 연동하겠습니다. '서울특별시 지역별 초미세먼지 농도' 차트에서 필터로 사용 (▼)을 클릭합니다.

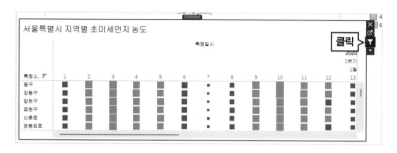

04 이제 '서울특별시 지역별 초미세먼지 농도' 차트의 특정 측정소를 선택하면 선 차트도 선택한 측 정소에 맞는 정보만을 표시합니다.

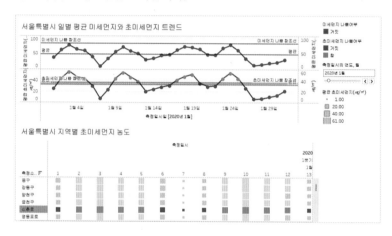

05 월별로 히트맵 차트를 살펴볼 수 있도록 [측정일시의 연도, 월] 필터 목록의 이동(▤)을 클릭 한 채로 '서울특별시 지역별 초미세먼지 농도' 차트 오른쪽으로 드래그합니다.

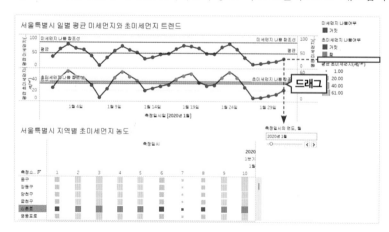

이제 그럴듯한 대시보드가 완성되었습니다. 이 대시보드의 특징을 살펴보면 다음과 같습니다.

- 미세먼지 선 차트를 가장 먼저 볼 수 있도록 위쪽에 배치했습니다.
- 히트맵 차트는 아래쪽에 배치했으며 히트맵 차트 오른쪽 옆에 월별로 필터링할 수 있는 슬라이드를 배치했습니다.
- 두 차트 모두에 (초)미세먼지 농도가 나쁨 단계를 넘어서는 수치를 주황색으로 표시해 대시보드의 일관성을 유지했습니다.
- 히트맵 차트를 필터로 지정했습니다. 이제 히트맵 차트의 신촌로를 선택하면, 선 차트에도 신촌로의 일별 미세먼지 농도만을 살펴볼 수 있습니다.

발표하기 초미세먼지의 위험성 전달하기

마지막 단계로 앞서 만든 차트와 분석 결과를 다른 사람에게 전달하는 일만 남았습니다. 어떤 스토리텔링 표현 방법으로 전달하면 좋을까요? 답해 보기에서 해결했던 질문의 순서를 생각해 봅시다. 서울특별시의 (초)미세먼지 농도를 살펴보고 나쁨 단계를 넘어서는 일수를 살펴봤습니다. 그런 다음 지역별 초미세먼지 농도를 살펴봤습니다.

이처럼 전체 데이터를 보여 주고, 세부 항목을 살펴볼 때는 **드릴다운**이 유용합니다. 그러니 **드릴다운**을 적용해서 스토리를 만들어 봅시다.

1단계 스토리 만들기

01 스토리의 표지부터 만들겠습니다. 새 대시보드를 만들고 [대시보드] 패널 [크기]를 '자동'으로 설정합니다. 그리고 [대시보드] 패널에서 [부동]을 클릭하고, [이미지]를 뷰로 드래그합니다.

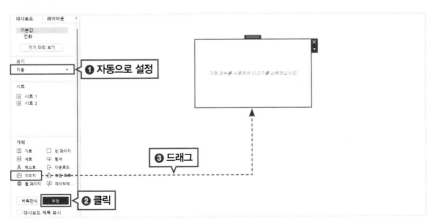

02 [이미지 개체 편집] 대화상자가 나타나면 [선택] 버튼을 클릭한 다음 예제로 제공되는 '서울 사진.png' 파일을 불러오고 [확인] 버튼을 클릭합니다. 이러면 [이미지]를 드래그했던 위치에 불러온 이미지가 추가됩니다.

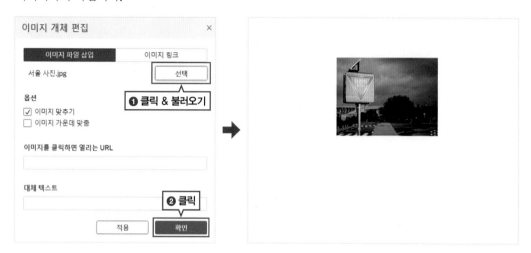

03 표지에서 보여 줄 핵심 문구를 추가하기 위해 [개체] 목록의 [텍스트]를 뷰에 있는 이미지 아래쪽으로 드래그하고 [텍스트 편집] 대화상자에 '서울특별시의 대기는 안녕할까요!?'라고 입력합니다. 글꼴과 글자 크기는 원하는 대로 설정하고 [확인] 버튼을 클릭합니다.

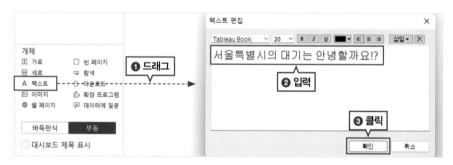

04 이제 스토리에 사용할 표지가 완성되었습니다.

서울특별시의 대기는 안녕할까요!?

05 다음으로 데이터 출처 소개 페이지를 만들겠습니다. 새 대시보드를 만들고 크기는 '자동'으로, 배치 형식은 [바둑판식]으로 설정합니다. [개체] 목록의 [웹 페이지]를 뷰로 드래그하고 [URL 편집] 대화상자에 다음의 원 데이터 출처 URL을 입력하고 [확인] 버튼을 클릭합니다. 이러면 데이터 출처의 웹 사이트 화면이 대시보드에 표시됩니다.

→ data.seoul.go.kr/dataList/OA-2218/S/1/datasetView.do

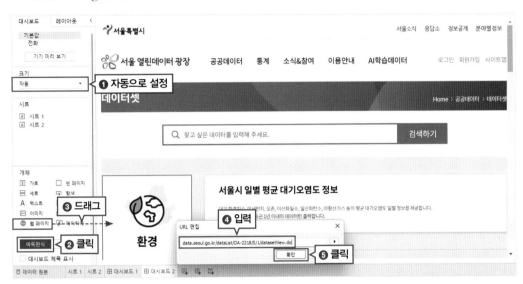

06 이제 본격적으로 스토리를 만들겠습니다. 새 스토리를 만듭니다. 크기는 '자동'으로, 탐색기 스타일은 '점'으로 설정합니다. [스토리] 패널의 [대시보드 2]를 뷰로 드래그합니다.

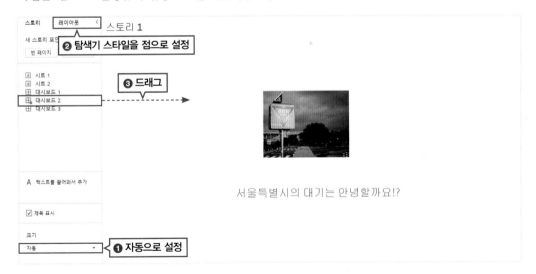

07 이제 나머지 스토리 포인트도 만들겠습니다. [대시보드 3]을 탐색기의 점 오른쪽으로 드래그합니다. 그런 다음 [시트 1]을 탐색기의 가장 끝에 있는 점 오른쪽으로 2번 드래그합니다.

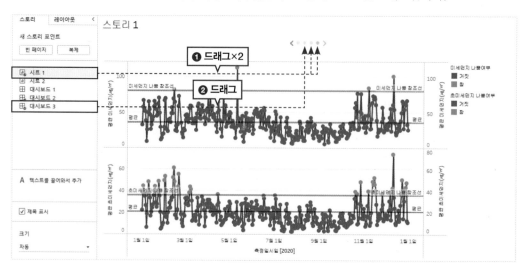

08 네 번째 스토리 포인트는 초미세먼지 농도가 나쁨 단계를 넘어서는 수치만을 하이라이트하겠습니다. 탐색기의 네 번째 점을 클릭해 네 번째 스토리 포인트로 이동합니다. 그런 다음 [초미세먼지 나쁨여부] 필터 목록에서 [참]을 클릭합니다. 이 스토리 포인트는 서울특별시의 초미세먼지 농도가 심각하다는 사실을 전달할 때 사용합니다.

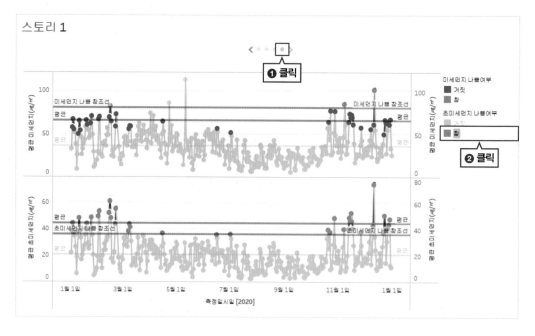

09 마지막으로 [시트 2]를 탐색기의 가장 끝에 있는 점 오른쪽으로 드래그한 다음 스토리 제목을 '서울특별시 대기오염도 현황 분석'이라고 지어줍니다. 이제 발표를 위한 스토리가 완성되었습니다.

2단계 | 스토리로 발표하기

첫 번째 스토리 포인트: 사례 소개

- 첫 번째 스토리 포인트에서 사진과 함께 미세먼지와 초미세먼지의 위험성을 설명합니다. 그런 다음 '서울특별시의 대기는 안녕할까요!?'라는 질문을 던져 다른 사람의 호기심을 자극합니다.

- 이제 다른 사람은 질문을 바탕으로 다음 스토리 포인트에서 서울특별시의 대기 상태와 관련한 내용이 나올 것이라고 추측할 수 있습니다.

두 번째 스토리 포인트: 원 데이터 출처 소개

- 본격적인 발표에 앞서 〈서울 열린데이터광장〉 웹 사이트를 소개하면서 서울특별시 대기오염도 현황 분석에 사용된 데이터의 출처를 밝힙니다.
- 이처럼 출처를 먼저 밝히면 다른 사람에게 발표 자료가 신빙성이 있다는 믿음을 주므로 다음 발표 내용을 조금 더 설득력 있게 전달할 수 있습니다.

세 번째 스토리 포인트: 서울특별시 일별 평균 미세먼지와 초미세먼지 트렌드

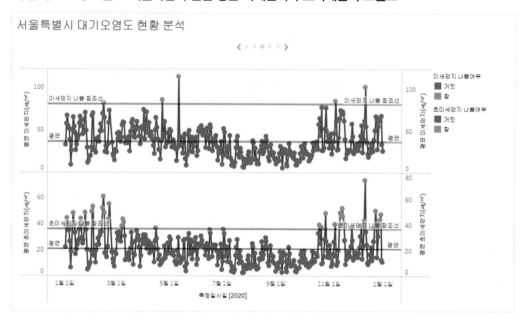

- 서울특별시 일별 평균 미세먼지와 초미세먼지 트렌드 선 차트로 (초)미세먼지 현황을 설명합니다.
- 월별로 (초)미세먼지 트렌드를 하나하나 살펴봅니다. 그런 다음 (초)미세먼지 농도가 높은 월과 낮은 월을 묶어서 보여 줍니다. 이렇게 하면 다른 사람에게 계절에 따른 (초)미세먼지 농도의 차이를 명확히 전달할 수 있습니다.
- 봄과 겨울에 (초)미세먼지 농도가 높은 이유를 추측해서 전달합니다. 이와 관련된 다른 자료가 있으면 이때 같이 소개합니다.
- 마지막으로 지금까지 발표한 내용을 함축해서 '서울특별시의 대기가 가장 깨끗해지는 계절은 여름입니다'라는 결론을 전달합니다.

네 번째 스토리 포인트: 초미세먼지 농도 나쁨 단계를 넘어가는 일수 강조

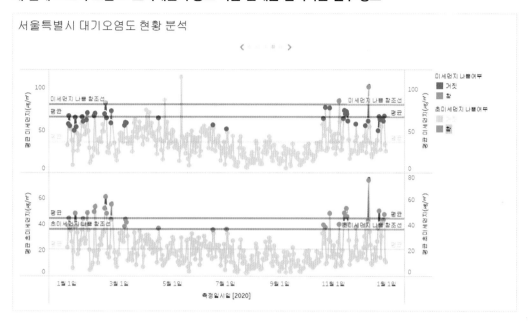

서울특별시 대기오염도 현황 분석

- 앞서 살펴본 선 차트에 (초)미세먼지가 나쁨 단계를 넘어서는 일자만 강조해서 초미세먼지로 인한 대기오염의 심각성을 설명합니다.

- 이 책에서는 편의상 별도의 스토리 포인트를 만들어서 설명했지만, 두 번째 데이터 포인트에서 [초미세먼지 나쁨 여부] 필터 목록을 실시간으로 클릭해 이 차트와 같은 차트를 만들 수 있습니다. 이러면 조금 더 극적인 효과를 줄 수 있습니다.

- 미세먼지 농도가 나쁨 단계를 넘어서는 일자(총 5일)를 먼저 제시합니다. 그런 다음 초미세먼지 농도가 나쁨 단계를 넘어서는 일자(총 43일)를 제시합니다. 극적인 수치 대조를 통해 초미세먼지 농도가 미세먼지 농도보다 매우 짙다는 사실을 다른 사람의 마음속에 깊게 세길 수 있습니다.

- 마지막으로 '서울특별시는 미세먼지보다 초미세먼지로 인한 대기오염이 더 심각합니다'라는 말과 함께 초미세먼지 관리 대책 마련이 시급하다는 메시지를 전달합니다.

다섯 번째 스토리 포인트: 서울특별시 지역별 초미세먼지 농도

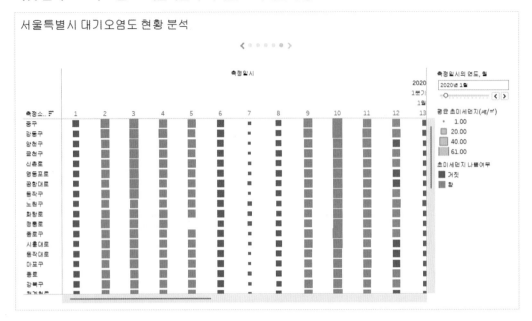

- 마지막으로는 서울특별시 지역별 초미세먼지 농도 히트맵 차트를 보여 주면서 서울특별시 내 지역별 미세먼지 농도가 얼마나 차이 나는지 설명합니다.
- 미세먼지 농도가 높은 지역을 보여 준 다음 낮은 지역을 보여 줍니다. 이와 같은 대비로 서울특별시 내 지역별로 초미세먼지 농도 차이가 뚜렷하다는 사실을 설명합니다.
- 이때 가장 극적인 차이를 보이는 북한산과 강남구 지역을 강조해서 보여 주면 초미세먼지 농도 차이가 발생하는 요인 중 교통 수단에서 발생하는 매연 등 도시 내적 요인도 있다는 사실을 전달할 수 있습니다.
- 마지막으로 '서울특별시 내 지역별 초미세먼지 농도는 뚜렷한 차이를 보이며 특히 도심 지역과 녹지 비율이 높은 지역의 차이가 큽니다'라는 대사와 함께 시민들이 함께 참여하는 초미세먼지 관리 대책 마련이 필요하다는 메시지를 전달합니다.

지금까지 서울특별시 대기오염도 현황을 시각화해 보고, 시각화를 통해 발견한 인사이트를 다른 사람에게 전달하는 방법을 알아보았습니다. 이 발표를 들은 사람은 아마 이런 메시지를 기억할 것입니다.

"서울특별시의 초미세먼지 농도는 지역별로 뚜렷한 차이를 보이므로 지역별 맞춤 대책을 통해 초미세먼지 농도를 관리해야 한다."

NOTE 예제 파일에는 이산화탄소농도(ppm)와 같은 대기오염과 관련된 다른 지표들도 담겨있습니다. 5-2절에서 배운 내용을 바탕으로 이 지표들을 직접 시각화해 봅시다.

전국 종량제 쓰레기 봉투 가격 분석
전국의 종량제 쓰레기 봉투 가격은 똑같을까?

사례 속 시각화 요소: #하이라이트 지도 #트리맵 차트 #막대 차트

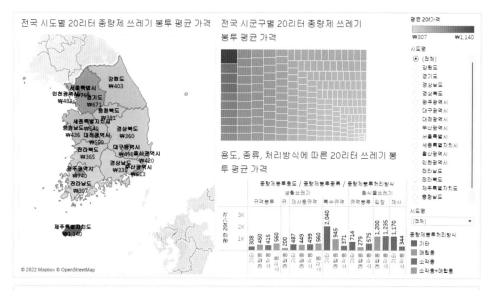

전국 종량제 쓰레기 봉투 가격 분석

‹ • • • • • ›

종량제 쓰레기 봉투 가격 만족하시나요?

1995년 쓰레기 종량제가 시행됨에 따라 종량제 쓰레기 봉투를 구입해서 쓰레기를 버리고 있습니다. 그런데 이 종량제 쓰레기 봉투의 가격은 지역별로 적절하게 책정되어 있을까요? 〈공공데이터포털〉 웹 사이트에서 제공하는 전국 종량제 봉투 가격 표준 데이터를 하이라이트 지도와 트리맵 차트 그리고 막대 차트로 시각화하면서 알아봅시다.

쓰레기 종량제와 종량제 쓰레기 봉투

쓰레기 종량제는 쓰레기 처리 비용 중 일부를 시민에게 부과하는 제도입니다. 쓰레기 처리 비용은 종량제 쓰레기 봉투 가격에 포함되어 있습니다. 종량제 쓰레기 봉투를 구매하는 순간 우리는 쓰레기 처리 비용 중 일부를 국가에 지불하는 겁니다.

이 제도는 1995년부터 시행되었는데 시행 당시만 해도 돈을 내고 쓰레기를 버린다는 생각 자체가 낯설었습니다. 그러다 보니 쓰레기 종량제가 시행되기 전에 쓰레기를 최대한 버리려고 하는 웃지 못할 일도 발생했습니다. 사실 종량제 쓰레기 봉투 가격은 실제 쓰레기 처리 비용의 1/3도 되지 않습니다. 이 제도의 목적은 국민에게 일정 비용을 부과함으로써 무분별한 쓰레기 배출을 막아 환경을 보호하는 데 있습니다.

| 지자체별 종량제 쓰레기 봉투

종량제 쓰레기 봉투는 일반, 음식물 등 쓰레기 종류에 따라 구분되어 있습니다. 가정용 쓰레기 봉투 외에도 특수 쓰레기용 마대 자루도 존재합니다. 전국적으로 시행하는 제도이니 당연히 지자체별로 종량제 쓰레기 봉투의 가격은 똑같겠죠? 하지만 놀랍게도 같은 20리터 종량제 쓰레기 봉투라고 해도 지자체별로 가격이 다릅니다. 지역마다 쓰레기 배출량과 처리 비용이 다르기에 종량제 봉투 가격을 지자체에서 독립적으로 관리하기 때문입니다.

지자체별 종량제 쓰레기 봉투 가격은 얼마나 차이가 날까요? 여러분이 살고 있는 지역의 종량제 쓰레기 봉투 가격은 납득할 만한 수준일까요? 지금부터 전국 종량제 봉투 가격 표준 데이터를 시각화해 보면서 종량제 쓰레기 봉투 가격을 분석하겠습니다.

종량제 봉투 가격 데이터로 무엇을 알 수 있을까?

예제 파일 12_전국 종량제 봉투 가격 표준 데이터.csv
원 데이터 data.go.kr/data/15025538/standard.do

〈공공데이터포털〉 웹 사이트에서 제공하는 전국 종량제 봉투 가격 표준 데이터를 시각화하기 전에 우선 데이터를 살펴보고 질문을 떠올려 봅시다.

1단계 | 데이터 준비하기

다음은 예제 파일의 일부를 보여 주는 표로 실제 예제 파일에는 총 756행의 데이터와 26가지 항목이 담겨 있습니다. 이번 실습에서는 시도명, 시군구명, 종량제봉투종류, 종량제봉투처리방식, 20리터 가격 총 5가지 항목을 사용합니다. 20리터 종량제 쓰레기 봉투가 없는 지역의 경우 가격이 0원으로 표시됩니다.

▍전국 종량제 봉투 가격 표준 데이터 중 일부

시도명	시군구명	종량제봉투종류	종량제봉투처리방식	20리터 가격
전라남도	완도군	재사용규격봉투	소각용	0
경상남도	고성군	규격봉투	소각용	400
광주광역시	서구	규격봉투	매립용	740
충청북도	진천군	규격봉투	소각용	480

2단계 | 데이터로 알고 싶은 내용 질문하기

756행이나 되는 방대한 종량제 쓰레기 봉투 가격 데이터 속에서 어떤 인사이트를 발견할 수 있을까요? 한번 고민해 봅시다.

전국 종량제 봉투 가격 표준 데이터로 떠올려 볼 수 있는 질문

- 20리터 종량제 쓰레기 봉투 가격은 광역지자체별로 얼마나 차이가 나는가?
- 20리터 종량제 쓰레기 봉투 가격은 같은 광역지자체 내의 기초지자체별로 얼마나 차이가 나는가?
- 20리터 종량제 쓰레기 봉투의 용도, 종류, 처리방식에 따른 가격 차이가 있는가?

이 질문들에 답하려면 어떤 차트를 사용해야 할까요?

첫 번째 질문에 답하려면 우리나라 행정구역 단위 중 가장 큰 광역지자체(시도)별 20리터 종량제 쓰레기 봉투 가격을 비교해야 합니다. 3-6절에서 지리적 데이터를 분석할 때 유용한 시각화 방법을 배웠습니다. 바로 하이라이트 지도입니다. 첫 번째 질문은 **하이라이트 지도**로 답하겠습니다.

두 번째 질문에 답하려면 광역지자체 내의 기초지자체(시군구)별 20리터 종량제 쓰레기 봉투 가격을 비교해야 합니다. 광역지자체보다 기초지자체의 항목이 훨씬 많습니다. 이처럼 무수히 많은 항목을 비교할 때는 하이라이트 테이블이 유용합니다. 여기서는 4-1절에서 잠깐 설명했던 트리맵 차트라는 것을 사용하겠습니다. **트리맵 차트**는 전체 항목값을 하나의 직사각형으로 표현하고 개별 항목값을 작은 직사각형으로 세분화해서 보여 주는 차트로, 항목 간 비율을 분석할 때 유용합니다.

세 번째 질문에 답하려면 20리터 종량제 쓰레기 봉투의 용도, 종류, 처리방식별 가격을 비교해야 합니다. 항목이 많지 않고, 구체적인 수치를 비교해야 하므로 이 질문에 답할 때는 수직 막대 차트가 적합합니다. 세 번째 질문은 **수직 막대 차트**로 답하겠습니다.

[답해 보기] **지역별 종량제 쓰레기 봉투 가격은 얼마나 다를까?**

[1단계] 첫 번째 질문에 답해 보기

지금부터 하이라이트 지도를 만들어 보면서 '20리터 종량제 쓰레기 봉투 가격은 광역지자체별로 얼마나 차이가 나는가?'라는 질문에 답해 보겠습니다.

전국 시도별 20리터 종량제 쓰레기 봉투 평균 가격 하이라이트 지도 만들기

01 예제로 제공되는 '12_전국 종량제 봉투 가격 표준 데이터.csv' 파일을 불러온 다음 [시트 1] 탭으로 이동합니다. 우선 [시도명]의 데이터 유형을 3-6절에서 하이라이트 지도를 만들 때 섰던 방법보다 더 편리한 방법으로 바꿔 보겠습니다. [시도명] 앞에 있는 문자열(Abc)을 클릭한 다음 [지리적 역할]-[주/시/도]를 선택합니다. 이러면 [시도]의 데이터 유형이 지리적 역할(⊕)로 바뀌면서 [데이터] 패널에 [위도(생성됨)]과 [경도(생성됨)]이 자동 생성됩니다.

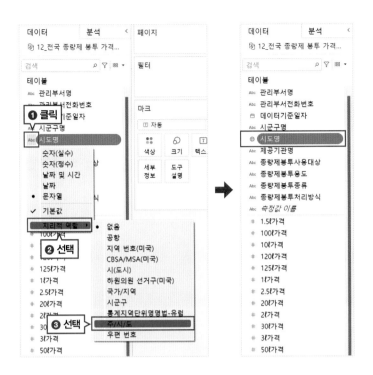

02 하이라이트 지도를 만들기 위해 [데이터] 패널의 [시도명]을 더블 클릭한 다음 [20ℓ가격]을 [마크] 카드의 색상( )으로 드래그합니다.

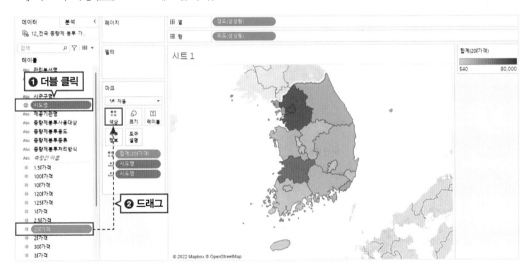

03 범례를 살펴보니 가장 비싼 가격이 8만 원이나 됩니다. 시도 내에 있는 시군구의 모든 유형, 용도, 사용대상별 20리터 종량제 쓰레기 봉투 가격이 합산되어서 그렇습니다. 이를 평균치로 바꾸기 위해 [마크] 카드에서 [합계(20ℓ가격)]의 드롭다운 버튼을 클릭한 다음 [측정값]-[평균]을 선택합니다.

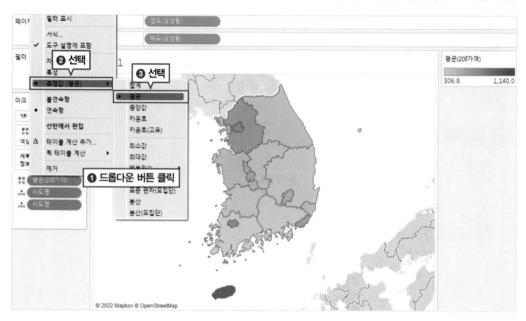

04 이제 시도명과 20리터 종량제 쓰레기 봉투 평균 가격을 지도에 표시하겠습니다. [데이터 패널]에서 [시도명]을 [마크] 카드의 레이블(T)로 드래그합니다. 그런 다음 Ctrl 키를 누른 채로 [마크] 카드의 [평균(20ℓ가격)]을 레이블(T)로 드래그합니다.

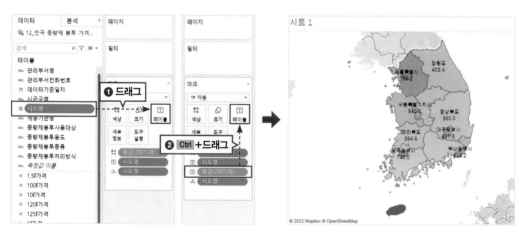

NOTE [데이터] 패널의 [20ℓ가격]을 색상으로 드래그하지 않고 Ctrl 키를 누른 채로 마크 카드 안에 있는 [평균(20ℓ가격)]을 색상으로 드래그하는 이유는 [20ℓ가격]을 색상으로 드래그하면 태블로에서 [20ℓ가격]을 합계로 처리하므로 측정값을 '평균'으로 다시 지정해 줘야하는 번거로움이 발생하기 때문입니다.

05 그런데 글꼴이 얇아서 글자가 잘 보이지 않고, 또 몇몇 시도명은 표시조차 되지 않습니다. 이 문제들을 해결하겠습니다. [마크] 카드의 레이블(**T**)을 클릭하고 [글꼴]의 드롭다운 버튼을 클릭한 다음 볼드(**B**)를 클릭합니다. 그리고 나서 [레이블이 다른 마크와 겹치도록 허용]을 체크합니다. 이제 모든 시도명이 표시되고 글꼴도 굵어졌습니다.

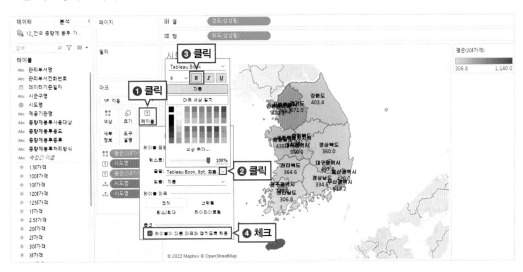

06 그런데 또다른 문제가 생겼습니다. 레이블이 서로 뒤엉켜서 알아보기 힘듭니다. 레이블의 위치를 조정하겠습니다. 지도에 있는 충청북도를 클릭하고 '충청북도'를 다른 레이블과 겹치지 않는 위치로 드래그합니다.

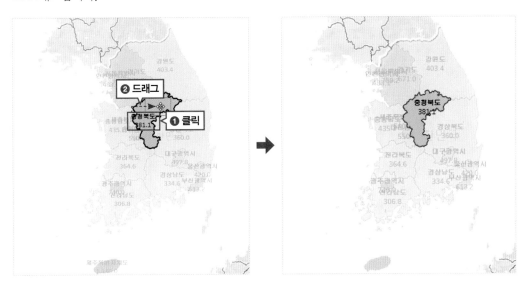

07 나머지 지역의 레이블도 **06**과 같은 방법으로 위치를 조정합니다. 이렇게 하면 모든 지역의 레이블이 겹치지 않고 제대로 표시됩니다.

08 종량제 쓰레기 봉투 가격 레이블에 원화(₩) 표시를 추가해 레이블의 가독성을 높이겠습니다. 레이블(T) 표시가 있는 [평균(20ℓ가격)]의 드롭다운 버튼을 클릭한 다음 [서식]을 선택합니다. 이러면 사이드바에 [평균(20ℓ가격) 서식] 패널이 나타납니다.

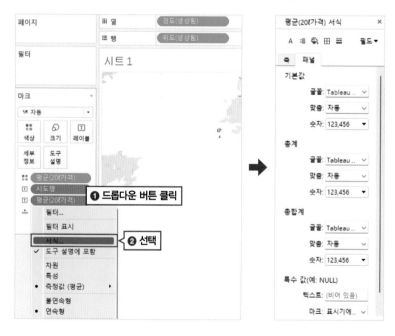

09 [평균(20ℓ가격) 서식] 패널의 [기본값] 목록에서 [숫자]의 드롭다운 버튼을 클릭합니다. 그런 다음 '통화(표준)'을 선택합니다. 이제 가격 레이블에 원화(₩) 표시가 추가되었습니다.

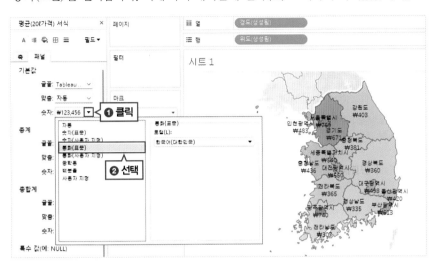

10 마지막으로 시트 제목을 '전국 시도별 종량제 20리터 쓰레기 봉투 평균 가격'이라고 지어줍니다.

전국 시도별 20리터 종량제 쓰레기 봉투 평균 가격을 보여 주는 하이라이트 지도가 완성되었습니다. 이 차트는 어떤 특징을 가지고 있을까요? 한번 살펴봅시다.

- 시도별 20리터 종량제 쓰레기 봉투 평균 가격을 순차형 배합으로 표시했습니다. 평균 가격이 높은 시도는 진한 파란색으로 낮은 시도는 옅은 파란색으로 표현됩니다.
- 순차형 색상 배합에 맞춰 범례가 추가되었습니다. 범례를 보면 최저 가격은 307원, 최대 가격 1,140원이라는 사실을 알 수 있습니다.

- 지도에 모든 시도명 레이블을 표시했습니다. 겹치는 시도명 레이블의 위치를 조절했으며, 글꼴 굵기를 진하게 해서 가독성을 높였습니다.
- 가격 레이블에 통화 형식을 추가해서 수치가 원화(₩)를 의미한다는 점을 명확히 했습니다.
- 지도 배경은 하얀색으로 두었습니다.

Q1. 20리터 종량제 쓰레기 봉투 가격은 광역지자체별로 얼마나 차이가 나는가?

A1. 우선 광역지자체(시도)별로 20리터 종량제 봉투의 가격이 다르다는 사실을 알 수 있습니다. 20리터 종량제 쓰레기 봉투 가격이 가장 비싼 지역은 제주특별자치도(1,140원)이며, 서울특별시(769원)가 그 뒤를 따르고 있습니다. 가장 싼 지역은 전라남도(307원)입니다. 제주특별자치도와 전라남도의 가격 차이는 약 3.7배 정도입니다. 그렇다면 제주특별자치도에서 20리터 종량제 쓰레기 봉투 가격이 가장 비싼 이유는 무엇일까요?

제주도를 찾는 관광객이 매년 증가하면서 제주특별자치도 안에서 만들어지는 쓰레기량도 증가했습니다. 이에 제주특별자치도는 쓰레기 배출과 쓰레기 처리 비용 부담을 줄이기 위해 종량제 쓰레기 봉투의 가격을 지속적으로 인상했습니다. 실제로 제주특별자치도에서 제공하는 제주입도 관광객 통계와 보도자료를 살펴보면 매년 관광객이 늘고 있다는 사실을, 도정 자료를 살펴보면 2017년에 제주특별자치도에서 종량제 쓰레기 봉투 가격을 40% 인상했다는 사실을 알 수 있어 이런 추측을 뒷받침해 줍니다. 분석 내용을 정리하면 다음과 같은 결론을 내릴 수 있습니다.

"20리터 종량제 쓰레기 봉투 가격은 광역지자체별 최대 3.7배 가까이 차이납니다."

여기서 잠깐! **가장 비싼 지역과 가장 싼 지역의 레이블만 지도에 표시해 봅시다!**

극적인 효과를 주려면 최댓값과 최젓값만을 보여 줍니다. [마크] 카드의 레이블(T)을 클릭하고 [레이블 마크]에서 '최소/최대'를, [필드] 드롭박스에서 '평균(20ℓ가격)'을 선택합니다. 이러면 20리터 종량제 쓰레기 봉투 가격이 가장 비싼 지역과 가장 싼 지역의 레이블만 지도상에 표시됩니다.

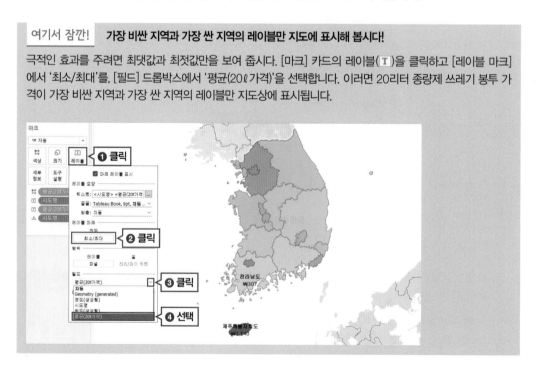

이제 '20리터 종량제 쓰레기 봉투 가격은 같은 광역지자체 내의 기초지자체별로 얼마나 차이가 나는가?'라는 질문에 답해 보겠습니다. 우선 이 질문에 답할 때 필요한 트리맵 차트를 만들겠습니다.

전국 시군구별 20리터 종량제 쓰레기 봉투 평균 가격 트리맵 차트 만들기

01 새 워크시트를 만들고 [데이터] 패널에서 [시군구명]을 [마크] 카드의 텍스트(T)로, [20ℓ가격]을 색상(::), 크기(○), 레이블(T) 총 3곳으로 드래그합니다.

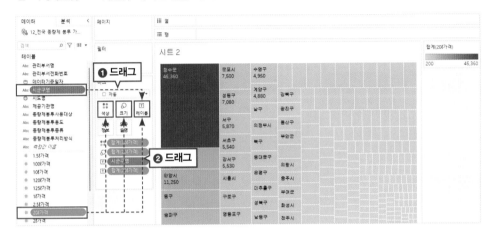

> **NOTE** [20ℓ가격]을 색상(::)과 크기(○)로 드래그하면 [마크] 카드의 텍스트(T)가 레이블(T)로 바뀝니다.

02 하이라이트 지도를 만들 때와 마찬가지로 20리터 종량제 봉투 가격이 합계로 산출되었습니다. 이를 평균으로 바꾸기 위해 **Ctrl** 키를 누른 채로 [마크] 카드의 [합계(20ℓ가격)]를 모두 클릭해 다중 선택합니다. 그런 다음 드롭다운 버튼을 클릭해서 [측정값]–[평균]을 선택합니다.

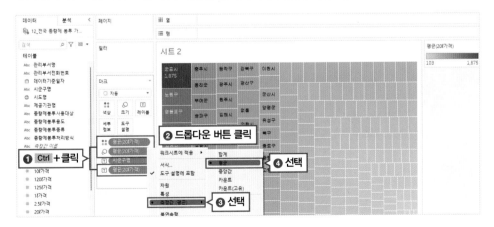

03 이제 전국 모든 시군구별 20리터 종량제 쓰레기 봉투 평균 가격을 살펴볼 수 있습니다. 하지만 우리가 알아보고자 하는 내용은 시도내 시군구의 가격 차이이므로 시도별 필터를 추가하겠습니다. [데이터] 패널의 [시도명]을 [필터] 선반으로 드래그합니다. [필터] 대화상자가 나타나면 [전체] 버튼과 [확인] 버튼을 순서대로 클릭합니다.

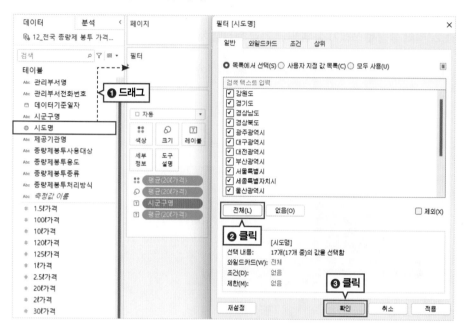

04 이제 필터 목록을 뷰에 추가하기 위해 [필터] 선반에서 [시도명]의 드롭다운 버튼을 클릭하고 [필터 표시]를 선택합니다.

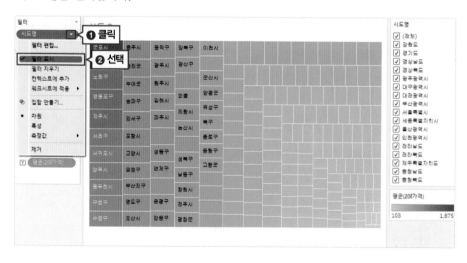

05 [시도명] 필터 목록의 드롭다운 버튼을 클릭하고 [단일 값(목록)]을 선택해서 시도별로 하나하나 선택하면서 볼 수 있게 만듭니다.

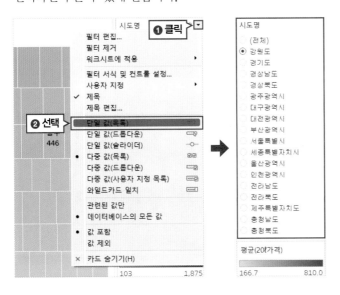

06 마지막으로 시트 제목을 '전국 시군구별 20리터 종량제 쓰레기 봉투 평균 가격'이라고 지어줍니다.

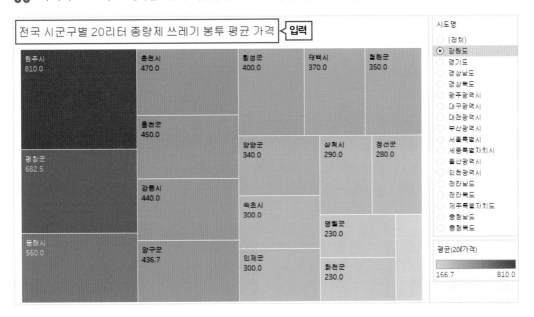

이제 그럴듯한 트리맵 차트가 완성되었습니다. 처음 만들어 본 차트인 만큼 어떤 특징이 있는지 꼼꼼하게 살펴봅시다.

- 시군구별 20리터 종량제 쓰레기 봉투 평균 가격의 색상을 순차형 배합으로 표현했습니다. 평균 가격이 높은 시군구는 진한 파란색으로, 낮은 시군구는 옅은 파란색으로 표현됩니다.

- 여기에 더해 평균 가격을 사각형의 크기로도 표현했습니다. 평균 가격이 높은 시군구의 사각형은 크게, 낮은 시군구의 사각형은 작게 표현됩니다.
- 시군구명과 20리터 종량제 쓰레기 봉투 평균 가격을 사각형 위에 표시했습니다.
- 시도별로 20리터 종량제 쓰레기 봉투 가격을 살펴볼 수 있도록 시도명 필터를 추가했습니다.

Q2. 20리터 종량제 쓰레기 봉투 가격은 같은 광역지자체 내의 기초지자체별로 얼마나 차이가 나는가?

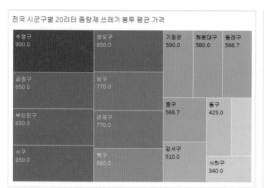 

| 부산광역시(왼쪽)와 광주광역시(오른쪽)의 20리터 종량제 쓰레기 봉투 가격 현황

A2. 광역지자체(시도)별로 살펴보겠습니다. 우선 부산광역시와 광주광역시의 20리터 종량제 쓰레기 봉투 평균 가격을 살펴봅시다. 부산광역시의 기초지자체(시군구)별 20리터 종량제 쓰레기 봉투 가격은 큰 차이가 납니다. 수영구(990원)가 가장 비싸며 금정구, 부산진구, 서구, 영도구(850원)가 그 뒤를 따르고 있습니다. 반면 가장 싼 지역은 사하구(340원)로 20리터 종량제 쓰레기 봉투 가격이 수영구의 1/3 수준입니다. 다시 말해, 지역별 가격 격차가 크다는 사실을 알 수 있습니다.

반면 흥미롭게도 광주광역시는 광산구, 동구, 남구, 서구, 북구 총 5개 구에서 동일한 가격(740원)이라는 사실을 알 수 있습니다. 기초지자체별로 차이가 없는 광역지자체도 있으니 다른 광역지자체도 한번 살펴보겠습니다. 다음으로 20리터 종량제 쓰레기 봉투 평균 가격이 가장 높았던 제주특별자치도와 가장 낮았던 전라남도를 비교하겠습니다.

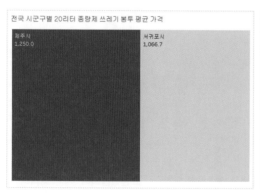 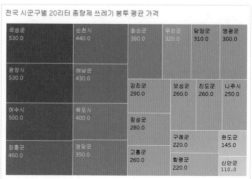

| 제주특별자치도(왼쪽)와 전라남도(오른쪽)의 20리터 종량제 쓰레기 봉투 가격 현황

제주특별자치도 역시 제주시(1,250원)와 서귀포시(1,066원)의 가격 차이가 약 184원이라는 사실을 알 수 있습니다. 하지만 제주시와 서귀포시 모두 앞서 살펴본 지역보다 비교적 비싼 가격입니다. 전라남도 역시 가장 비싼 지역인 곡성군(530원)과 가장 싼 지역인 신안군(110원)의 가격 차이가 420원으로 꽤 많이 난다는 사실을 알 수 있습니다. 나머지 지역을 살펴봐도 기초지자체별 가격 차이가 없는 광역지자체는 광주광역시가 유일합니다.

기초지자체별로 가격 차이가 나는 이유는 각 기초지자체에서 20리터 종량제 쓰레기 봉투 가격을 책정하고 있기 때문입니다. 현재 책정된 가격이 적정 가격인지 확인하려면 인구 밀도, 쓰레기 배출량 등을 종합적으로 살펴봐야 합니다. 분석 내용을 정리하면 다음과 같은 결론을 내릴 수 있습니다.

"20리터 종량제 쓰레기 봉투 가격은 광주광역시를 제외하면 같은 광역지자체 내의 기초지자체별로 뚜렷한 차이를 보입니다."

3단계 세 번째 질문에 답해 보기

이제 수직 막대 차트를 만들면서 마지막 질문인 '20리터 종량제 쓰레기 봉투의 용도, 종류, 처리방식에 따른 가격 차이가 있는가?' 답하겠습니다.

용도, 종류, 처리방식에 따른 20리터 쓰레기 봉투 평균 가격 수직 막대 차트 만들기

01 새 워크시트를 만듭니다. [데이터] 패널의 [종량제봉투용도], [종량제봉투종류], [종량제봉투처리방식]을 순서대로 [열] 선반으로 드래그하고 [20ℓ가격]를 [행] 선반으로 드래그합니다.

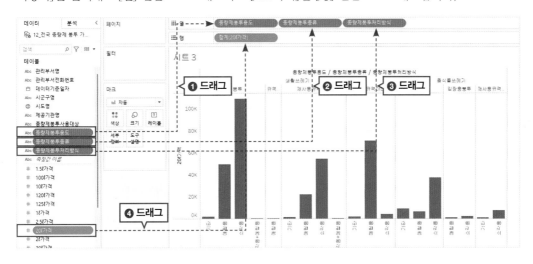

NOTE [열] 선반에 드래그한 순서대로 차트의 층위가 결정됩니다. 순서가 바뀌면 표시되는 항목이 달라지니 주의합시다.

02 아니나 다를까 20리터 종량제 쓰레기 봉투 가격이 합계로 계산되었습니다. [행] 선반에서 [합계(20ℓ가격)]의 드롭다운 버튼을 클릭한 다음 [측정값]-[평균]을 선택합니다. 이렇게 하면 합계가 평균으로 바뀌면서 막대 차트의 크기도 다시 설정됩니다.

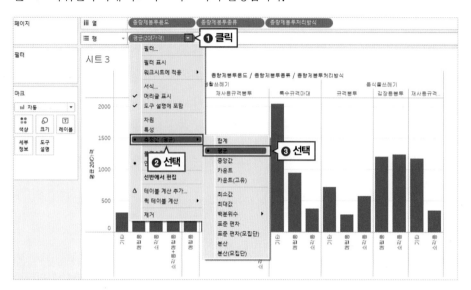

03 이제 막대에 수치를 표시하기 위해 **Ctrl** 키를 누른 채로 [행] 선반에서 [평균(20ℓ가격)]을 [마크] 카드의 레이블(**T**)로 드래그합니다.

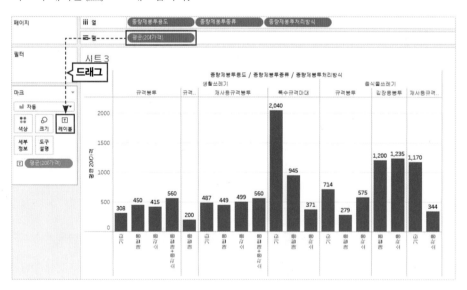

04 모든 막대가 파란색이라 구별이 다소 어렵습니다. 막대를 서로 다른 색상으로 구분하겠습니다. [데이터] 패널에서 [종량제봉투처리방식]을 [마크] 카드의 색상(▦)으로 드래그합니다.

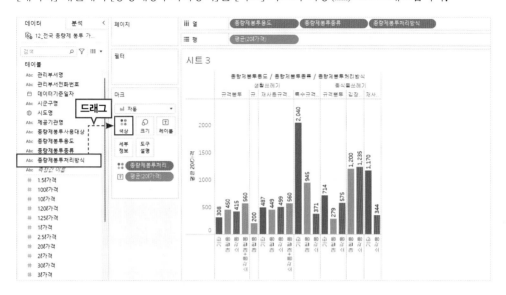

05 이제 차트를 뷰에 가득 채우겠습니다. 툴바의 드롭박스에서 '전체 보기'를 선택합니다.

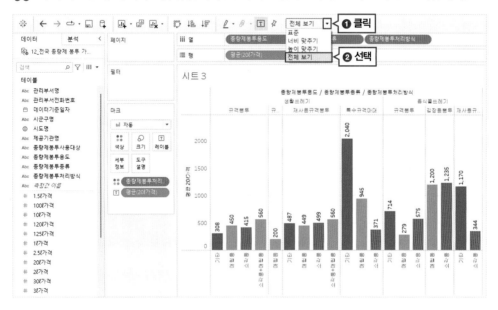

06 시도별로 20리터 종량제 쓰레기 봉투 가격을 확인할 수 있게 필터 목록을 추가하겠습니다. [데이터] 패널의 [시도명]을 [필터] 선반으로 드래그합니다. [필터] 대화상자가 나타나면 [전체] 버튼과 [확인] 버튼을 순서대로 클릭합니다.

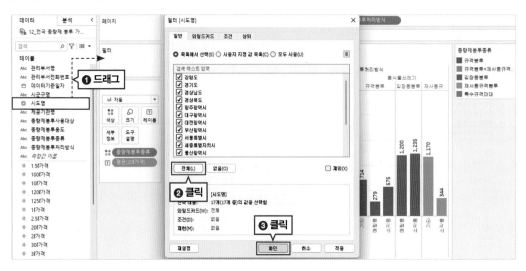

07 [필터] 선반에서 [시도명]의 드롭다운 버튼을 클릭해서 [필터 표시]를 선택합니다. 이러면 [시도명] 필터 목록이 나타납니다.

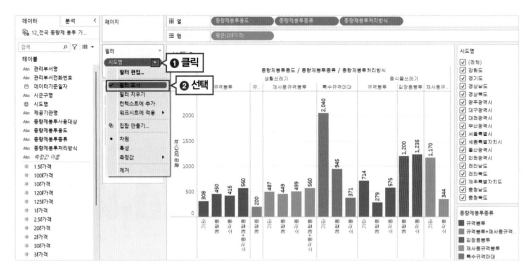

08 시도명을 하나하나 선택해서 볼 수 있도록 필터 목록의 표시 형식을 바꾸겠습니다. 트리맵 차트를 만들 때와는 다른 형식을 사용하겠습니다. [시도명] 필터 목록의 드롭다운 버튼을 클릭한 다음 '단일 값(드롭다운)'을 선택합니다.

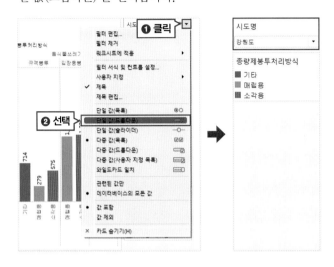

09 마지막으로 시트 제목을 '용도, 종류, 처리방식에 따른 20리터 쓰레기 봉투 평균 가격'이라고 지어줍니다. 이제 세 번째 질문에 답할 때 사용할 수직 막대 차트가 완성되었습니다.

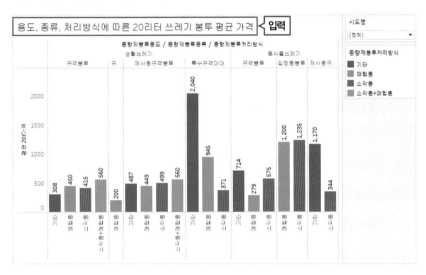

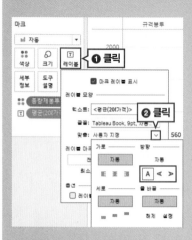
용도, 종류, 처리방식에 따른 20리터 쓰레기 봉투 평균 가격을 보여 주는 수직 막대 차트가 완성되었습니다. 이 차트의 어떤 점을 주목해야 할까요? 차트의 특징을 한번 살펴보겠습니다.

- 가로축에는 종량제봉투용도를 대분류로, 종량제봉투종류를 중분류로, 종량제봉투처리방식을 소분류로 배치하고 종량제봉투처리방식을 막대로 표현했습니다.
- 그래서 종량제봉투용도인 생활쓰레기와 음식물쓰레기로 항목이 구분되었고 그 아래로 종량제봉투종류인 규격봉투, 재사용규격봉투, 특수규격봉투 등으로 구분되어 있습니다.
- 세로축은 20리터 종량제 쓰레기 봉투의 평균 가격을 보여 줍니다.
- 종량제봉투처리방식의 색상을 정성형 배합으로 적용했습니다. 기타, 매립용, 소각용을 나타내는 막대를 서로 다른 색상으로 구분했습니다.
- 각 종량제봉투처리방식별 종량제 봉투 평균 가격을 막대 위에 표시했습니다.
- 시도별로 20리터 종량제 쓰레기 봉투 가격을 살펴볼 수 있도록 시도명 필터를 추가했습니다.

Q3. 20리터 종량제 쓰레기 봉투의 용도, 종류, 처리방식에 따른 가격 차이가 있는가?

A3. 우선 전국 현황을 살펴보겠습니다. 20리터 종량제 쓰레기 봉투 가격은 용도, 종류, 처리방식에 따라 뚜렷한 차이를 보입니다. 규격봉투를 보면 소각용＋매립용이 가장 비싸고, 그 다음으로 매립용,

소각용 순으로 비싸다는 사실을 확인할 수 있습니다. 생활 쓰레기 봉투와 음식물 쓰레기를 규격봉투로 비교해 보면 음식물 쓰레기 봉투가 대체로 비싼 가격대를 형성하고 있다는 사실을 확인할 수 있습니다. 하지만 주의할 점은 이러한 패턴이 광역지자체(시도)별로 다르게 나타날 수 있다는 사실입니다. 충청북도와 강원도의 가격을 살펴보겠습니다.

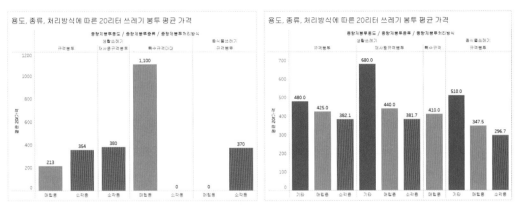

┃ 충청북도(왼쪽)와 강원도(오른쪽)의 20리터 종량제 쓰레기 봉투 가격 현황

충청북도를 살펴보면 생활 쓰레기 규격봉투 내에서 소각용이 매립용보다 대체로 비싸지만, 소각용 음식물 쓰레기 봉투 가격(370원)과 소각용 생활 쓰레기 봉투 가격(354원)이 16원 밖에 차이가 나지 않습니다. 강원도는 규격봉투 내에서 소각용(382원)보다 기타(480원)가 더 비싸며, 음식물 쓰레기 규격봉투에도 동일한 현상이 나타납니다. 대체로 음식물 쓰레기 규격봉투가 생활 쓰레기 규격봉투보다 비쌉니다. 이번에는 경기도와 인천광역시를 살펴보겠습니다.

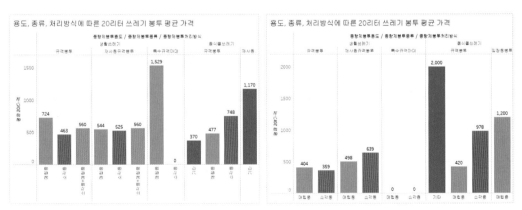

┃ 경기도(왼쪽)와 인천광역시(오른쪽)의 20리터 종량제 쓰레기 봉투 가격 현황

경기도는 기타용 생활 쓰레기 규격봉투가 따로 없으며 소각용(463원)보다 매립용(724원)이 더 비쌉니다. 음식물 쓰레기 규격봉투는 소각용(748원)이 가장 비쌉니다. 생활 쓰레기 규격봉투와 음식물 쓰레기 규격봉투의 가격을 비교해 보면 대체로 비슷합니다. 인천광역시를 살펴봅시다. 인천광역시에

서는 흥미롭게도 기타 음식물 쓰레기 봉투(2,000원)가 매우 비쌉니다. 전국의 기타 음식물 쓰레기 규격봉투의 평균 가격이 비교적 높게 나온 이유는 인천광역시의 영향이었습니다.

나머지 광역지자체를 살펴보면 음식물 쓰레기 규격봉투가 없는 곳도 많습니다. 이런 현상은 음식물 쓰레기 봉투가 아닌 음식물 쓰레기통에 스티커를 붙이는 곳도 있고, 20리터 봉투를 팔지 않는 곳도 있는 등 기초지자체마다 쓰레기를 처리하는 방식이 다르기 때문입니다. 분석 내용을 정리하면 다음과 같은 결론을 내릴 수 있습니다.

"기초지자체마다 쓰레기를 처리하는 방식이 다르므로 용도, 종류, 처리방식에 따른 20리터 종량제 쓰레기 봉투 가격은 광역지자체별로 천차만별입니다."

보여주기 ┃ 종량제 쓰레기 봉투 가격 책정 지원하기

1단계 대시보드의 목적 고민하기

지금까지 하이라이트 지도, 트리맵, 수직 막대 차트를 만들면서 전국 종량제 쓰레기 봉투 가격과 관련한 여러 메시지를 발견했습니다. 이제 이 메시지를 다른 사람에게 효과적으로 전달해 봅시다. 대시보드를 먼저 만든 다음 스토리를 만들어 봅시다.

1. 목표 정하기

전국 종량제 쓰레기 봉투 가격 차이를 이해하고 형평성 있는 가격 기준을 마련합니다.

2. 보는 사람 예측하기

- 기초지자체 종량제 쓰레기 봉투 담당자
- 시민
- 종량제 봉투 제조자
- 재활용업계
- 매립지관리공사 관계자 등

3. 전달할 메시지 정하기

- 20리터 종량제 봉투 가격은 광역지자체별 뚜렷한 차이를 보입니다.
- 20리터 종량제 쓰레기 봉투 가격은 광주광역시를 제외한 나머지 광역지자체 내의 기초지자체별로 뚜렷한 차이를 보입니다.
- 20리터 종량제 쓰레기 봉투 가격은 용도, 종류, 처리방식별로 다르며 기초지자체별로 천차만별입니다.

4. 활용 방안 고민하기

기초지자체별로 종량제 쓰레기 봉투 가격이 다르면 시민들의 불만으로 이어질 수 있습니다. 종량제 쓰레기 봉투 가격이 매우 비싼 지역의 시민 반응을 주의 깊게 살펴보고 광역지자체별로 가격 기준을 공표하거나 가격을 일원화하는 등 형평성 있는 쓰레기 종량제 운영 방안 마련을 지원합니다.

2단계 대시보드 만들기

지금부터 앞서 살펴본 4가지 항목을 바탕으로 전국 20리터 종량제 쓰레기 봉투 가격을 보여 주는 대시보드를 만들겠습니다. 전국 시도별 20리터 종량제 쓰레기 봉투 평균 가격 하이라이트 지도는 세로로 길게 보여 줘야하는 정보가 많으므로 왼쪽에 배치하고, 전국 시군구별 20리터 종량제 쓰레기 봉투 평균 가격 히트맵 차트와 용도, 종류, 처리방식에 따른 20리터 쓰레기 봉투 평균 가격 수직 막대 차트는 가로로 보여 줘야하는 정보가 많으므로 각각 오른쪽 위아래에 배치하겠습니다.

01 새 대시보드를 만들고, [대시보드] 패널에서 [크기]를 '자동'으로 설정합니다. 그런 다음 [시트 1]을 뷰로 드래그합니다.

02 [대시보드] 패널의 [시트 2]를 뷰에 있는 '전국 시도별 20리터 종량제 쓰레기 봉투 평균 가격' 지도 오른쪽으로 드래그합니다. 이러면 '전국 시군구별 20리터 종량제 쓰레기 봉투 평균 가격' 차트가 생기는데 [시트 3]을 이 차트 아래쪽으로 드래그합니다.

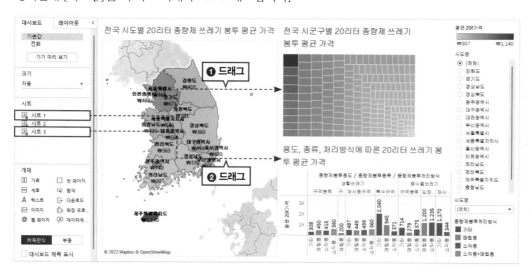

NOTE 하이라이트 지도의 레이블이 겹쳐서 표시된다면 지도를 확대합시다. 지도를 확대하는 방법이 잘 기억나지 않는다면 166쪽을 다시 살펴봅시다.

---

03 차트를 서로 연동하기 위해 '전국 시도별 20리터 종량제 쓰레기 봉투 평균 가격' 지도에서 필터로 사용(🔽)을 클릭합니다.

04 이러면 '전국 시도별 20리터 종량제 쓰레기 봉투 평균 가격' 지도의 특정 시도를 클릭하면 나머지 차트도 선택한 시도에 맞는 정보만을 표시합니다.

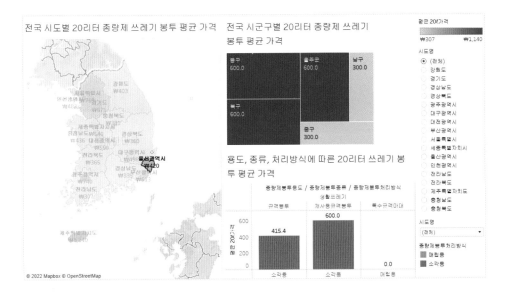

이제 대시보드까지 만들었습니다. 대시보드를 살펴보면서 처음 정했던 목적에 맞게 만들어졌는지 한번 살펴봅시다.

- 하이라이트 지도를 가장 먼저 볼 수 있도록 위쪽에 배치했습니다.
- 하이라이트 지도를 필터로 지정했습니다. 이제 하이라이트 지도에서 특정 시도를 선택하면 다른 차트들도 해당 지역과 관련된 정보만을 표시합니다.
- 지도를 살펴본 다음 자연스럽게 시선이 닿을 수 있도록 트리맵 차트를 오른쪽 위에 배치했습니다.
- 마지막으로 봉투 가격을 항목별로 자세히 살펴볼 수 있도록 수직 막대 차트를 오른쪽 아래에 배치했습니다.

발표하기   종량제 쓰레기 봉투 가격의 지역 편차 전달하기

이제 마지막으로 앞서 만든 차트로 알아본 분석 결과를 다른 사람에게 전달해 봅시다. 그전에 우선 데이터 스토리텔링 표현 방법을 정해 봅시다. 답해 보기에서 분석했던 순서를 다시 생각해 봅시다. 20리터 종량제 쓰레기 봉투 평균 가격을 광역지자체별로 살펴보고 기초지자체별로 살펴봤습니다. 그런 다음 용도, 종류, 처리방식별 가격까지 비교했습니다.

이처럼 큰 부분에서 시작해 작은 부분을 설명할 때는 **드릴다운**이 유용합니다. 드릴다운을 적용해서 스토리를 만들어 봅시다.

01 이번에도 표지부터 만들겠습니다. 새 대시보드를 만들고 [대시보드] 패널 [크기]를 '자동'으로 설정합니다. [대시보드] 패널의 [부동]을 클릭하고, [이미지]를 뷰로 드래그해서 종량제 쓰레기 봉투와 관련된 이미지를 추가합니다.

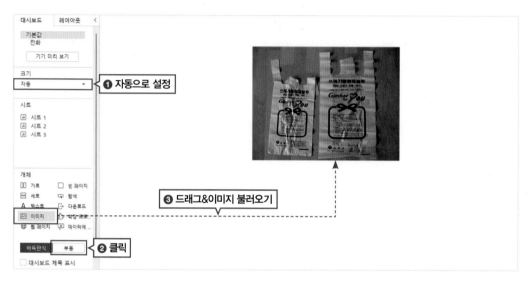

NOTE 원하는 이미지를 추가하면 됩니다. 빠른 실습을 원한다면 예제로 제공하는 '종량제 쓰레기 봉투 사진.jpg' 파일을 사용합시다.

02 [개체] 목록의 [텍스트]를 뷰에 있는 이미지 아래쪽으로 드래그해서 표지에서 보여 줄 핵심 문구인 '종량제 쓰레기 봉투 가격 만족하시나요?'를 추가합니다. 글꼴과 글자 크기는 원하는 대로 설정합니다.

03 이제 데이터 출처 소개 페이지를 만들겠습니다. 새 대시보드를 만들고 크기는 '자동'으로, 배치 형식은 [바둑판식]으로 설정합니다. [개체] 목록의 [웹 페이지]를 뷰로 드래그하고 다음의 주소를 입력합니다.

→ www.data.go.kr/data/15025538/standard.do

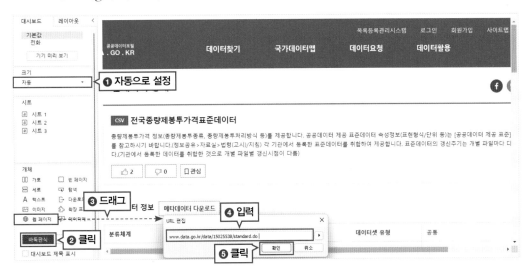

04 새 스토리를 만듭니다. 탐색기 스타일은 '점'으로 크기는 '자동'으로 설정합니다. [스토리] 패널의 [대시보드 2]를 뷰로 드래그해서 표지를 추가합니다.

05 이제 나머지 스토리 포인트를 만들기 위해 [스토리] 패널의 [대시보드 3]을 탐색기의 점 오른쪽으로 드래그합니다. 그런 다음 [시트 1], [시트 2], [시트 3]을 순서대로 탐색기의 점 가장 오른쪽으로 드래그합니다.

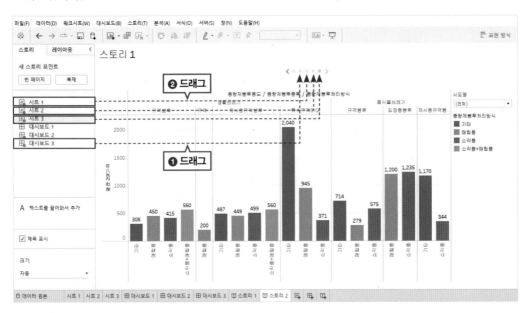

06 마지막으로 스토리 제목을 '전국 종량제 쓰레기 봉투 가격 분석'이라고 지어줍니다. 이제 발표를 위한 스토리가 완성되었습니다.

첫 번째 스토리 포인트: 사례 소개

- 첫 번째 스토리 포인트에서 쓰레기 종량제 제도의 시행 배경을 설명합니다. 이때 관련 헤프닝도 함께 설명합니다. 다른 지역에 사는 친구를 예로 들어 종량제 쓰레기 봉투 가격이 지역마다 다르다는 사실도 전달합니다.

- '종량제 쓰레기 봉투 가격 만족하시나요?'라는 대사로 평소에 잘 관심을 가지지 못했던 종량제 쓰레기 봉투의 지역별 가격 차이에 관한 이목을 집중시킵니다.

두 번째 스토리 포인트: 원 데이터 출처 소개

- 분석 내용을 발표하기 전에 〈공공데이터포털〉 웹 사이트를 소개하면서 전국 종량제 봉투 가격 분석에 사용된 데이터의 출처를 밝힙니다.

- 데이터에서 다루는 전체 항목을 설명한 다음 분석에서 다루는 데이터 시기와 항목을 설명합니다. 이때 이렇게 선별한 이유를 간단하게 설명합니다.

세 번째 스토리 포인트: 전국 시도별 20리터 종량제 쓰레기 봉투 평균 가격

- 전국 시도별 20리터 종량제 쓰레기 봉투 평균 가격 하이라이트 지도를 보여 주면서 광역지자체별 종량제 쓰레기 봉투 가격 차이를 설명합니다.

- 가장 비싼 지역인 제주특별자치도와 가장 싼 지역인 전라남도를 강조해서 보여 줍니다. 이러면 광역지자체별로 가격이 최대 3.7배 가까이 차이가 난다는 사실을 명확히 전달할 수 있습니다.

- 제주특별자치도에서 가격이 비싼 이유를 추측해서 전달합니다. 이와 관련한 자료가 있다면 함께 제시하면 좋습니다.

- 마지막으로 지금까지 전달한 내용을 함축해서 '20리터 종량제 쓰레기 봉투 가격은 광역지자체별 최대 3.7배에 가까운 차이가 납니다'라는 결론을 내립니다.

네 번째 스토리 포인트: 전국 시군구별 20리터 종량제 쓰레기 봉투 평균 가격

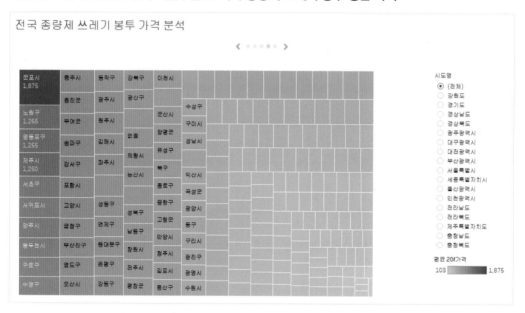

- 이어서 전국 시군구별 20리터 종량제 쓰레기 봉투 평균 가격 히트맵 차트을 보여 주면서 광역지자체 내의 기초지자체별 가격을 설명합니다. 이번 스토리 포인트로 넘어오기 전에 세부 지역별로 살펴보겠다는 안내를 하면 좋습니다.

- 두 번째 질문에 답할 때는 전국의 모든 기초지자체를 한 번에 살펴보진 않았지만, 발표할 때는 전국 현황을 먼저 보여 주면서 기초지자체별로도 가격 차이가 많이 난다는 사실을 미리 전달할 수 있습니다.

- 가장 비싼 지역이었던 제주특별자치도와 가장 싼 지역이었던 전라남도의 데이터를 우선 보여 줍니다. 그런 다음 경기도, 부산광역시, 대전광역시 등 기초지자체별 가격 차이가 나는 지역을 설명합니다.

- 대체로 유사한 경향을 보이지만 특이한 데이터가 있는 경우 마지막에 소개하면 좋습니다. 두 번째 질문에 답할 때 살펴봤던 것처럼 광주광역시는 기초지자체별 가격 차이가 없습니다. 추가 자료를 조사해 광주광역시의 모든 기초지자체의 가격이 동일한 이유를 설명합니다.

- 그리고 '20리터 종량제 쓰레기 봉투 가격은 광주광역시를 제외하면 같은 광역지자체 내 기초지자체별로 뚜렷한 차이를 보입니다'라고 말합니다. 이처럼 예외를 명확히 밝히면 분석 결과의 신빙성이 높아집니다.

다섯 번째 스토리 포인트: 용도, 종류, 처리방식에 따른 20리터 쓰레기 봉투 평균 가격

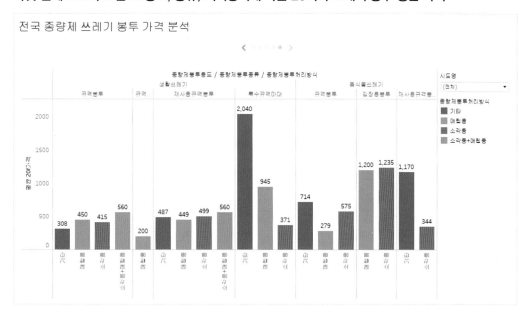

- 마지막으로 용도, 종류, 처리방식에 따른 20리터 쓰레기 봉투 평균 가격 수직 막대 차트를 보여 주면서 20리터 종량제 쓰레기 봉투의 가격 차이를 세부적으로 설명합니다.

- 모든 용도와 종류에 따라 설명하면 좋지만, 보는 사람의 특성에 맞는 부분만 집중해서 설명하면 전달 효과가 더욱 높아집니다. 가령 일반 시민을 대상으로 발표를 진행한다면 규격봉투의 가격만을 집중 분석할 수 있습니다.

- 광역지자체별로 생활 쓰레기 봉투와 음식물 쓰레기 봉투의 가격 차이를 보여 주면서 대체로 음식물 쓰레기 봉투 가격이 높다는 사실을 설명합니다. 일반적으로 음식물 쓰레기는 냄새 등으로 인해 처리가 더욱 곤란하다는 예측도 근거 자료와 함께 제시합니다.

- 특이점인 인천광역시의 음식물 쓰레기 봉투 가격도 보여 줍니다.

- 마지막으로 '기초지자체마다 쓰레기를 처리하는 방식이 다르므로 용도, 종류, 처리방식에 따른 20리터 종량제 쓰레기 봉투 가격은 광역지자체별 천차만별입니다'라는 대사와 함께 종량제 쓰레기 봉투 가격이 합리적으로 책정되어있는지 살펴봐야 한다는 메시지를 전달합니다.

지금까지 전국 종량제 쓰레기 봉투 가격을 분석해 보고 이를 다른 사람에게까지 전달해 보았습니다. 이 발표로 다른 사람에게 다음의 메시지를 각인시킬 수 있습니다.

"20리터 종량제 쓰레기 봉투 가격은 지역별로 뚜렷한 차이를 보이므로 지역별 형평성을 맞추려면 보다 합리적이고 일관적인 가격 책정 기준이 필요하다."

NOTE   예제 파일에는 다양한 봉투 규격과 가격이 포함되어 있습니다. 5-3절에서 배운 내용을 바탕으로 100리터 등 다양한 규격별 종량제 쓰레기 봉투 가격 현황도 직접 시각해 봅시다.

5-4 대학 입학정원 및 입학생수 분석
입학정원과 입학생수는 정말 감소하고 있을까?

사례 속 시각화 요소: #선 차트 #영역 차트 #파이 차트

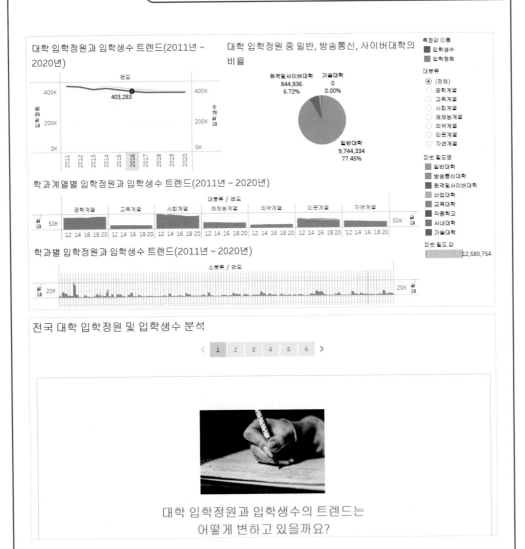

전국 대학 입학정원 및 입학생수 분석

대학 입학정원과 입학생수의 트렌드는
어떻게 변하고 있을까요?

최근 뉴스에 지역 대학의 위기라는 말이 심심치 않게 들려옵니다. 입학정원과 입학생수가 얼마나 감소하고 있을래 이런 뉴스가 들리는 걸까요? 〈교육통계서비스〉 웹 사이트에서 제공하는 대학 학과계역별 입학정원과 입학생수 데이터를 선 차트, 영역 차트 그리고 파이 차트로 시각화하면서 답을 찾아봅시다.

학령인구 감소와 대학 입학정원

입학생수가 점차 감소해 입학정원을 채우지 못하는 대학들이 늘어나고 있다는 사실을 뉴스를 통해 들어본 적이 있을 겁니다. 이처럼 입학생수가 감소하는 주된 요인은 출산율 저하에 따른 학령인구 감소에 있습니다. 2021년에는 대학정원이 수능응시자수를 뛰어넘는 이른바 대입 역전현상이 본격적으로 시작되었습니다. 여기에 더해 학령인구의 수도권 쏠림 현상이 더욱 심해지고 있는 상황입니다. 이에 따라 벚꽃이 지는 순서대로 대학이 없어질 거라는 말이 돌 정도로 지역 대학은 심각한 타격을 입고 있습니다. 2024년에는 수도권을 제외한 모든 지역 대학이 입학정원을 채우지 못할 것이라는 예측도 나오고 있습니다.

대학 입학생수 감소에 따른 실효성 있는 입학정원 대책을 마련하려면 정확한 데이터를 바탕으로 현 상황을 제대로 진단해야 합니다. 학령인구 감소에 따른 입학생수가 얼마나 감소하고 있는지, 또 학과마다 입학정원이 어떻게 다르며, 어떤 학과가 심각한 타격을 받고 있는지를 먼저 파악해야 합니다.

지금부터 교육부에서 제공하는 대학 학과계열별 입학정원과 입학생수 정보 데이터를 시각화해 보면서 전국의 대학이 처해 있는 상황을 제대로 분석해 봅시다.

질문하기 ## 대학 입학정원과 입학생수로 무엇을 알 수 있을까?

예제 파일 13_교육부_대학 학과계열별 입학정원과 입학생수.xlsx
원 데이터 data.go.kr/data/15052735/fileData.do

이번 실습에서는 〈교육통계서비스〉 웹 사이트(kess.kedi.re.kr)에서 제공하는 학과계열별 입학정원 데이터와 학과계열별 입학생수 데이터를 사용합니다. 이 데이터는 〈공공데이터포털〉 웹 사이트를 통해서도 접근할 수 있습니다. 이 데이터를 준비하고 해결할 질문을 떠올려 봅시다.

1단계 데이터 준비하기

이번 예제 파일은 학과계열별 입학정원과 학과계열별 입학생수 데이터를 합쳐서 만들었습니다. 원데이터 출처에서 직접 데이터를 내려 받아서 사용하는 경우 2개의 항목을 각각 내려받고 학과계열별 입학정원 데이터에 입학생수를 포함해야 합니다.

다음은 예제 파일의 일부분을 보여 주는 표입니다. 예제 파일은 총 1,629행으로 이루어져 있으며, 연도, 대분류, 중분류, 소분류, 입학정원, 일반대학, 원격 및 사이버대 등 총 13개의 항목을 다루고 있습니다. 대학유형 아래에 있는 수치는 입학정원을 의미합니다. 대학유형별 입학생수는 **답해 보기**에서 사용하지 않으므로 예제 파일에 추가하지 않았습니다. 학과(계열)별 입학생수는 포함되어 있습니다. 이번 실습에는 13개 항목을 모두 사용합니다. 데이터에서 다루는 시기는 2011년부터 2020년까지 입니다.

| 대학 학과계열별 입학정원과 입학생수 데이터 중 일부

대분류	중분류	소분류	입학정원	입학생수	연도
인문계열	언어·문학	언어학	207	241	2020
인문계열	언어·문학	국어·국문학	5,952	5,838	2020
예체능계열	음악	작곡	375	400	2011
예체능계열	음악	기타음악	1,587	1,642	2011

2단계 데이터로 알고 싶은 내용 질문하기

1,629행의 방대한 입학정원과 입학생수 데이터로 어떤 메시지를 발견할 수 있을까요?

대학 학과계열별 입학정원과 입학생수 데이터로 떠올려 볼 수 있는 질문

- 지난 10년 간 대학 입학정원과 입학생수는 얼마나 달라졌는가?
- 지난 10년 간 대학 입학정원과 입학생수는 학과별로 어떤 차이가 있는가?
- 대학 입학정원 중 일반대학과 방송통신대학 및 사이버대학이 차지하는 비율은 어느 정도인가?

이 질문들에 답하기 위해 어떤 차트를 사용하는 것이 좋을까요?

첫 번째 질문에 답하려면 지난 10년 간(2011~2020년) 모든 유형의 대학과 학과(계열)별 입학정원과 입학생수 트렌드를 살펴봐야 합니다. 시간의 흐름에 따른 데이터 변화에는 선 차트가 유용하다는 사실 기억하죠? 첫 번째 질문은 **선 차트**로 답해 보겠습니다.

두 번째 질문에 답하려면 지난 10년 간(2011~2020년) 학과별 입학정원과 입학생수 트렌드를 살펴봐야 합니다. 첫 번째 질문과 마찬가지로 시간의 흐름에 따른 데이터 변화를 확인해야 하므로 선 차트가 유용합니다. 하지만 학과가 한 두 개가 아니기에 한 차트에 모든 학과를 표현하면 너무 어지러울 겁니다. 그러므로 여러 개의 **영역 차트**를 나열해서 막대 차트처럼 학과별 입학정원을 비교할 수 있으면서도 개별 학과의 입학정원의 트렌드를 확인할 수 있게 구성하겠습니다.

세 번째 질문에 답하려면 모든 대학유형별 입학정원 중 일반대학과 사이버대학이 차지하는 비율을 비교해야 합니다. 각 항목이 전체에서 차지하는 비중을 분석할 때 유용한 **파이 차트**로 세 번째 질문에 답하겠습니다.

대학 입학정원과 입학생수의 트렌드는 어떨까?

첫 번째 질문에 답해 보기

지금부터 선 차트를 만들어서 '지난 10년 간 대학 입학정원과 입학생수는 얼마나 달라졌는가?'라는 질문에 답해 보겠습니다.

대학 입학정원과 입학생수 트렌드 선 차트 만들기

01 예제 파일에는 학과별 '계' 항목이 포함되어 있었습니다. 태블로에서는 '계' 항목 역시 하나의 항목으로 인식해서 다른 값과 합산해 버립니다. 이러면 잘못된 결과값을 산출할 수 있으니 제외해야 합니다.

	A	B	C	D	E	F	G	H	I	J
1	대분류	중분류	소분류	입학정원	입학생수	교육대학	일반대학	방송통신대학	산업대학	기술대학
20	인문계열	인문과학	국제지역학	6,399	4,113		2,809	2,900	55	
21	인문계열	인문과학	철학·윤리학	897	1,092		897		0	
22	인문계열	인문과학	교양인문학	14,506	8,309		6,841	1,900	0	
23	인문계열	인문과학	계	31,042	25,957		19,455	4,800	55	
24	인문계열	계	계	62,224	52,016		37,272	16,590	80	
25	사회계열	경영·경제	경영학	28,021	32,146		22,466	4,680	390	0

02 '13_교육부_대학 학과계열별 입학정원과 입학생수.xlsx' 파일을 불러온 다음 [시트 1] 탭으로 이동합니다. [데이터] 패널의 [소분류]를 [필터] 선반으로 드래그하고 [필터] 대화상자에서 [계]와 [제외]를 체크하고 [확인] 버튼을 클릭합니다.

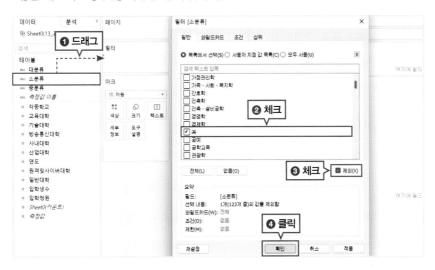

NOTE [중분류]에도 '계' 항목이 있지만 따로 필터로 제외할 필요는 없습니다. [중분류]에 있는 '계' 항목은 무조건 [소분류]의 '계' 항목을 가지므로 [소분류] '계' 항목을 필터 제외하면 [중분류]의 '계' 항목도 제외되기 때문입니다.

03 [연도] 앞에 있는 숫자(정수)(⊞)를 클릭한 다음 '날짜'를 선택해서 [연도]의 데이터 유형을 날짜
(🗓)로 바꿉니다.

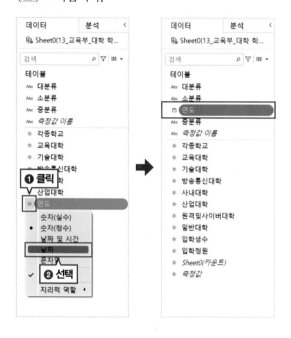

04 [데이터] 패널의 [연도]를 [열] 선반으로, [입학생수]와 [입학정원]을 [행] 선반으로 각각 드래그
합니다. 이러면 위아래로 나란히 정렬된 선 차트가 만들어집니다.

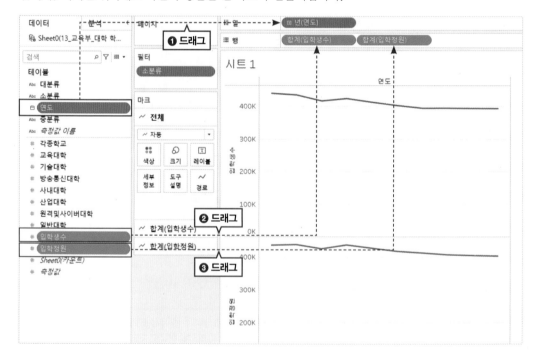

05 2개의 차트를 하나로 합치기 위해 [행] 선반에서 [합계(입학정원)]의 드롭다운 버튼을 클릭한 다음 [이중 축]을 선택합니다.

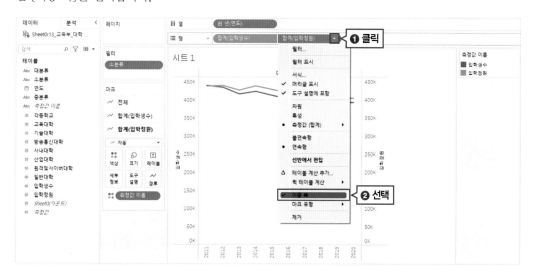

06 세로축의 시작값이 0이다 보니 선 차트가 너무 위쪽으로 올라가 있습니다. 세로축의 시작값을 바꾸겠습니다. 우선 입학생수 세로축을 마우스 오른쪽 버튼으로 클릭한 다음 '축 편집'을 선택합니다. [축 편집] 대화상자가 나타나면 [범위]에서 '고정'을 선택하고, [고정된 시작]에 '380,000'을 입력합니다. 그런 다음 창을 닫습니다.

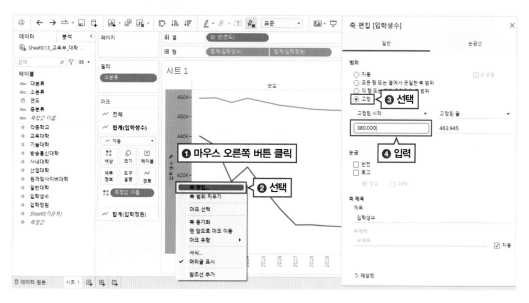

07 입학정원 역시 시작값을 바꾸겠습니다. 입학정원 세로축을 마우스 오른쪽 버튼으로 클릭한 다음 '축 동기화'를 선택합니다. 이러면 입학정원 세로축의 시작값이 380K로 바뀌면서 선의 기울기가 비교적 명확해집니다.

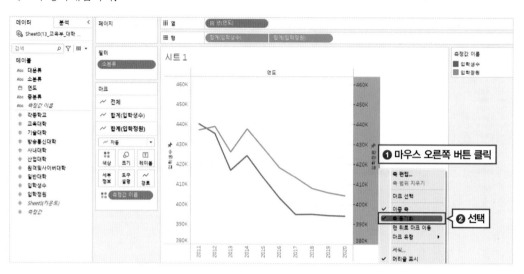

08 이제 선에 수치를 추가하겠습니다. 우선 입학생수부터 시작하겠습니다. [데이터] 패널에서 [입학생수]를 [합계(입학생수)] 세부 카드의 레이블(T)로, [입학정원]을 [합계(입학정원)] 세부 카드의 레이블(T)로 드래그합니다.

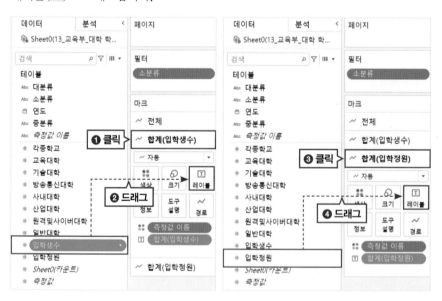

09 마지막으로 차트를 뷰에 가득 채우고 시트 제목을 짓겠습니다. 툴바의 드롭박스에서 '전체 보기'를 선택합니다. 그런 다음 시트 제목을 '대학 입학정원과 입학생수 트렌드(2011년 ~ 2020년)'라고 짓습니다.

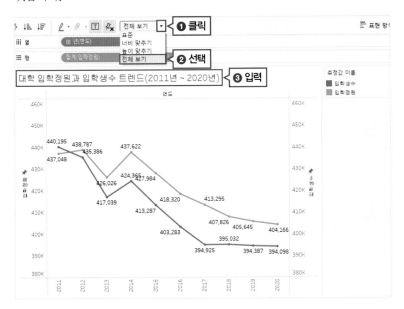

첫 번째 질문에 답할 때 필요한 선 차트가 완성되었습니다. 이 차트의 특징을 한번 살펴보겠습니다.

- 이중 축을 활용해서 하나의 차트에 입학정원과 입학생수 트렌드를 한번에 보여 줍니다.
- 가로축은 2011년부터 2020년까지의 연도를 보여 줍니다.
- 세로축은 연도별 입학정원과 입학생수 합계를 보여 줍니다.
- 연도별 구체적인 입학정원과 입학생수를 선 차트에 표시했습니다.

Q1. 지난 10년 간 대학 입학정원과 입학생수는 얼마나 달라졌는가?

A1. 입학정원은 2011년부터 2014년까지 오르락내리락하다가 2015년을 기점으로 급격히 감소합니다. 2020년에는 입학정원이 404,166명까지 떨어집니다. 이 수치는 2011년 437,048명과 비교해서 약 3만 명 넘게 감소한 수치입니다. 입학생수는 이보다 더 극적인 감소세를 보입니다. 2011년까지만 해도 입학정원보다 입학생수가 약 3,000명가량 많았습니다. 하지만 2013년을 기점으로 약 2만 명 넘게 감소하더니 2014년에 잠시 반등이 일어나긴 하지만, 2017년까지 무서울 정도로 급격히 감소합니다. 2017년부터 2020년까지는 감소세가 잦아드는 모습을 보이지만 2011년과 2020년을 비교하면 무려 4만 명 넘게 감소합니다.

왜 불과 6년 사이에 입학생수와 입학정원이 급격하게 떨어진 것일까요? 이 문제에 답하려면 인구 통계를 살펴봐야합니다. 1990년대에 들어 산아제한정책이 완화되면서 1990년 초반에 인구가 잠시 증가합니다. 하지만, IMF 등의 경제 위기를 겪으면서 출생률이 급격하게 감소하기 시작합니다. 2000

년대부터는 본격적으로 출생아수가 무서울 정도로 급감합니다. 출생아수에 따른 영향도 있겠지만, 1990년대에 들어서면서 권위주의 문화가 점차 희석되고 개인주의 문화가 정착되면서 대학 진학률도 조금씩 감소하는 추세입니다.

이런 입학정원과 입학생수 감소의 90% 이상이 비수도권 지역에서 발생하고 있다고 합니다. 2000년부터 출생아수가 감소한 까닭에 앞으로 학령인구도 급격히 감소할 것으로 예상되므로 입학정원과 입학생수 감소 현상은 앞으로도 계속될 것으로 예측됩니다. 분석 내용을 정리하면 다음과 같은 결론을 내릴 수 있습니다.

"2012년을 기점으로 입학정원보다 입학생수가 적어졌으며 대학 입학정원은 지난 10년 간 3만 명 이상, 입학생수는 4만 명 이상 감소했습니다."

2단계 두 번째 질문에 답해 보기

첫 번째 질문과 마찬가지로 영역 차트를 만들어 '지난 10년 간 대학 입학정원과 입학생수는 학과별로 어떤 차이가 있는가?'라는 질문에 답하겠습니다. 이번에는 대분류인 학과계열별로 하나, 소분류인 학과별로 하나 총 2개의 차트를 만들겠습니다. 2개의 차트는 대시보드에서 서로 연동해서 사용합니다.

학과계열별 입학정원과 입학생수 영역 차트 만들기

01 새 워크시트를 만듭니다. [소분류]의 '계' 항목을 제외하기 위해 [데이터] 패널의 [소분류]를 [필터] 선반으로 드래그하고 [필터] 대화상자에서 [계]와 [제외]를 체크한 다음 [확인] 버튼을 클릭합니다.

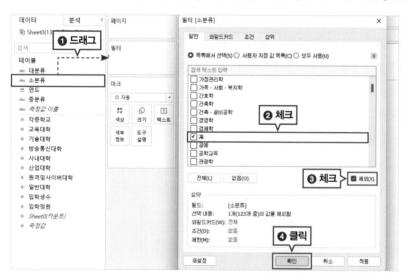

02 [데이터] 패널의 [대분류], [연도]를 순서대로 [열] 선반으로 드래그하고 [입학생수], [입학정원]을 순서대로 [행] 선반으로 드래그합니다. 이러면 위아래로 선 차트가 만들어집니다.

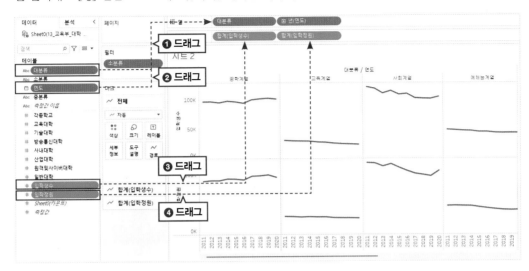

03 선 차트를 합치기 위해 [행] 선반에서 [합계(입학정원)]의 드롭다운 버튼을 클릭한 다음 [이중축]을 선택합니다.

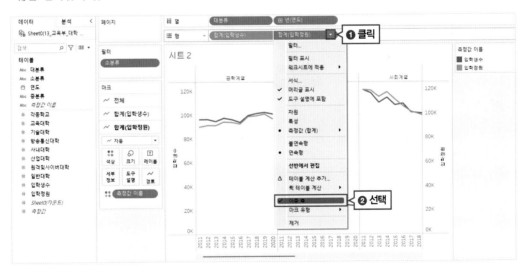

04 이제 선 차트를 영역 차트로 바꾸겠습니다. [전체] 세부 카드의 드롭박스에서 '영역'을 선택합니다. 이러면 시간의 흐름에 따른 학과계열별 입학정원과 입학생수 트렌드를 살펴볼 수 있으면서도 막대 차트와 같은 느낌으로 학과계열별 입학정원과 입학생수를 비교할 수 있습니다.

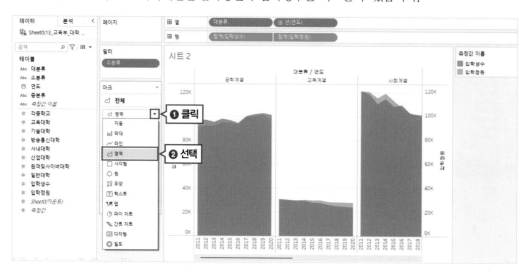

05 가로축의 레이블이 세로로 표시되어 있어 보기 힘듭니다. 이 문제를 해결해 보겠습니다. 가로축에 있는 레이블을 마우스 오른쪽 버튼으로 클릭한 다음 [서식]을 선택합니다. [서식] 패널의 [기본값] 목록에서 [날짜]의 드롭다운 버튼을 클릭한 다음 '2자리'를 선택합니다.

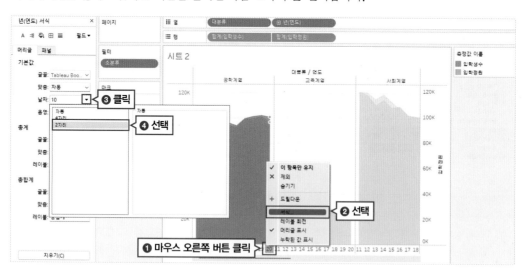

NOTE 레이블에서 마우스 오른쪽 버튼을 클릭한 다음 '레이블 회전'을 선택해도 됩니다. 하지만 이러면 차트별 간격이 늘어나서 학과계열 간 비교가 다소 어려워진다는 단점이 있습니다.

---

06 마지막으로 모든 학과계열을 한 화면에서 볼 수 있게 크기를 조절하고 시트 제목을 짓겠습니다. 툴바의 드롭박스에서 '전체 보기'를 선택합니다. 그런 다음 시트 제목을 '학과계열별 입학정원과 입학생수 트렌드(2011년 ~ 2020년)'이라고 지어줍니다. 이제 두 번째 질문에 답할 때 유용한 첫 번째 영역 차트가 완성되었습니다.

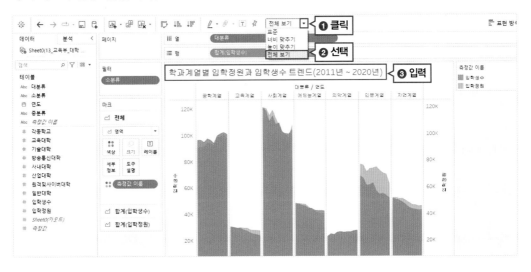

학과별 입학정원과 입학생수 영역 차트 만들기

01 이제 학과별 입학정원과 입학생수 트렌드 영역 차트를 만들겠습니다. 앞서 만든 학과계열별 영역 차트와 거의 유사합니다. [열] 선반에 [대분류] 대신 [소분류]를 드래그하면 됩니다. 그러므로 아까 만든 차트를 복제해서 만들겠습니다. [시트 2] 탭을 마우스 오른쪽 버튼으로 클릭한 다음 [복제]를 선택합니다. 이러면 [시트 2 (2)] 탭이 생기면서 학과계열별 영역 차트가 그대로 복제됩니다.

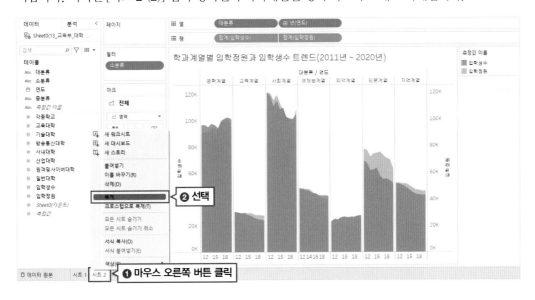

02 [열] 선반의 [대분류]를 워크시트의 빈공간으로 드래그해서 [대분류]를 [열] 선반에서 제거합니다.

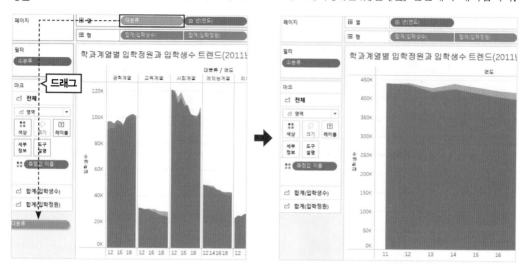

NOTE 선반의 필드를 삭제할 때는 필드의 드롭다운 버튼을 클릭하거나, 필드에서 마우스 오른쪽 버튼을 클릭하면 나타나는 드롭다운 메뉴에서 [제거]를 선택해도 됩니다.

---

03 [데이터] 패널에서 [소분류]를 [열] 선반의 [년(연도)] 왼쪽으로 드래그합니다. 이러면 학과별 영역 차트가 만들어집니다.

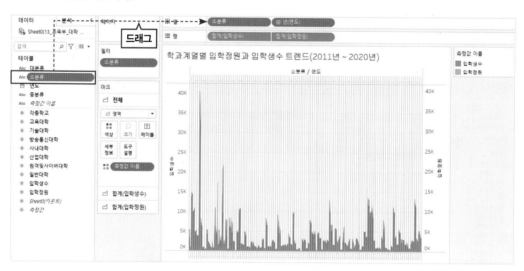

04 그런데 학과수가 학과계열수보다 훨씬 많다보니 가독성이 다소 떨어집니다. 학과계열별 필터를 추가해서 표시되는 항목수를 줄이겠습니다. [데이터] 패널의 [대분류]를 [필터] 선반으로 드래그합니다. [필터] 대화상자가 나타나면 [전체] 버튼을 클릭하고 [확인] 버튼을 클릭합니다.

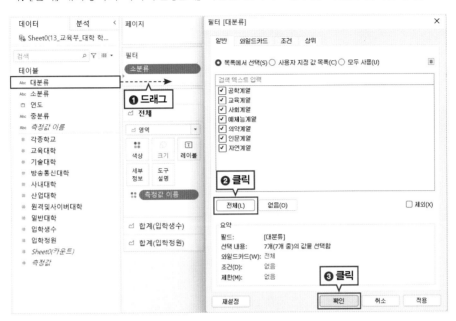

05 이제 필터 목록을 추가하기 위해 [필터] 선반에서 [대분류]의 드롭다운 버튼을 클릭하고 [필터 표시]를 선택합니다.

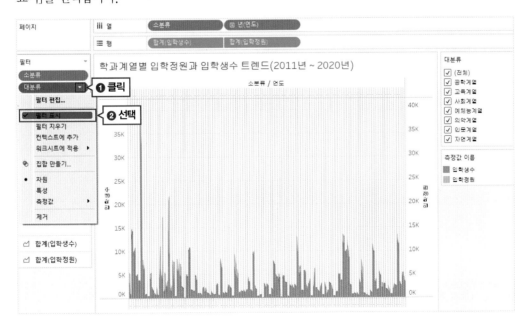

06 학과계열을 하나하나 선택해서 볼 수 있도록 [대분류] 필터 목록의 드롭다운 버튼을 클릭한 다음 [단일 값(목록)]을 선택합니다.

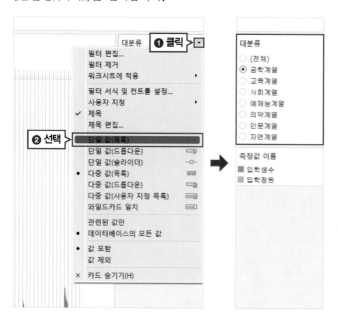

07 마지막으로 뷰 표시 형식과 시트 제목을 바꾸겠습니다. 툴바의 드롭박스에서 '표준'을 선택합니다. 시트 제목을 '학과별 입학정원과 입학생수 트렌드(2011년 ~ 2020년)'라고 바꿔 줍니다.

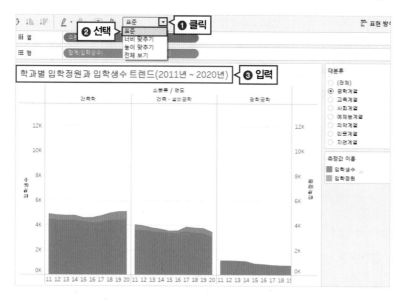

NOTE 항목이 많아서 레이블을 넣으면 복잡해 보일 수 있으므로 레이블은 따로 추가하지 않았습니다.

학과(계열)별 입학정원과 입학생수 영역 차트를 완성했습니다. 앞서 만든 두 개의 차트는 서로 유사하므로 그 특징을 함께 살펴보겠습니다.

- 가로축은 학과(계열)로 구분했으며 학과(계열)별로 2011년부터 2020년까지의 연도를 보여 줍니다.
- 세로축은 연도별 입학정원과 입학생수 합계를 보여 줍니다.
- 입학정원과 입학생수를 영역 차트로 표현했습니다. 시간의 흐름에 따른 학과(계열)별 입학정원과 입학생수 트렌드를 살펴볼 수 있으면서도 막대 차트와 같은 느낌으로 학과계열 간 입학정원과 입학생수를 비교할 수 있습니다.
- 입학정원과 입학생수에 서로 다른 색상을 사용해 두 항목 간 관계를 더욱 명확히 표현했습니다.
- 학과별 영역 차트에는 학과계열별로 입학정원과 입학생수를 살펴볼 수 있도록 대분류 필터를 추가했습니다.

Q2. 지난 10년 간 대학 입학정원과 입학생수는 학과별로 어떤 차이가 있는가?

A2. 우선 학과계열별로 살펴보겠습니다. 대부분의 학과계열에서 입학정원과 입학생수가 감소하는 추세를 보이고 있습니다. 학과계열별로 세부적으로 살펴보면 사회계열은 급격하게 감소하다가 2020년에 들어서 다시 증가하는 모습을 보입니다. 인문계열도 입학정원이 지속적으로 감소하고 있으며 입학생수의 감소세는 더 큽니다. 또한 인문계열은 10년 간 입학정원을 채운 적이 없습니다.

다른 학과계열이 감소세를 보이는데 반해 공학계열과 의약계열은 입학정원과 입학생수가 증가하고 있습니다. 심지어 공학계열은 입학생수가 입학정원보다 다소 많은 모습을 보입니다. 그렇다면 공학계열 내에서는 전공별로 어떤 추이를 보일까요?

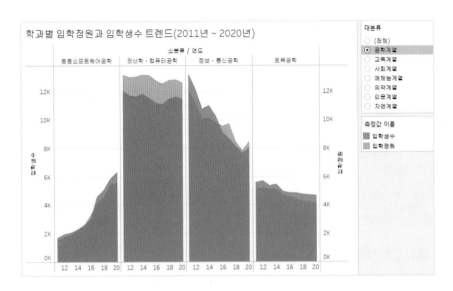

가장 많은 입학정원과 입학생수를 보이는 학과는 컴퓨터공학(전산학)입니다. 하지만 입학정원에 비해서는 입학생수가 꽤나 모자랍니다. 이외의 주목할 만한 학과는 바로 응용소프트웨어공학입니다. 지난 5년 간 입학정원과 입학생수 모두 급격하게 증가하는 모습을 보여 줍니다. 그렇다고 모든 공과계열 학과가 상승세를 유지하는 건 아닙니다. 정보통신공학과 토목공학의 입학정원 및 입학생수는 지속적으로 감소하고 있습니다.

이런 사실을 바탕으로 학과(계열)별 입학정원과 입학생수는 취업률과 밀접한 연관이있다고 추측해 볼 수 있습니다. 현 시점에서 비교적 취업률이 높은 공과계열로 입학생이 몰리고 있고 그중에서도 요즘 가장 높은 취업률을 보이는 컴퓨터공학 쪽으로 몰리고 있는 것입니다. 분석 내용을 정리하면 다음과 같은 결론을 내릴 수 있습니다.

"취업률이 높은 학과를 제외하면 대체로 입학정원과 입학생수가 감소하는 경향을 보입니다."

3단계 | 세 번째 질문에 답해 보기

마지막으로 파이 차트로 '대학 입학정원 중 일반대학과 방송통신대학 및 사이버대학이 차지하는 비율은 어느 정도인가?'라는 질문에 답하겠습니다.

대학 입학정원 중 일반, 방송통신, 사이버대학 비율 파이 차트 만들기

01 대학유형 중 특정 대학유형의 비율을 살펴보려면 교육대학, 일반대학 등 대학유형 항목을 열로 피빗해 하나의 필드로 묶어야 합니다. 우선 [데이터 원본] 탭으로 이동합니다. 사이드바에서 [시트]

목록의 [Sheet0]을 캔버스로 드래그합니다. 이러면 캔버스에 [Sheet01]이 추가되면서 테이블 세부 역영에 '이 관계를 만들 일치하는 필드를 선택하십시오.'라는 오류 메시지가 나타납니다.

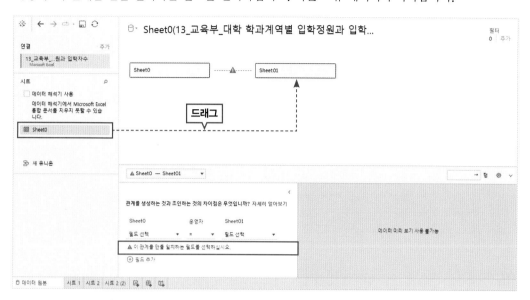

02 오류를 해결하기 위해 테이블 세부 영역의 [Sheet0] 드롭박스에서 '대분류'를, [Sheet01] 드롭 박스에서 '대분류'를 선택합니다. 이러면 [Sheet01]의 세부 항목이 데이터 그리드에 표시됩니다.

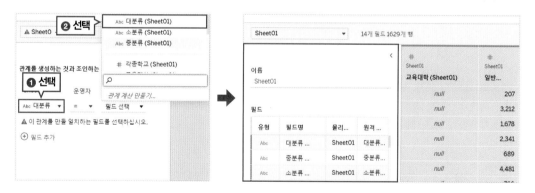

여기서 잠깐! **방금한 일을 데이터 혼합이라고 합니다!**

데이터 혼합은 원본 데이터를 실제로 결합하지 않고도 각 원본 데이터를 독립적으로 사용할 수 있게 해주는 기능입니다. 방금 우리가 한 일은 서로 다른 원본 데이터를 혼합한 것이 아니라 같은 원본 데이터를 혼합한 것입니다.

같은 데이터를 왜 혼합한 것일까요? 파이 차트를 만들 때는 대학유형 항목들을 피벗해서 열로 바꿔 주어야 합니다. 하지만 기존의 원본 데이터에서 피벗하면 대학유형 항목이 열로 바뀌면서 이전에 만들었던 선 차트와 영역 차트의 수치가 달라지게 됩니다. 그러므로 완전히 독립된 원본 데이터를 새로 만든 것입니다.

혼합 이외에도 A 원본 데이터에 B 원본 데이터의 세부 항목을 추가하는 데이터 관계와 서로 다른 원본 데이터를 합집합, 교집합, 여집합 등 다양한 형태로 결합하는 데이터 조인도 있습니다.

03 이제 대학유형을 피벗하겠습니다. [Sheet01]의 데이터 그리드에서 [교육대학 (Sheet01)]을 클릭한 다음 [사내대학 (Sheet01)]까지 드래그합니다. 이렇게 하면 총 8가지 대학유형 필드가 다중 선택됩니다.

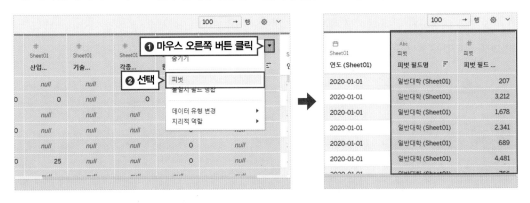

04 대학유형 필드를 다중 선택한 상태에서 마우스 오른쪽 버튼을 클릭한 다음 [피벗]을 선택합니다. 이러면 데이터 그리드 오른쪽 끝에 [피벗 필드명]과 [피벗 필드 값]이 추가됩니다.

NOTE 태블로 데스크톱을 사용해서 실습한다면 워크시트에서도 피벗이 가능합니다. 피벗을 하고 싶은 필드를 다중 선택한 다음 드롭다운 버튼을 클릭하고 [변환]—[피벗]을 선택하면 됩니다.

---

05 이제 본격적으로 파이 차트를 만들겠습니다. 새 워크시트를 만듭니다. Ctrl 키를 누른 채로 [데이터] 패널에서 [Sheet01] 목록의 [피벗 필드명]과 [피벗 필드 값]을 각각 클릭해 다중 선택합니다. 그런 다음 툴바의 표현 방식(표현 방식)을 클릭하고 파이 차트( )를 클릭합니다.

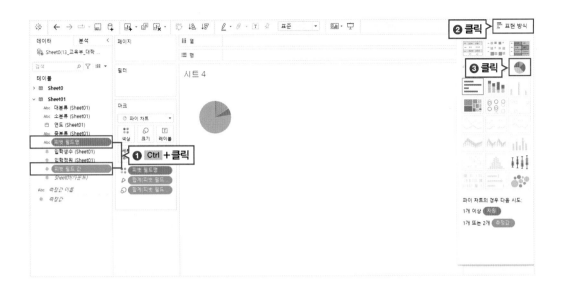

NOTE 영역 차트를 만들 때 [시트 2]를 복제해서 [시트 2 (2)]를 만들었습니다. 태블로에서는 [시트 2 (2)]를 [시트 3]으로 인식하므로 이 상태에서 새 워크시트를 만들면 [시트 3]이 아닌 [시트 4]가 만들어집니다.

06 파이 차트의 크기를 키우고 파이 조각의 정렬을 바꾸기 위해 툴바의 드롭박스에서 '전체 보기'를 선택하고 내림차순 정렬(↓₣)을 클릭합니다.

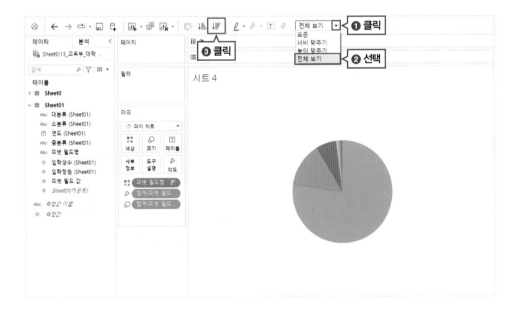

07 이제 파이 차트에 수치를 추가하겠습니다. [Sheet01] 목록의 [피벗 필드명]과 [피벗 필드 값]을 다중 선택한 다음 [마크] 카드의 레이블(T)로 드래그합니다.

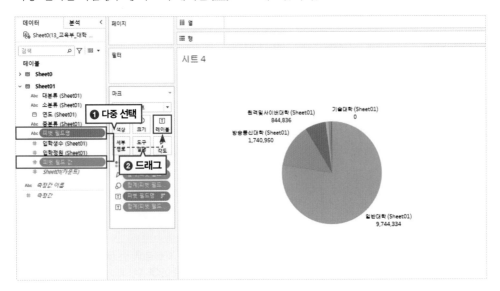

08 그런데 레이블이 조금 이상합니다. [Sheet0] 목록에 있는 항목과 구분하기 위해 항목 이름 뒤에 '(Sheet01)'이 추가되었습니다. 이걸 제거하겠습니다. 레이블(T) 표시가 있는 [피벗 필드명]의 드롭다운 버튼을 클릭하고 [별칭 편집]을 선택해 [별칭 편집] 대화상자를 엽니다.

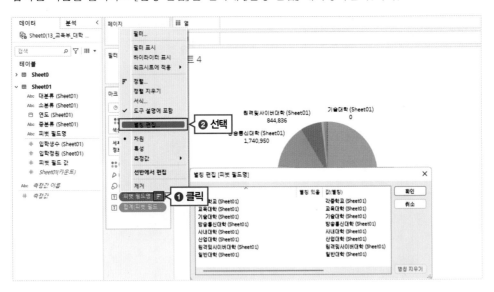

09 항목 이름에 있는 '(Sheet01)'를 제거하기 위해 [값(별칭)] 열에서 '각종학교 (Sheet01)'을 선택한 다음 '(Sheet01)'을 지웁니다. 같은 방법으로 나머지 대학유형의 '(Sheet01)'도 지우고 [확인] 버튼을 클릭합니다.

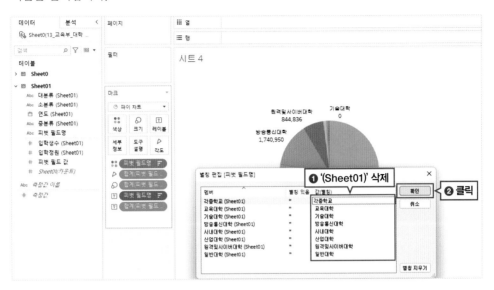

10 이제 파이 차트에 비율 표시도 추가하겠습니다. [Sheet01] 목록에서 [피벗 필드 값]을 [마크] 카드의 레이블(T) 표시가 있는 [합계(피벗 필드 값)] 아래로 드래그합니다. 그런 다음 드롭다운 버튼을 클릭하고 [퀵 테이블 계산]-[구성 비율]을 선택합니다.

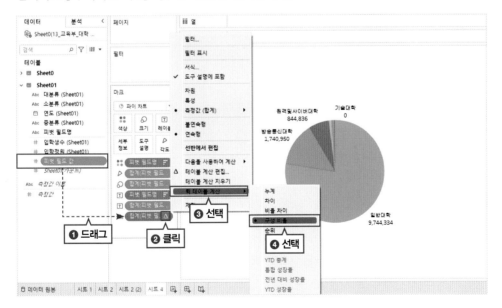

11 퀵 테이블 계산을 한 [합계(피벗 필드 값)]을 [마크] 카드의 레이블(**T**)로 드래그합니다. 이제 파이 차트에 비율 표시도 추가되었습니다.

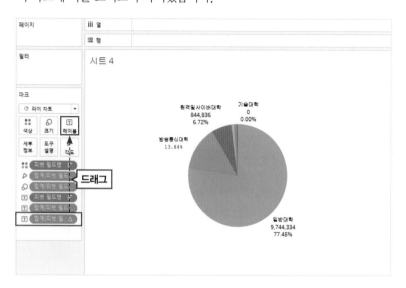

12 마지막으로 시트 제목을 '대학 입학정원 중 일반, 방송통신, 사이버대학의 비율'이라고 지어줍니다.

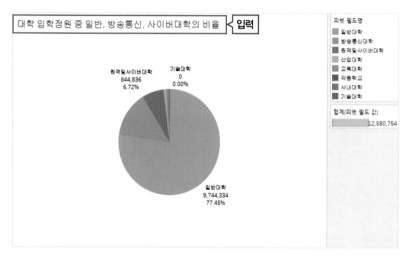

이제 세 번째 질문 해결용 대학 입학정원 중 일반, 방송통신, 사이버대학 비율을 보여 주는 파이 차트가 완성되었습니다. 이번에도 특징을 살펴봐야겠죠?

- 각 대학유형을 구분할 수 있게 조각 색상을 다르게 설정했습니다.
- 비중이 큰 조각부터 순차적으로 시계 방향 순으로 나열했습니다.
- 각 조각에 해당하는 대학 이름을 표시했습니다.
- 각 조각별 입학정원 합계와 전체에서 차지하는 비율을 표시했습니다.

Q3. 대학 입학정원 중 일반대학과 방송통신대학 및 사이버대학이 차지하는 비율은 어느 정도인가?

A3. 일반대학이 전체 입학정원의 77%를 넘는 비중을 차지하고 있습니다. 그 다음으로 높은 입학정원 비중을 가진 대학유형은 13.84%를 차지한 방송통신대학입니다. 원격 및 사이버대학은 6.72% 비중으로 그 뒤를 따르고 있습니다. 이를 바탕으로 입학정원의 약 20%가 온라인대학에 배정되어 있다는 사실을 확인할 수 있습니다.

온라인대학은 일반대학에 비해 등록금이 싸고, 시간과 공간의 제약에서 보다 자유롭기 때문에 여러 곳에서 수요가 있는 것으로 보입니다. 분석 내용을 정리하면 다음과 같은 결론을 내릴 수 있습니다.

"전체 입학정원 중 일반대학이 77%로 가장 높은 비중을 차지하고 온라인대학이 20%의 비중으로 그 뒤를 따르고 있습니다."

보여 주기 인적 자원 개발 계획 지원하기

1단계 대시보드의 목적 고민하기

지금까지 대학 학과계열별 입학정원과 입학생수 데이터를 바탕으로 선 차트, 영역 차트, 파이 차트를 만들어 보았습니다. 이제 이 차트들을 활용해서 다른 사람에게 메시지를 효과적으로 전달해 봅시다. 우선 대시보드부터 만들겠습니다.

1. 목표 정하기
대학 입학정원과 입학생수 트렌드를 파악하고 장기적인 인적 자원 개발 계획을 고민합니다.

2. 보는 사람 예측하기
- 교육부
- 교수
- 학생 및 학부모
- 교직원 및 대학 당국 등

3. 전달할 메시지 정하기
- 대학 입학정원과 입학생수는 지난 10년 간 매년 감소하고 있습니다.
- 취업률이 높은 학과를 제외하면 대체로 입학정원과 입학생수가 감소하고 있습니다.
- 전체 입학정원의 77%를 일반대학에서 차지하고 있습니다.

4. 활용 방안 고민하기

교육부는 전체 대학의 입학정원과 입학생수 트렌드를 파악하고 지역 특성화 대학 제도를 고심할 수 있습니다. 교직원과 대학 당국은 입학정원과 입학생수 차이가 심하게 발생하는 학과와 전공을 주의 깊게 살펴보고 학과 활성화 대책을 마련할 수 있습니다.

2단계 대시보드 만들기

01 새 대시보드에서 [대시보드] 패널에서 [크기]를 '자동'으로 설정하고 [시트 1]을 뷰로 드래그합니다.

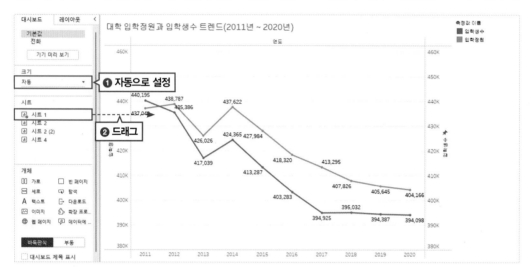

02 나머지 차트를 대시보드에 배치하기 위해 다음 그림과 같이 설정합니다.

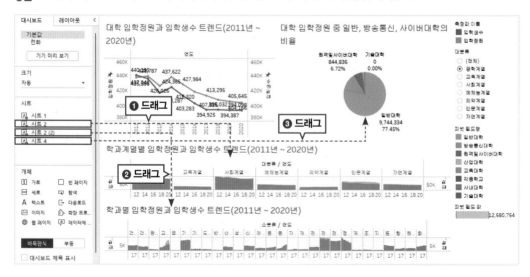

03 차트를 서로 연동시키기 위해 '학과계열별 입학정원과 입학생수 트렌드(2011년 ~ 2020년)' 차트의 필터로 사용(▼)을 클릭합니다.

04 이제 '학과계열별 입학정원과 입학생수 트렌드(2011년 ~ 2020년)' 특정 차트의 대학계열 항목을 선택하면 나머지 차트도 선택된 대학계열에 맞는 정보만을 표시합니다.

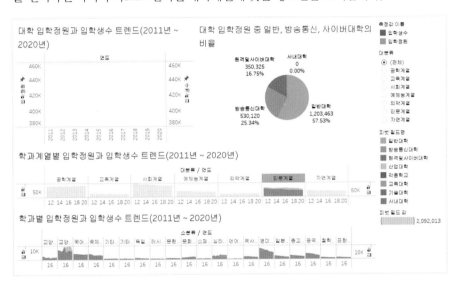

05 선 차트를 만들 때 세로축의 시작값을 380,000으로 고정했기 때문에 선 차트의 선이 사라졌습니다. 이를 초기화하겠습니다. '대학 입학정원과 입학생수 트렌드(2011년 ~ 2020년)' 차트의 입학생수 세로축을 마우스 오른쪽 버튼으로 클릭해서 다음 [축 범위 지우기]를 선택합니다.

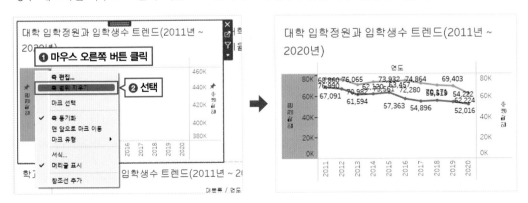

06 선 차트의 레이블이 서로 겹쳐서 보기가 좋지 않으므로 레이블을 제거하겠습니다. [시트 1] 탭에서 [전체] 세부 카드의 레이블(T)을 클릭하고 [레이블 마크] 목록의 '하이라이트됨'을 선택합니다.

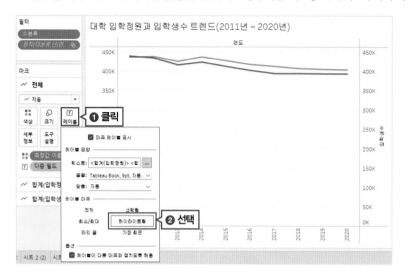

07 대시보드로 돌아와 선 차트에 있는 선을 클릭해 봅시다. 이렇게 하면 클릭한 항목의 수치만 선 차트에 표시됩니다.

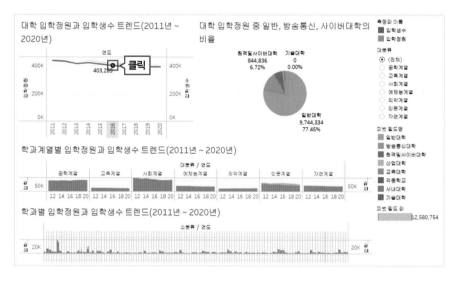

이제 그럴듯한 대시보드가 완성되었습니다. 대시보드의 특징을 한번 살펴보겠습니다.

- 연도별 입학정원과 입학생수 트렌드를 한눈에 확인할 수 있게 선 차트를 왼쪽 위에 배치했습니다.
- 선 차트를 확인한 후 자연스럽게 대학유형별 입학정원 비율을 확인할 수 있도록 파이 차트를 오른쪽 위에 배치했습니다.

- 학과계열별 영역 차트 아래에 학과별 영역 차트를 배치했습니다. 학과계열별 수치를 확인하면서 자연스럽게 학과별 수치도 살펴볼 수 있습니다.
- 학과계열별 영역 차트를 필터로 지정했습니다. 이제 학과계열별 영역 차트에서 원하는 학과계열을 선택하면 다른 차트들도 해당 계열과 관련된 정보만을 표시합니다.

발표하기 ## 대학 입학정원과 입학생수 트렌드 전달하기

이제 마지막으로 앞서 만든 차트로 알아본 분석 결과를 다른 사람에게 전달해 봅시다. 어떤 스토리텔링 표현 방법이 효과적일까요? 앞서 답해 보기에서 모든 대학의 입학정원과 입학생수를 살펴보고 대학계열 및 대학별 입학정원과 입학생수를 살펴봤습니다. 마지막으로 전체 대학정원 중 일반대학과 온라인 대학의 비율을 비교 분석했습니다.

이처럼 주제를 유형(범주)별로 분류해서 설명할 때는 **요소** 스토리텔링 표현 방법을 적용할 수 있습니다. 이를 바탕으로 스토리를 만들어 볼까요?

1단계 스토리 만들기

01 이번에도 표지부터 만들겠습니다. 새 대시보드를 만들고 [대시보드] 패널에서 [크기]를 '자동'으로, 배치 형식은 [부동]으로 설정합니다. 대학 관련 이미지를 추가하고 이미지 하단에 '대학 입학정원과 입학생수의 트렌드는 어떻게 변하고 있을까요?'라는 텍스트를 추가합니다.

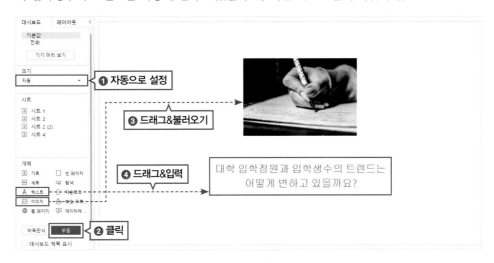

NOTE 빠른 실습을 원한다면 예제로 제공하는 '대학 관련 사진.jpg' 파일을 사용합시다.

02 이제 데이터 출처 소개 페이지를 만들겠습니다. 새 대시보드를 만들고 [크기]는 '자동'으로, 배치 형식은 [바둑판식]으로 설정합니다. [대시보드] 패널에서 [개체] 목록의 [웹 페이지]를 뷰로 드래그하고 다음의 주소를 입력하고 [확인] 버튼을 클릭합니다.

→ www.data.go.kr/data/15052735/fileData.do

03 이제 본격적으로 스토리를 만들겠습니다. 새 스토리를 만듭니다. 크기는 '자동'으로 탐색기 스타일을 '숫자'로 설정하겠습니다. 그런 다음 [스토리] 패널의 [대시보드 2]를 뷰로 드래그해서 표지를 추가합니다.

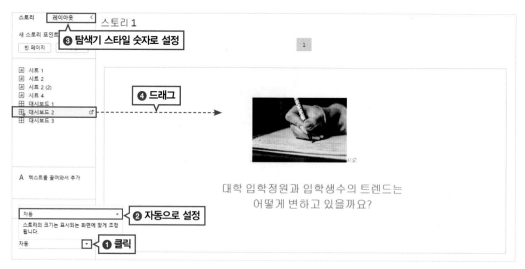

04 나머지 스토리 포인트를 만들기 위해 [대시보드 3]을 탐색기의 '1' 오른쪽으로 드래그하고 [시트 1], [시트 2], [시트 2 (2)], [시트 4]를 순서대로 탐색기의 숫자 가장 오른쪽으로 드래그합니다.

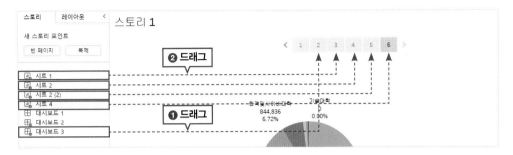

05 마지막으로 스토리의 이름을 '전국 대학 입학정원 및 입학생수 분석'이라고 지어줍니다. 이제 발표를 위한 스토리가 완성되었습니다.

2단계 스토리로 발표하기

첫 번째 스토리 포인트: 사례 소개

- 첫 번째 스토리 포인트에서 대학 입학정원의 의미를 설명하고 교육부에서 입학정원 조정을 승인한다는 사실도 전달합니다.

- 다른 사람에게 '대학 입학정원과 입학생수의 트렌드는 어떻게 변하고 있을까요?'라는 질문을 던집니다. 이러면 뉴스로 자주 접했지만 실제로 얼마나 심각한지 제대로 알지 못했던 대학 입학정원과 입학생수에 관한 흥미를 유발할 수 있습니다.

두 번째 스토리 포인트: 원 데이터 출처 소개

- 데이터 출처 웹 사이트를 보여 주면서 데이터에서 다루는 전체 항목을 설명한 다음 분석에서 다루는 데이터 시점과 항목을 설명합니다. 이때 이렇게 선별한 이유도 간단하게 설명합니다.

세 번째 스토리 포인트: 대학 입학정원과 입학생수 트렌드(2011년 ~ 2020년)

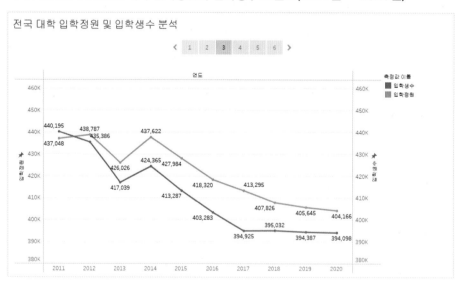

- 지난 10년 간 입학정원과 입학생수의 트렌드를 보여 줍니다.
- 선이 교차되면서 입학정원과 입학생수가 역전되는 2012년을 지목하고 출생아수 등을 근거로 역전된 이유를 설명합니다.
- 다음으로 입학정원과 입학생수가 급감한다는 사실을 전달합니다. 이때 '급격한' '급격히', '추락', '가파르게' 등의 단어로 설명하면 감소세를 더욱 강조할 수 있습니다.

- 마지막으로 '2011년을 기점으로 입학정원보다 입학생수가 적어졌으며 대학 입학정원은 지난 10년 간 3만 명 이상, 입학생수는 4만 명 이상 감소했습니다'라는 결론을 전달합니다.
- 추가로 대학 재학생수 자료를 제시하면 입학생수 감소에 따른 대학 인구 감소가 얼마나 심각한지를 더욱 명확히 보여 줄 수 있습니다.

NOTE 대시보드를 만들 때 선 차트의 축 시작점을 0으로 만들고 레이블을 제거했습니다. 예시 그림처럼 나오게 하려면 다시 [시트 1] 탭으로 이동해서 [레이블 마크]를 '전체'로, 축 시작점을 '380,000'으로 바꿔야 합니다.

네 번째 스토리 포인트: 학과계열별 입학정원과 입학생수 트렌드(2011년 ~ 2020년)

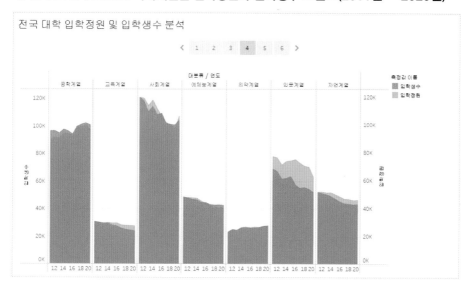

- 대학계열별 입학정원과 입학생수 트렌드(2011년 ~ 2020년) 영역 차트를 보여 주면서 입학정원과 입학생수의 트렌드를 대학계열별로 보여 줍니다.
- 모든 대학계열을 세세히 보여 줄 필요는 없습니다. 대체로 유사한 트렌드 속에 홀로 증가하거나 감소하는 특이점만을 보여 주면 좋습니다. 여기서는 공과계열이 특이점에 해당합니다.
- 공과계열의 입학정원과 입학생수가 늘어나는 건 취업과 밀접한 관련이 있어 보이므로 추가 자료로 학과계열별 취업률을 제시하면 좋습니다.
- 추가 자료를 제시할 때 모든 내용을 다 발표할 필요는 없습니다. 해당 현상을 설명할 때 필요한 부분, 여기서는 공과계열의 취업률이 타 학과계열보다 높다는 걸 보여 주는 자료만을 제시하면 됩니다.
- 취업률이 높은 특정 학과계열을 제외하고 대체로 입학정원이 지난 10년 간 감소했음을 설명합니다.
- '공과계열의 모든 학과에서 입학정원과 입학생수가 증가하고 있을까요?'라는 대사로 다른 사람의 호기심을 자극하면서 자연스럽게 다음 스토리 포인트로 넘어갑니다.

다섯 번째 스토리 포인트: 학과별 입학정원과 입학생수 트렌드(2011년 ~ 2020년)

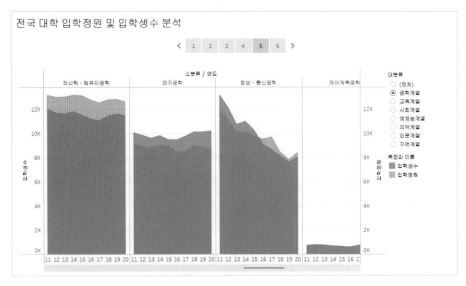

- 이어서 학과별 입학정원과 입학생수 트렌드(2011년 ~ 2020년) 영역 차트를 보여 줍니다.
- 필터로 공과계열만 지정한 후 공과계열 학과의 입학정원과 입학생수 트렌드를 설명합니다. 여기에 학과별 필터를 추가해 증가하는 학과와 감소하는 학과를 비교 대조할 수도 있습니다.
- '취업률이 높은 학과를 제외하면 대체로 입학정원과 입학생수가 감소하는 경향을 보입니다'라는 대사로 결론을 정리합니다.

여섯 번째 스토리 포인트: 대학 입학정원 중 일반, 방송통신, 사이버대학 비율

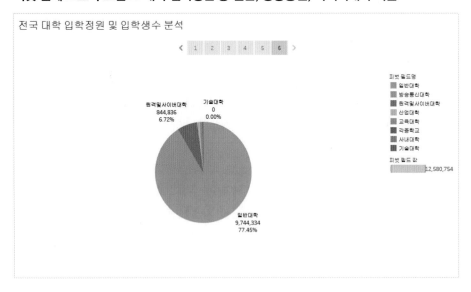

- 마지막으로 파이 차트를 바탕으로 대학유형별 입학정원을 설명합니다.
- '일반대학의 입학정원이 다른 대학보다 많은 건 당연합니다'라는 대사로 다른 사람들도 충분히 예측할 수 있는 결과를 미리 제시합니다.
- 그런 다음 '그럼에도 방송통신대학과 사이버대학 등 온라인대학 입학정원의 비중은 10년 간 변함이 없습니다'라는 대사로 온라인 대학에 관한 수요가 꾸준히 있음을 설명합니다.
- 추가 자료로 직장을 다니면서 새로운 배움을 추구하는 사람들의 인터뷰 등을 제시하면 이런 주장은 더욱 신빙성을 얻을 수 있습니다.

이 책에서는 따로 만들지 않았지만 마지막에 대시보드를 스토리에 추가해 발표 내용을 요약할 수도 있으며, 질의응답 시간에 다른 사람의 질문에 맞춰 데이터를 유동적으로 강조하거나 필터링할 수도 있습니다.

지금까지 전국 대학 입학정원 및 입학생수를 분석하고 분석 결과를 다른 사람에게 전달했습니다. 이 발표를 들은 사람은 다음의 메시지만큼은 확실히 기억할 것입니다.

"대학 입학정원과 입학생수는 지난 10년 간 꾸준히 감소하고 있다. 취업률이 높은 학과에만 입학생수가 늘어나는 것을 방지하면서도 인문, 자연과학 등 기초학문 인재양성을 위한 장기적인 대책을 마련해야 한다."

찾아보기